心理健康教育丛书

学生心理辅导技术指南

A Technical Guidebook to Students' Psychological Service

冯观富 著

暨南大学出版社
JINAN UNIVERSITY PRESS
中国·广州

图书在版编目（CIP）数据

学生心理辅导技术指南/冯观富著．—广州：暨南大学出版社，2012.5
（心理健康教育丛书）
ISBN 978－7－5668－0149－4

Ⅰ.①学…　Ⅱ.①冯…　Ⅲ.①学生—心理健康—健康教育—指南
Ⅳ.①G479－62

中国版本图书馆 CIP 数据核字(2012)第 046556 号

出版发行：暨南大学出版社

地　址：中国广州暨南大学
电　话：总编室（8620）85221601
营销部（8620）85225284　85228291　85228292（邮购）
传　真：（8620）85221583（办公室）　85223774（营销部）
邮　编：510630
网　址：http：//www.jnupress.com　http：//press.jnu.edu.cn

排　版：广州市天河星辰文化发展部照排中心
印　刷：湛江日报社印刷厂

开　本：787mm×1092mm　1/16
印　张：16.25
字　数：392 千
版　次：2012 年 5 月第 1 版
印　次：2012 年 5 月第 1 次
印　数：1—3000 册

定　价：36.00 元

前　言

早年，著者在台湾地区推广学校学生心理辅导工作——辅导活动，常见在大学受过辅导专业养成教育的毕业生到学校工作后，不懂如何规划学生的心理辅导活动，面对一些棘手的个案不知如何处理，学生家长来校咨询，也不懂怎样回应。因为他们在养成教育中，虽然修习了专业课程，但在实务工作中却难以运用。现在大陆各中小学实施学生心理健康教育，内涵几与台湾相同，修习心理辅导专业课程的大专院校毕业生到学校工作后，所遇到的问题也与台湾学生当年遇到的没有区别。

不管过去还是现在，著者有缘常和两岸相关从业者或研究者在一起，常闻应届毕业生去学校、社会服务机构或企业应聘心理辅导工作时，一遇到面试官的问题，就会语塞，之所以求职失败是因为他们在校学到的都是各种各样的心理学理论，没有“实践”经验。因此，学生很希望在校时就能学习到某些可立即派上用场的操作型（operation）技术课程。

著者从事该领域的研究多年，积累了一些心得，目前在湛江师范学院心理系任教，深知单纯的理论难以解决实际问题，为适应学生需要，经与校方斟酌开设“心理辅导实务”一课（三个学分），迄今已有三届毕业生使用，各方反应肯定，今将材料汇编成书，愿与需要者分享。

本书重点在心理辅导实务，当然也有理论根据，全书共十八章，从规划到执行，几已涵盖心理辅导工作者所要做的全部工作。

第一至三章是辅导人员应掌握的基本概念与理论基础，不可不知。第四至五章是规划心理辅导工作的必要技术，不可不备。第六至八章讲述生活辅导、学习辅导及特殊教育辅导方法，是心理辅导工作的重要内容，方法具体。第九章是青少年学生的生涯规划与辅导，理论、方法兼备。第十章是个别辅导与团体辅导。发现问题，解决问题，是心理辅导工作人员不可或缺的。第十一至十三章就咨商、家庭咨商、特殊个案研究等展开，理论与方法兼而有之。第十四至十五章有数十个案例和辅导方法，具体讲解怎样辅导适应欠佳行为和辨别心理疾病，在这两章中可见到日常最易发生的和不曾听闻过的心理异常个案。第十六章是校园危机处理与辅导。“危机”

一词，众人耳熟能详，但知其来龙去脉者不多。关于自杀危机的预防与处理，可在本章中找到理论和方法。第十七章是关于怎样解释心理测验的，有一定的规范，本章所提供的足可参考。第十八章是关于心理辅导绩效评价的，本章告诉心理辅导工作人员怎样准备接受上级的评价，其更深一层意义是昔日的心理辅导工作者有朝一日进入了行政管理机构，知道怎样去评价心理辅导绩效。

现代社会变迁迅速，青少年学生的行为复杂性，辅导方法的日新月异，难以一概而论，因此本书难免挂一漏万，尚望专家学者斧正。

最后，感谢广州暨南大学出版社的各位工作伙伴，正是他们的辛勤劳动使本书得以付梓，心理辅导实务工作者因此也有了一本工作指南。

冯观富　谨识

2012 年 4 月 1 日

目 录

第一章
基本概念

第一节　概　说

近代教育学者多强调教育的意义，一方面重视发展个体健全的身心，另一方面强调适应生活的需要。其中最主要的当为促进个人的全面发展，并在知识的充实与品格的成长方面适合社会的需要。然而，教育上的升学主义、形式主义与孤立主义，乃当今教育的最大弊病。多年来，两岸教育机构与教育界人士，对于如何促进学校教育正常化，借以矫正仅注重书本知识的传授，而忽略学生人格全面发展的严重缺陷给予关注，并曾多方检讨其形成的背景，先后采取了若干相应改进的措施。例如在台湾，自国民小学至各大专院校实施“心理辅导”的教育制度；中国大陆改革开放后，在学校实施“心理健康辅导”教育，两者的内容几无二致。

此外，现代化社会各方面发展神速，对人们生活上的变化与精神心理的适应均产生了重大的影响。加之社会思想进步开放，人际交往频繁，信息沟通便捷，给人们机会多多，又陷阱处处，卒致举步维艰，心理疾病日增，难以遏止，举世瞩目，谋求因应之道。

英文 guidance，中译为“辅导”或“指导”，多指学校教育人员对学生的一种协助，也可泛指由专业人员从事的人群服务工作（吴武典，1980）。一般概念含有“心理辅导”或“心理指导”之意，是20世纪中叶以来革新教育运动中的新观念与新方法之一。从其本质来说，就是“辅助”和“引导”之意，也就是“协助个人得到自我了解，自我决定，以调适学校、家庭和社会的一个心理、行为过程”。

盖自人类社会产生以来，就遭遇到各种各样的心理问题，有了问题就需要解决，但凭个人自己的智慧、能力与经验，未必就能够得到满意的结果。因此，需要他人的指点或帮助。而真正有计划、有系统、专门针对儿童青少年施以“心理辅助”或“心理引导”的实际工作，则是近代的产物。

第二节　辅导的含义

有关辅导的含义，历来中外学者专家说法甚多，观点大同小异，今举其要者，略述如下：

回溯到20世纪，有心理学家说，辅导的目的在于帮助一个人认识自己的性向、兴趣与才能，同时认识自己在生理、心理与社会等各方面的成熟程度，并认识自己与社会的需要，从而获得最大的发展与最高的成就，以期在生活上得到充分的适应。

罗勃·纳普（Robert H. Knapp）指出："辅导的目的是先了解每一个学生，进而帮助他们认识自己，改善环境，以便使个人的成长发展获得最大的可能。故辅导是一项极其复杂的过程，包括一个人在教育、社会、道德、情感、健康、创业及休闲生活上的需要，而最重要的莫过于一生中职业的需要。"

美国宾州大学的A. J. 琼斯（A. J. Jones，1970）认为："辅导是一个人给予另一个人的协助，使其能作明智的抉择与适应，并解决问题。"夏兹尔与史东（Shertzer & Stone，1981）把辅导视为"帮助个人了解自己及其他世界的过程"。

莫廷生与夏缪勒（D. G. Mortensen & A. M. Schmuller，1976）认为："辅导是整个教育计划的部分，它提供机会与特殊性服务，以便所有学生根据民主的原则充分发展其特殊能力与潜能。"

台湾的心理辅导先驱宗亮东认为："辅导是对于个人进行各种帮助的一个教育过程，辅导人员需充分了解个体生理与心理的成长发展，以及所处环境的各种情况，在民主社会的生活方式中，运用辅导的专业知识与技能，以一个有组织的工作计划，为青少年或成人热忱服务。"

中国台湾辅导学会创始者蒋建白，对辅导的基本原理阐述甚详。他认为，辅导（guidance）是一种新兴的教育方式，它根据动力学说（dynamic theory）的原理，将生物学、心理学、社会学、医学、生理解剖学等与教育学有关的学说融为一体，不仅可以发挥教育的功能，且提高了教育的成效。它可以应用于学生生活，使之更为充实；可以运用于学业，使之更为进步；可以运用于学生训导，使之更为有效；可以运用于学生就业，使之更为便捷。总之，它是各种教育方法的总汇，可以应用于学生的每一方面，且都适合有效。这是它的特色，也是各国教育界重视它的理由所在。(冯观富，1987)

张春兴（1995）所著的《张氏心理学辞典》，将guidance定义为一种教育过程，在辅导的过程中，受过专业教育的辅导人员，运用其专业的知能，协助受辅者了解自己、认识世界，根据其自身条件（如能力、兴趣、经验、需求等)，建立有益于个人与社会的生活目标，并使之在教育、职业及人际关系各方面的发展上能充分展现其性向，从而获得最佳的生活适应。遵此界说，辅导包括以下四个特征：

（1）辅导是连续不断的过程，人的一生任何阶段均需辅导。

（2）辅导是合作与民主式的协助，根据受辅者的需求而辅导，而非强迫式的指导。

（3）辅导重视个别差异，旨在配合个人条件辅其自主，导其自立。

（4）辅导的目标是个人与社会兼顾，期使个体在发展中利己也利人。辅导的范围甚广，一般包括学业、职业、生活三大方面，辅导的方法也很多。

综合言之，辅导是一种合理妥善的教育方法，但不是一门学科传统式的教学，而是借各种活动设计去帮助个体自我实现的教育过程，故也名“辅导活动”或“辅导工作”（本书以下各章多使用此词）。辅导人员根据青少年身心发展的需要，配合社会环境的要求，用科学的方法、有计划的步骤、有效的活动方式、热忱的服务态度、积极的帮助，促进个人了解自己、发掘兴趣，进而解决问题。期之在学习上、生活适应上以及职业观念、技能培养、职业选择和生涯发展上，获得最理想与最完美的自我选择与适应，以达到自我实现，进而促进社会的繁荣进步。在教育体系中，它是一种思想、观念，是一种情操、精神，也是一种行动与服务实践。

第三节　辅导与训导、教务的关系

辅导的方法，有别于一般的训导，但又与训导息息相关。辅导的对象，不囿于诊治问题学生，对于帮助正常的学生更有其重要性。至于辅导的范围，包括生活辅导、学习辅导与职业辅导（生涯辅导）。辅导绝非一般人所认为的只是学校训导工作的革新运动，在整个教育过程中，辅导具有广泛的功能。至于辅导工作，也不是一般人想象中的专家的工作，而是只要具备现代教师人人都应具备的知能即可担任。（冯观富，1980）

一、辅导与训导的区别

（一）理论基础方面

（1）辅导的理论基础属于行为科学，以教育学、心理学、心理卫生、神经医学为基础，注重内在心理问题的探讨。

（2）训导的理论基础属于社会科学，以道德学、伦理学、法学、政治学、行政学为基础，注重外在行为的规范。

（二）工作范围方面

（1）辅导的工作范围包括先从学生定向辅导（orientational guidance）、基本资料的建立开始，进而实施心理测验、统计分析、咨商（询）服务、困扰调查、个案研究、心理康复、学习诊断、性向测验、职业辅导、工作安置、追踪辅导、小（社）区服务、评价等。

（2）训导的工作范围包括学生生活规范公约的制定与遵守，常规训练，周会、晨会、夕会等精神讲话，班会自治活动的举行与公民训练，学年开始的训练，保健，童子军及军训训练，防护安全教育，功过奖惩等。

（三）实施方式

（1）辅导是通过各种教育情境及各种教育活动来实施的，时空是全面性的。

（2）训导是通过训导行政来实施的，时空是点状性的。

整体来说，辅导工作注重辅导个性之差异；训导工作注重辅导群性之相同。辅导较重个人“小我”的一端；训导较重社会“大我”的一端。辅导较重本我、自我的发展，追求凡人的境界；训导较重超我的发展，追求君子的境界。辅导注重适应个别差异，培养活活泼泼的好学生；训导着重培养社会行为规范，培养堂堂正正的中国人。辅导工作强调个性的发展“分”；训导工作强调群性的陶冶“合”。从儿童道德发展过程观之，辅导工作较重自律；训导工作较重他律。

二、辅导与训导的关系

以上所指，辅导与训导虽有不同，但群性与个性必须兼顾，小我与大我不可分，本我、自我、超我，只是人格发展的过程，社会规范与个人发展不可偏废，个性与律己必须调和，他律与自律也只是比重的不同，这些都是教育人员所必须紧紧加以把握的，由此可见辅导与训导又是相辅相成的，训导与辅导同是教育所必需的，只是传统教育较偏重社会的需要，较注重训导工作；近代教育较偏重个人的需要，较注重辅导工作。而完善的教育，实应兼顾个人与社会的需要，兼顾训导与辅导工作，训中有辅，辅中有训，强调训导，不能忽略辅导，强调辅导，不能忽略训导，如此既能培养活活泼泼的好学生，也能培养堂堂正正的中国人，这似乎才是今后教育所应遵循的正当途径。（冯观富，1980）

三、辅导与教务的关系

辅导与教务，同构成学校行政体系，两者虽不相隶属，但相互依存。在工作中，教务注重教学目标的达成，而辅导则提供教育方法、技术等的改进，两者相辅相成，关系密切。辅导虽然在学校中单独成为一个主体，但其工作需要全体教师人人参与，两者名称虽异，然其实质上与教务浑然一体，无法分割，更进一步分析，辅导是在协助教务以现代更科学、更客观的方法，使学生学习更为有效的一个组织；而教务则提供辅导组织成员人力上的各种支持。

总之，辅导与教务、训导工作，为现今学校行政上的分工，同为实现教育目标而努力，不分轩轾，彼此相互协调、配合以完成教育使命。

第四节　辅导的功能

一、从工作耗时的长短而言

（一）即时性

即时性是以当前问题的解决为重点，时间短，例如帮助教师、学生、家长解决当前面临的问题，或将适应困难的学生转介至专门治疗机构，或实施心理测验决定分班编组等。

（二）终极性

终极性是以学生个体的整体发展为着眼点，通过各种辅导活动，协助学生达到认识自我、适应环境、实现适当的发展目标，以长期性的发展为整个辅导工作的重心。

二、从辅导工作的目标而言

（一）治疗性的心理辅导工作

治疗性的心理辅导工作是对可能有适应问题或正遭遇问题的个人进行辅导或咨商。重点为学生的问题诊断、治疗，对象仅限于少数有心理问题的学生。在这种心理辅导工作中经常使用测验或其他评量工具，并注重测验结果的解释、运用，该种辅导大部分偏重个别咨商式的辅导，常与教师讨论该学生的问题，注重与家长联系，共谋解决问题的方法。

（二）预防性心理辅导工作

预防性的心理辅导工作主要仍以问题为重心，但辅导工作提早于问题发生之前或正在发展之际，目的在于防止问题的发生或扩大。预防性的心理辅导工作仍注重诊断与治疗，但为预防性质。该种辅导预防对象较治疗性辅导广，以求遍及全体学生，但实际上因工作人员的时间、精力之限制，仍以少数有问题倾向的学生为主。该种辅导仍注重个别咨商式的辅导，但亦运用团体辅导或团体咨商。与教师之间的关系限于咨商范围。与家长保持联系是预防措施之一。

（三）发展性的心理辅导工作

发展性的心理辅导工作以全体学生的发展为辅导重心，着眼于整个学校的教育，为学生提供最佳的学习环境，以利于学生的全面发展。学生的问题不属于辅导重点，但必要时，亦可协同学校其他工作人员进行个别或团体辅导。学校应与教师保持密切联系，特别注重从发展的观点出发，对教学方法、教材、教具等提出积极建议，为教师作参考。与家长的关系亦着眼于如何共同建立良好的学习环境、如何帮助学生发展等。

值得注意的是由于辅导工作人员所执行的具体任务有别，上述三种不同性质的辅导功能中，治疗性的心理辅导工作最受重视，一般老师经常遇到有问题的学生，难以独自处理，需要他人的协助，而学校有辅导措施，辅导人员顺理成章地被认为是协助教师处理这些问题的最佳人选，而且辅导人员与学生人数的比例愈大，辅导人员被派定处理学生问题的可能性就愈大（G. E. Hill & E. B. Luckey，1979），不过，如果辅导人员亦毫不犹豫地加以接受，辅导的功能可能无形中就被限定于治疗一途了。这种治疗性的辅导似显狭隘，如果全体教育工作人员以及辅导工作人员对辅导活动有更多认识，对辅导人员的角色也有清楚的了解，则学校辅导的功能就不仅是治疗或预防而已。尤其中小学校的辅导工作重点应放在发展性辅导上，以使学生生活更愉快，学习更有效。

第五节　学校实施心理辅导应有的认识

学校实施心理辅导工作，在教育发展与改革的历史上，是一个极为重要的里程碑。为求顺利推行此项工作，全体教育人员应有下列认识：

（1）心理辅导是一种专业。辅导工作者应受过完整的训练，不但要具备从事该项工作的热心、爱心、耐心，还要有相应的辅导知识、技能与实务的经验。

（2）心理辅导是全体教师的责任。全体教师尤其是班主任，与学生接触最频繁，必须负起更多的辅导责任，才能全面发挥辅导的作用。同时，每位教师都应接受基本的辅导训练，在专业辅导人员的策划与协调下，共同开展辅导服务工作。

（3）心理辅导的目的在于助人自助。辅导是协助当事人自立自助，而非越俎代庖替他们解决问题。借用一句西方的谚语来说：辅导员的工作不是送鱼，而是教人如何捕鱼；不是救溺，而是教人如何游泳；不是救人，而是教人如何自救。

（4）心理辅导是沟通的工作。沟通是辅导的不二法门。借着沟通，辅导人员帮助学生了解自己、了解环境；借着沟通，协调校内外与学生有关人员的步调和想法。有效的沟通应是双向的、商量式的，而不是劝告式的。

（5）心理辅导应以全体学生为对象。全体辅导是个理想目标。实际上，辅导对象的选择有先后之分，例如，残障学生、心理困扰与行为问题学生、特殊才能学生等，要优先考虑。

（6）心理辅导需针对个体发展与需要。个体的成长发展是一个连续的过程，教师的辅导应从早期儿童时代开始。因为在此期间，儿童身心发展迅速，受父母与教师的影响也最大。作为一个教育工作者，应该首先了解儿童的基本需求，并应针对这些需求，对其进行必要的辅导。此外，更应该就儿童的生活方式、兴趣与行为倾向，多进行观察并做记录，以便制订详尽的辅导计划，从而帮助儿童全面发展。

（7）心理辅导与教学应保持密切的联系。探讨学生的基本需要与学习能力，如何培养学生将来良好的学习习惯与态度、如何适应学生之间明显的个别差异、如何探讨学生的职业兴趣等等，都取决于详尽的辅导活动设计，只有充实课程内容，改进教学方法，才能达到教学的目标和要求。

此外，辅导活动的实施，亦有赖于良好教学情境的设计。因此教学与辅导之间联系密切。基本精神是将辅导活动内容融入一切教育活动中，使之成为教学活动的核心，但要避免将辅导活动视为一门学科，造成与其他学科完全相同的教学。但又不可与其他学科隔绝，需要密切联系。

（8）心理辅导是延续不断的过程。学生的成长是一延续的过程，因此辅导活动亦应为一延续不断的过程。它应该开始于新生入学辅导，使新生从有计划的辅导活动项目中，认识学校环境、老师与同学，然后延续至毕业的升学辅导，必要时更应灵活地与学生所升入的学校保持密切的联系，以便学生所在学校获得各种资料作为继续实施辅导的依据。

(9) 心理辅导应力求与家长配合。学生身心的发展，受父母的影响最大，为求辅导有更佳成果，学校应特别注意通过家访、电话访问、家长到校参观、家长会等方式，使家长对其子女身心发展的一般情况、行为倾向乃至特别性向有进一步了解，以便在教育与辅导上家校采取更为一致的措施。

(10) 心理辅导的实施应作定期评价。辅导工作在中小学教育的发展过程中，有其特殊功能，因此，应不断检讨评价，以求发现问题，针对缺失求改进。心理辅导不是万能的，有不能之处，如下述六项：

A. 由于缺乏人手、设备与时间，辅导服务常不能达到预期效果，这非短期内所能改善。

B. 辅导并非解决教育问题的万灵丹，辅导只是教育的一种方法，辅导不能能解决一切教育或社会问题。

C. 心理测验滥售、滥用或误用会造成伤害，心理测验应由具备相应测试资格的人员来操作，这样才能帮助学生了解自己。但若由未受过训练或不具备相应资格的人来操作，则可能造成灾祸，不如不用。

D. 由于生活环境复杂，生活环境中的问题往往无法在简单的咨商情境中获得真正的解决。

E. 对于有严重不良适应问题的学生，以目前学校的人力若不足以提供专业的协助，则必须转介至校外机构或由校外人员实施治疗，若贸然由不合格的人员实施治疗，往往反受其害。

F. 对于特殊儿童及文化贫乏儿童的辅导，需要很大的财力、人力，并且常需要社会资源的支持，问题相当复杂，往往超出学校的能力范围，实施起来困难重重。

第二章 心理辅导运动的发展

第一节 心理辅导运动产生与发展的背景

辅导原本是学校教育随着社会发展、时代科技进步而采取的措施，在世界各大教育发达国家纷纷实行，风起云涌，在 20 世纪 70 年代竟然变成一项运动。此项运动的产生与发展反映出人类对自己的关心。这一动机反映在教育上便是谋求帮助个人。从这一需求出发，辅导的发展，便以研究人类行为的心理学，以及影响个体行为的环境条件为基础，以求对个体的发展与适应有所帮助。从另一方面看，辅导运动的展开，也可以说是反映了心理学、社会学、心理卫生、教育学等科学研究的成就。兹分别从心理学的观点、心理卫生运动的开展、社会工业化的形态等诸因素，来说明辅导运动的产生及其发展。

一、心理学的改变形成了辅导运动主流

心理学（Psychology）原属哲学领域，因为它是一门“心灵之学”，然后发展为“思维之学”。但是自从德国心理学家冯特（Wilhelm Wundt，1832—1920）于 1879 年在莱比锡大学建立世界最早的心理实验室以来，心理学的研究就从哲学的领域被引入了实验科学研究领域。从此，心理学便成为一门研究、观察、实验人类行为的学问。心理学从事科学研究以后，在教育上便引起了重大的变革，科学的心理学有许许多多原则，不但对心理学本身的研究有其贡献，而且这些原则的运用更影响了教育方法，其最显著的就是促进辅导运动的肇端及发展。

二、心理卫生运动促成辅导运动的发展

20 世纪初，心理卫生运动因美国人克里弗德·皮尔斯（Clifford Beers）的名著《自觉之心》（*The Mind that Found Itself*）的出版而展开。后经第一次世界大战前线士兵心理恐惧症的影响，该项运动遂更加发展。我国于 1938 年加入此运动，中国心理卫生协会也因此而成立。此项运动最初旨在减轻精神病患者的痛苦，其关注焦点在消极心理的治疗以及患者的养护，后来扩大范围到精神失常的预防。心理卫生运动对于儿童心理辅导以及儿童福利的研究有惊人的贡献，各地儿童心理卫生中心的

成立及后来许多学校所创立的儿童心理卫生保健工作室，便是此项运动最具体的贡献。心理辅导工作在学校开展，便是对心理卫生原则与方法的运用，心理卫生运动直接促进了学校心理辅导运动的开展。

三、社会工业化导致社会形态改变，奠定学校辅导工作形态

日新月异的机械发明使社会实现工业化。社会工业化带动了职业的细密分工，从而使社会结构发生了相当大的变化。这种变化使得教育界将青少年追求适合其个性能力的职业视为教育最重要的目标。所以早期的辅导工作便集中在职业辅导上。

1908 年，美国的白慎士（P. Persons）于波士顿成立职业局（Vocational Bureau），是职业辅导工作的具体开端。此后，职业辅导逐渐扩大其功能与范围，并结合其他因素，使辅导工作逐渐扩大，成为为学习上以及生活上有适应问题人士服务的机构，是今日学校辅导工作的早期形态。

第二节　世界主要国家辅导运动的发展

自从第二次世界大战以来，由于经济形态与生产方式的急遽改变，各种职业与从业人员的关系，益加因细密的分工而复杂起来。许多需要专门知识、技能的职业找不到合适的人才；此外，又有许多具有从事某些专门职业潜能的人，未能获得适当的培养与训练，以致供求不能协调，因此职业辅导运动应运而生。其后，辅导的原理与技术因受到心理学、社会学以及心理卫生运动的影响，其应用范围也逐渐扩展到教育与生活适应等方面，遂使辅导成为今日教育思潮的主流。兹略述欧美诸国、日本及东南亚各主要国家辅导运动的发展状况，以便为我国辅导工作发展方向提供参考。

一、美国辅导运动的发展

辅导这项工作，实际上在 19 世纪末叶的美国已经萌芽了（吴子我，1969）。1894 年，位于圣弗朗西斯科的加州手工艺学校（California School of Arts and Crafts）在乔治·米瑞（George Merrill）指挥下所从事的职业辅导工作，即具有现代的辅导意义。到 1908 年，白慎士在波士顿成立波士顿职业局，并正式使用“职业辅导员”（vocational counselor）的名称。与此同时，纽约学区也开始了青年辅导运动。1912 年，美国全国职业辅导会议在纽约召开，同时成立“全国职业辅导协会”（National Vocational Guidance Association，NVGA），职业辅导运动从此便在美国蓬勃展开。

1957 年 10 月，苏联抢先成功发射“斯普特尼克”（Sputnik Ⅰ）人造卫星，让全世界震惊。尤其在美国，人们震惊之余，纷纷指责政府不注意科学教育。本已受到责难的杜威（John Dewey，1859—1952）进步主义教育（Progressive Education）理论，此时更加深了被人贬抑的趋势。此项谴责同时督促政府，应严格办理中小学

教育，加强科学、数学、外语的教学。由于时势所趋，美国的教育革新势在必行。1958年9月，美国国会通过一个划时代的《国防教育法》（National Defense Education Act）。法案的重要精神之一是在全国各中学建立辅导制度，对全国中学生施以测验、咨商、辅导等服务，鼓励有能力的学生深造。

《国防教育法》将辅导与咨商作为学校教育的核心工作，其推行之要务为：①建议学生修习适合其能力、性向、技巧的学科；②建议学生审慎决定自己的求学计划就业与路线；③鼓励出类拔萃的中学生升入高等教育机构，攻读适合其条件的课程。（许天威，1968）

自《国防教育法》公布以后，美国各地便展开辅导人员的培养与训练工作。到1964年，美国大部分的州均规定辅导人员应为经过辅导训练的硕士。

美国辅导运动在小学展开，除受《国防教育法》的影响外，还有1965年的《中小学教育法》（Elementary and Secondary Education Act），由联邦政府核拨巨款，提供大量的经费资助，再加上1966年初，“辅导人员教育及视导协会与美国学校辅导人员协会联合委员会”（ACESASCA Joints Committee on the Elementary School Counselor）发表对小学辅导工作人员的报道，确立小学辅导工作的基本原则与方针，以及小学辅导人员的功能、职责与专业教育。（曾汉荣，1978）

多年后，美国小学辅导工作的发展呈现出突飞猛进之势，不少著作及刊物探讨有关小学辅导工作的目标、功能及专业教育、实际问题等，其中甚多为各国借鉴，台湾的辅导工作就是借鉴的例子之一。

由于美国学校的辅导成效卓著，其他国家都受到很大的鼓舞。1963年7月1日到11日，联合国教科文组织和国际教育局在日内瓦举行第26届国际公共教育会议时，曾通过了两项重要决议，其一即是第56号有关教育辅导和职业辅导的，其内容大意是“学生的教育和职业辅导，是每一个国家教育上非常重要的程序”。

二、法国辅导运动的发展

法国的辅导运动，实际上也始于职业辅导。1937年，齐依（Jean Zay）的《教育改革法案》中开始设有为期一年的“辅导学级”，全法国有50个区进行实验。到1944年至1947年，《郎之万—华伦教育改革方案》，又称《教育改革研究委员向教育部长提出的方案》，拟定11～19岁为观察期，这项改革方案直到1959年的《柏当（Berthin）法案》通过，将四年改为两年才付诸实施。1962年8月，教育部长傅榭（Fouchet）颁布《有关中等教育修正方案》，再延长观察辅导期为四年。同时规定辅导教师必须由受过有关心理学与教育学的特殊训练者担任。（吴海山，1974）

三、英国辅导运动的发展

第二次世界大战后的英国，学校为了实施性向、能力之观察与辅导而展开辅导工作。而且为实施此项性向、能力的观察与辅导，而有“文法中学、技艺中学、现代中学”所谓“鼎足三分”的施行。这三种学校是分离设立，各自高树藩篱，转学颇为窒碍难行，以致学校的辅导工作不易发挥实际效果。后来积极推行综合制中学（comprehensive secondary school）。学生入学，先修习共同课程，在第一学年中期，或在第二学年之初，分修文法、技艺、现代三科。在同一学校而三科并立者，学生可因适应组别而转移，此种制度之施行，益见辅导工作的重要性。职业辅导在现代手工艺中学中极受重视，多数学校设有“职业（生涯）导师”（career master），负责辅导学生就业工作，学校对于青少年身心发展的辅导，多由教师负责，导师（班主任）制极具成效。（吴海山，1974）

四、德国辅导运动的发展

第二次世界大战后的西德，由于受到心理测验运动的影响，开始发展客观数据的计划。测验、评量以及个别咨商工作均已运用到公共雇佣的服务上。第二次世界大战后，在学校教育重建的计划中，已标明辅导工作为教育的基本原则。且新学制一轨多支，学生均能在辅导之下进入不同种类的学校。（刘焜辉，1973）

五、日本辅导运动的发展

1927 年以前，日本便在小学实施了范围相当广的职业辅导。第二次世界大战后的日本教育改革，注重将辅导应用于教育与生活适应之中，并且开始注意发展新的民主的辅导工作方式与技术。

六、韩国辅导运动的发展

韩国学校辅导工作亦以职业辅导为重点。1961 年制订《技能劳动力供需五年计划》，对经济计划及教育计划有重大调整。学校实施辅导工作，经常使用智力测验、性向测验、人格测验、兴趣测验、调查以及晤谈、学业记录、家庭访视、职业数据之供给等。（刘焜辉，1973）

七、菲律宾辅导运动的发展

菲律宾学校的辅导工作始于学生进入职业或技术学校时，凡在校生均应接受职业辅导。而普通中学学生在进入第二学年时，应接受评价测量，在升学准备课程与就业准备课程中选择其一，教师则以职业咨商方式协助学生决定应选的职业课程。在组织方面，学校设有职业辅导委员会，主持者为受过职业辅导专业训练的教师。（刘焜辉，1973）

第三节　我国辅导运动的发展

我国古代已有辅导思想与观念，如孔子教学，先从了解学生开始，然后因材施教，就是今日所讲的学习辅导的了解与适应学生个别差异，根据《论语》所载，孔子了解学生至为深刻，对学生的性格，用一个字即能评定出来。孔子用“愚”字评子高，用“鲁”字评曾参，用“辟”字评子张，用“喭”字评仲由。孔子先对学生的才能进行观察与了解，然后依学生才干的不同，分析其将来可能从事的职业及发展的方向。又如：“德行：颜渊、闵子骞、冉伯牛、仲弓。言语：宰我、子贡。政事：冉有、季路。文学：子游、子夏。”从这些地方都可以看出孔子对学生个人性向、潜力观察了解之透彻，辅导学生发展的方向，亦极正确。揆度现代的辅导工作，大概就是要根据学生的性向、兴趣加以辅导，使其潜能得到最大的发展。

再者，韩文公的《师说》：“师者，传道授业解惑也。”用今日心理辅导行业的话来说，“传道”就是生活辅导，使学生懂得做人做事的道理及获得良好的生活适应；“授业”就是职业辅导，使学生具有正确的职业观念，按照个人性向发展职业技能，去从事职业生活；“解惑”就是学习辅导，充实生活基本知识，以适应未来的发展。

由此可知，辅导思想之于我国先圣先贤早已有之，与今日辅导精神与内涵不谋而合，不过是没有系统地发展与应用于学校教育而已。

一、我国早期辅导运动的发展

我国辅导运动的开端，也如其他国家。1929 年，中华职业教育社的《教育与职业》杂志，曾刊出职业指导专号，对职业辅导之理论与方法，多有倡导。1933 年，上海、南京、济南、武昌等地开展职业辅导实验工作，辅导运动于是开展起来。是时，何以职业辅导运动能为一般国民所接受，不乏学者研究其原因：①我国学校教育与实际生活脱离；②升学者无一定目标；③新学制注重实际生活与国民经济；④自食其力为当时国民最重要资本；⑤谋事与得人均难；⑥职业范围扩大，情形改变；⑦国人将教育看得太高贵，一受学校教育，就不屑谈谋生琐事。

1924 年，实行职业辅导的中学不断增加。1933 年 7 月，教育部颁布《各省市县教育行政机关及中小学施行升学及职业指导办法大纲》，该大纲将辅导工作的内容扩展至升学辅导的领域。该大纲第一条开宗明义：“为增进中小学各级教育效能，指导学生之升学与就业起见，应由各省市县教育行政主管部门，督令所属中小学，实施升学及职业指导。”至于应于何时开始实施升学及就业辅导，该法第二条规定：“小学自五年级起，初中、高中自二年级起，均应实施升学及职业指导。”值得注意的是当时用“指导”一词，实与今日“辅导”、英文 guidance 含义相同。

二、台湾地区辅导运动的发展

我国辅导运动在台湾地区的发展，始于1951年。当时的辅导工作针对的是人数骤增的来台侨生，需要对他们实施学业与生活适应的辅导。这项工作的展开，对台湾的教育产生了重大影响。辅导运动在台湾地区的重新发展，虽然从历史沿革上说导源于1921年即已粗具规模的职业辅导运动，但鲜有证据证明其理论与技术是直接重拾旧规。这几十年间，经历了教育学、社会学、心理学以及测验、统计等学术与技术发展，辅导运动早已不仅是职业辅导之一端而已，如同欧美国家一样，辅导工作早已扩大为在学习上以及生活适应上的应用。

辅导运动的发展，自侨生的辅导肇始，引起了社会各界的关注，遂展开实验工作。此项实验工作包含小学及中学。

从1968年开始，台湾地区实施九年国民义务教育，由于多年来辅导工作实践所积累的具体经验已臻成熟，而且辅导工作的需要正日益增加，为因应教育之实际需要，辅导工作便先在国民中学（初中）全面展开。

1973年，为使高中教育正常化，并因应国民中学（初中）毕业学生升入高中后之需要，乃开始试办高中学生评量与辅导工作。1978年，复公布《职业学校组织规程》。1979年，公布《高级中学规程》等，均规定于高中、高职设置“辅导工作委员会”。

在大专院校方面，1972年，规定“专科以上学校设置学生辅导委员会”，1976年，几乎所有大专院校都已经设置学生心理辅导中心。辅导工作在小学方面，原已于1961年前后开始实验，但后来将重点置于中等学校，有少数小学展开了心理卫生工作，亦有些小学继续实施儿童辅导工作，但未普及。

三、大陆各省辅导运动的发展

在中国实施改革开放后，教育也跟着进行改革，心理辅导工作在各省各级学校也积极展开，名称上谓之“心理健康教育”，实质上工作内容与台湾省实施的心理辅导大同小异。

2003年，福建师范大学叶一舵所著《现代学校心理健康教育研究》报告指出，我国大陆地区学校心理健康教育在经历调查、呼吁等尝试工作之后，目前正处于发展、推进阶段，并已取得了很大的进步。目前，我国学校心理健康教育所取得的成绩主要体现在：①学校心理健康教育的组织领导机构相继成立；②学校心理健康教育的实践活动蓬勃开展；③学校心理健康教育的师资队伍建设初见成效，专家队伍正在不断壮大；④学校心理健康教育出版物的出版、技术性工具的研制和全国会议的召开接连不断。

中国大陆还有一批热爱心理辅导工作的学者，如北京师范大学的林崇德，华东师范大学的马文驹，华中师范大学的刘华山、江光荣、周宗奎，华南师范大学的莫雷、郑雪，广州大学的聂衍刚等，著者通过与他们多年的交往看到他们对中国大陆辅导运动所作出的贡献，他们的工作必将在心理教育史上留下光辉的一页。

第四节　辅导运动对学校教育的影响

一、教育目标的改变

20 世纪以来，由于社会急遽变迁，学校教育的目标与内容亦有很大的修正。从前的学校教育以教科书为中心，以记忆教材为主要内容，现在的教育则以受教者得到最大限度的发展为目标，这一转变对辅导工作的开展影响很大。

二、学生数量的增加

各国均在积极延长义务教育年限，扫除文盲，而海峡两岸亦莫不注力于此。因为儿童人数的增加，教育部门被诸多问题困扰，诸如预算的筹划、各项设备的补充、校舍及活动空间的扩展、个别学生需要的满足等。而辅导工作也因学生数量之急速增加而需要重新设计其功能及开发各种辅导工具。

三、辅导观念与方法的提倡

近年来，辅导的观念与方法已在各级学校推广，并已达到相当的深度，在制度上，小学全面实施辅导活动，已建立了初等教育到高等教育各阶段一贯制的辅导系统。各校对于学生身心状况的调查、个人适应的重视、学校及社会工作的参与等工作均付诸施行。因此，对以下有关辅导的方法与技术深入的研究显得越发重要。

（1）评量（价）技术的研究发展。当儿童进入学校以后，其个人的一切状况都是施教的载体，故举凡其心理状况、智力程度、情绪适应、人格特质，都需经过评量，以便了解儿童的资料，作为施教依据。经过每一阶段的发展后都必须重新评量，以便及时掌握其发展的状况。

（2）咨商技术的研究与发展咨商乃辅导的核心工作。通过咨商关系，协助个别儿童。咨商的理论，又建立在心理学基础之上，故当前辅导工作需对咨商的理论与技术进行深入研究，以发挥辅导工作的真正作用。

（3）学习辅导原理及方法的研究与发展。儿童入学后，大部分的时间用在课业活动上，于是良好的学习习惯和正确的学习态度便成为学习效率的主要影响因素。辅导工作对儿童学习辅导的原理与方法的研究，所注重的研究方向为如何发现儿童在学习上的困扰及其解决途径，如何布置适当的学习环境，如何运用学习心理学原理改进教学、收到良好教学效果及如何认识各类特殊儿童的不同学习方法。

（4）儿童生活适应的认识与辅导研究。在儿童心理卫生备受关注的当代社会，学校辅导工作的重要任务在于促进儿童良好的生活适应。这方面的研究重点应为儿童生活适应困难的种类及其原因。研究内容包括如何提早发现适应欠佳的儿童及其辅导方法；怎样布置适当的学校生活环境，包括物质上的建设以及适当的活动设计；

怎样充实儿童的学校生活，了解儿童的基本需求及其满足方式。

（5）生涯教育的研究与发展。小学儿童虽不实施就业辅导，但仍需教导其树立正确的职业观念，这也就是现代新兴的生涯教育（career education）所倡导的观念。一方面注重正确职业观念的培养，另一方面注重勤俭与劳动等生活习惯的养成。

总之，辅导工作已经走过了萌芽期而逐渐茁壮成长，如今的学校辅导工作，除继续从事深入的辅导原理与技术研究外，尤应从制度、经费等方面促其臻于完善。

第三章
辅导的理论基础

教育的主要任务是谋求学生身心健康、人格健全，使学生发挥潜能，以达成个体在自我实现的同时，进而发展群性，促进社会进步、人类和谐。今已进入 21 世纪，交通便捷，科学进步，社会结构急遽变迁，教育观念随之转变。

这种教育观念的转变，加上心理学、社会学、生物学、教育学的长足进步及学科综合的趋向而发展为行为科学，辅导便在各门学科不断进步的基础上，逐渐建立起原理、原则与方法。以下从哲学、心理学、社会学、生物学、教育学角度出发，探讨辅导的理论基础。

第一节　辅导的哲学理论基础

人生而平等，这种思想，自法国卢梭（J. J. Rousseau，1712—1778）倡导以来，历经斐斯塔洛齐（J. H. Pestalozzi，1746—1827）、福禄贝尔（F. W. Froebel，1782—1852）及杜威（J. Dewey，1859—1953）等教育家的发展，目前已为世界各国所共同接受。各国的教育制度，都基于这一哲学思想来制定。这一哲学思想对教育的影响甚巨，在政策上，各国政府延长义务教育年限。在教学方面，注重学生完整经验的获得。在训育方面，则注重培养学生的社会适应能力与完整的人格。这些都是在教育机会均等的原则下所产生的教育方法。

辅导的哲学基础也是建立在平等思想上的。人人都有受教育的机会，而且要使人人各依其天赋与环境的不同，受到足以发挥其最大潜能的教育，这与中国儒家思想“有教无类”、“人尽其才”是一致的。辅导的原理便是为了完成这些任务而建立的。

辅导工作依据机会均等的哲学思想，以了解为教育的核心，基于促进学生的自我了解与使教师真正了解学生的双层意义来改善教育方法。辅导工作应用调查、访问、咨商、测验、评量、分析、统计一套完整的方法，来为个体进行生活、学习、生涯方面的辅导。以这一套辅导方法来适应个体不同的需要，其目的不仅是希望实现教育机会均等的目标，同时也希望教育的成效能因之而扩大。

第二节　辅导的心理学理论基础

从心理学的研究可知，人类的行为有许多特点，个体的行为只有依循人类行为的基本特质，才能顺利实现各种愿望。人类行为由于受遗传与环境的影响，在调适的方式上有许多个别差异。辅导工作的实施依据下列心理学的事实：

（1）个体的行为、态度受心理因素支配而奠定生活辅导的理论基础。人生而有欲望、有情绪，欲望引发行为，情绪影响态度。辅导工作运用这个心理学原理，确定任务，辅导学生，启发学生自觉，增进其调适的能力，协助个体自动平衡欲望，控制欲望，调和情绪，稳定情绪，从而为生活辅导奠定重要基础。

（2）个别差异的事实奠定个别辅导的理论基础。心理学对辅导工作最大的贡献是发现并肯定了人类的个别差异。个体禀赋生而具有差异，如各种心理特质、成长或学习曲线的差异和人格本质的差异等。辅导工作即运用此项原理，特别强调因材施教，以奠定个别辅导的理论基础。

（3）学习心理学原理奠定学习辅导的理论基础。心理学的另一贡献是学习心理学理论的建立，该理论研究学习的过程、学习与成熟的关系、学习与记忆的方法、学习曲线、学习的迁移、学习困扰的排除等，因而奠定了学习辅导的理论基础。

（4）人格的形成及其特质的研究，奠定个案研究与辅导的理论基础。心理学研究阐明人格本质，说明人格是行为的综合表现，故培养积极向上的人格特质，需从习惯、情感、观念、意志各方面着手，在模仿、欣赏、体认的过程中形成人格。辅导工作的品格辅导、行为辅导等，即基于这种原理。

（5）自我观念决定行为模式。自我观念的原理原则是心理学研究的重要成果。个人行为的表达常依据自我观念，如行为能逐步实现，则行为的适应便能保持正常。辅导工作运用建立正确自我观念的原理原则来促进行为适应。

第三节　辅导的社会学理论基础

社会学是对个人与团体间的关系及团体生活的科学研究。人类生活的演变常与环境有重大关系，人类教育活动的目的在于适应环境生活。这一原则是辅导的社会学理论依据。

（1）民主社会尊重个人权益。尊重个人是辅导的哲学观点，而民主社会所强调的正是尊重个体。个体的观念、个体的权益均为辅导的出发点。

（2）社会的多面性进步促进个人发展。由于社会不断进步，生产工具与技术也随之进步，人类生活也因此不断改变。在这种情况下，发掘并培养各类人才是适应当前复杂社会的重要途径。因此，学校与社会均应为个人提供辅导机会，以发展其潜能。

(3) 社会的发展影响家庭组织。社会进入工业化、网络化时代后，核心家庭的各成员各有其职责，传统的家庭功能日趋式微。儿童青少年在家庭组织中，仅能满足一定程度的身心发展需要，此外，还要依靠社会其他组织，协助家庭教育子女。如何在社会必然的发展变迁中使青少年获得较为充分的发展，此即辅导工作的任务。

第四节 辅导的生物学理论基础

生物学研究有助于教育与辅导的发展。辅导原理，就是基于生物学的启示。生物学分析与辅导工作有关者，有下列各项：

(1) 激发儿童潜力。儿童个体的成长与发展，如个体的各种官能，属生物学的范围，辅导时均可依照自然成长与发展规律，把儿童的潜能激发出来。

(2) 个体成长有其程序，因而确定各阶段学生的辅导方法也不同。辅导工作的进行，需适应这种程序，按序发展，以适应各年级学生心理发展的需要。

(3) 人有可塑性，这为辅导提供了可能性。个体与生俱来有一种可塑性，由于可塑性的存在，辅导才有可能。辅导运用这种原理，协助儿童改变不良行为，并在其成长过程中逐渐塑造健全的人格。

(4) 遗传理论有利于协助儿童发展。遗传理论为生物学原理作出了重要的贡献。遗传因子可影响个体的生理、心理健康以及学习有效性与行为适应，辅导工作则运用这种关系来协助儿童发展。

第五节 辅导的教育学理论基础

随着社会进步，教育设施也有了极大的改善，下列是辅导工作所依据的教育学理论基础：

(1) 教育目标在发展个人的基础上完成个人的团体职能。各级学校的教育目标，无不以个人发展为群性，辅导工作从个人着手，唯有培养健全的个人，才能因个人的贡献而产生团结的团体。

(2) 教育场所与教育机构的日益复杂，需要辅导工作人员协助个人选择与适应。由于社会职业分类繁多，为适应社会需要，个人选择教育场所成为发展的重要依据。但儿童青少年对这种纷繁的教育机会无法自行决定，因而极需数据的提供与咨商服务，以使他们获得适当的教育。

(3) 教学重视个别差异，个别的学习辅导尤为重要。班级教学方便、经济，但在民主教育思想下，个别教学或个别辅导已成为改善班级教学效果的重要措施。辅导工作注重个别教学，因此能弥补这种缺陷，这亦为因材施教的具体表现，尤其对特殊学生（肢障、听障、视障等）需进行特殊教学，这非辅导专业人员莫属。

第四章 辅导工作的组织与领导

第一节　学校辅导组织

辅导工作，与处理一般偶发事件不同，必须要有组织、有计划地进行。辅导工作，也非一人可以完成，在学校中必须借助团体的力量，让全体教职员工共同参与，这是辅导的基本精神，且大家工作步调必须一致，以免各行其是，甚至矛盾冲突，抵消大家所作的努力。因此，在工作中必须讲求合作无间，密切协调，以迅速有效完成使命。

“工欲善其事，必先利其器”，辅导工作的组织与领导是完成辅导目标的重要措施，是辅导成功的先决条件。“巧妇难为无米之炊”，没有有效的行政配合支持，辅导工作将会受到阻碍。辅导行政是“计划、组织与执行”三联制。唯其有周详的计划、严密合理的组织及有效的辅导组织，才是理想的辅导组织。唯其如此，辅导工作的实施才能剑及履及，发挥最大功能。

一、学校辅导组织的类型

学校辅导组织的类型是学校行政领导基于对辅导工作的认识、学校的设备及学生人数而定的。因此，对于大型学校或小型学校，城市学校或乡村学校的辅导组织，自然不能完全一样。兹以美国及中国台湾一般学校的辅导组织形态作为参考，分述如下。

（一）美国一般学校的辅导组织类型

1. 集中式的辅导组织

美国有些学校，专设辅导单位，聘请专业工作人员，将全校的辅导工作集中于该单位办理，称为集中式的辅导组织。这种组织类型的优点在于专设单位与人办理，成效较为显著。其缺点是学校许多其他教师不直接参与辅导工作，对全校辅导工作的推行不利。

2. 分权式的辅导组织

另有一些学校，不聘请专任辅导人员，而将全校的教师视为辅导专家，由大家共同推动全校的辅导工作。这种类型，其优点在于大家参与，其缺点是缺乏专门负责策划与推行的人。且由于一所学校的教师未必人人都具备辅导的专业知识与技术，故此种组织实际上等于没有组织。

3. 综合式的辅导组织

有些学校一方面聘有专业的辅导人员，专门负责学校辅导的策划工作，另一方面仍需要全校教师及行政人员共同推动。同时，学校专任的辅导人员除了直接从事一些辅导工作外，还可协助教师共同从事辅导工作。这种方式撷取上述两种组织形式的优点而避其缺点。

（二）台湾一般学校的辅导组织类型

台湾1968年在《国民教育法》未公布之前，一般学校的辅导组织类型，大体上亦可分为三种：

1. 辅导人员专任制

有些学校设有专任辅导工作人员。专任机构为辅导室，但有的属于训导处，有的为独立单位。辅导室设主任一人，主持全校的辅导工作，另依学校规模的大小、学生人数的多少，聘请专任辅导人员，按照年级或辅导工作性质等分配工作。有的成立“辅导委员会”，作为顾问性质的组织，辅导工作的责任仍集中在专任辅导员身上，即上述集中式辅导的应用。

2. 教师共同负责制

有些学校的辅导工作由校内全体教师共同负责，每人于教学之外，均兼负辅导学生的责任，此种学校不另设辅导单位，也没有受过训练的专任辅导人员，认为辅导与教育是一体的，不必分开，教师当然都是辅导员。这种方式，在理论上虽然讲得通，但实施起来常不够理想，因为大多数教师都缺乏辅导工作的专门知识与技能，对于辅导任务未必能完全胜任。但是在一个规模很小的学校里，经费与人力匮乏，又缺少专业辅导人员或受过专业训练的教师，要实施辅导工作，这种方法只是一种权宜之计。

3. 教师兼任辅导员制

这是以上两种类型的混合方式，即由学校选择一部分教师兼任辅导员，先予以短期进修，然后再减少他们授课的时间，使之能负责全校的辅导策划工作。有些学校为了加强辅导工作的推行，则先设置一位辅导主任，负责策划与联络工作，另将各年级的辅导工作交由其他教师兼任。这种方式的优点是有教师从事辅导工作，又能发动学校中部分教师参与工作，共同推进。其缺点是兼任总不如专任。

二、辅导室与学校内外的关系

（1）辅导室为常设机构。纵向来看，辅导室与教务、训导、总务三处同受校长直接管理，并参与校务会议讨论设计，以决定全校教育方针。横向来看，辅导室与各部门相互依存，密切支持。辅导室与教务、训导、总务同构成学校行政的主体，没有大小、高低之分，共为实现教育目标而努力。

（2）辅导室与班主任的关系。班主任为辅导室从事学生辅导工作的基本人员。

平时在班级教学活动中，执行其基本辅导工作。辅导室则负责提供辅导工作计划、联络及技术支持等工作。

（3）辅导室与科任教师的关系。科任教师亦为辅导的基本人员，对学生平时的生活与学习，均负有辅导之责。应在教学过程中与辅导活动相结合，使辅导活动得以于各科教学情境中实施。辅导室则负责为各科任教师提供辅导资料，并规划与辅导活动相关的教学单元活动设计，使教学更为生动活泼。

（4）辅导室与家长会的关系。家长会为辅导室的有用社会资源，学校学生的一切辅导措施，应通过家长会广为宣传，使家长及社会人士知悉辅导室的工作性质，以取得其对辅导工作的配合，进而获得社会资源的充分支持。

第二节　各级人员的辅导职责

一、辅导人员的角色与任务

学校辅导工作人员的职责，不仅包括治疗或解决当前容易解决的问题，亦应面对并处理一些难以立竿见影的问题，为学生的教育与发展服务。

美国在世界上是最先实施辅导工作的国家，中国台湾的辅导制度效仿美国，吸收后自成今日中国台湾的辅导制度。兹先以美国的中小学辅导人员的角色与任务为例，再论中国台湾学校各级人员在辅导工作中的任务，以供参考。

（一）美国中学辅导人员的任务

美国学校辅导人员协会（American School Counselor Association，ASCA）于1964年发表《中等学校辅导人员工作实施纲要及施行细则》，在实施纲要中提出辅导人员的职责，包括以下各项：

（1）帮助学生了解自己与其所处的社会及心理环境。

（2）帮助学生接受其性向、兴趣、态度、能力及所处社会，促进其自我实现。

（3）帮助学生发展自我决定的能力。

（4）帮助学校有关人员了解学生资料的重要性并协助他们了解学生。

（5）评估学校计划对学生教育与心理、社会发展的影响，并提供此等资料给学校其他有关人员。

（6）提供学校内有关人员关于校内外环境的变迁资料与学校有关活动计划。

（7）协助家长了解子女的发展情况、需要、所处环境及机会，以便协助其提高帮助子女发展的能力。

（8）向小区人士说明学校辅导计划的重要性及贡献。

（9）改进学校与小区发展的关系。

（10）运用并改进小区资源，以满足学生的特殊需要。

在施行细则中，又细分辅导人员的角色为表4－1中的10类共44个项目：

表 4－1　辅导人员的角色与任务

策划及发展辅导计划	·策划并推广学校辅导工作计划 ·策划适合学生需要的课程
咨商	·帮助学生了解自我 ·帮助学生接受自我 ·帮助学生发展自决的能力 ·帮助学生解决其个人问题
学生评量	·搜集并运用学生基本资料 ·对学生解释与自己有关的资料 ·对教师解释与学生有关的资料 ·对家长解释与其子女有关的资料 ·对行政人员及其他有关人员解释与学生有关的资料 ·发现具有特殊能力或有特殊需要的学生
教育及职业计划	·搜集并提供有关学校设施的资料给学生及其家长 ·搜集并提供有关升学的资料给学生及其家长 ·提供有关就业及职业训练机会的资料给学生及其家长 ·搜集并提供有关中等教育阶段后所获奖项、助学金的资料给学生及其家长 ·运用团体辅导方式，帮助学生了解自己适于升入何种学校就读 ·运用团体辅导方式，帮助学生了解自己适于从事何种职业 ·对未能经由个别辅导得到帮助的学生，施以团体辅导 ·帮助学生及家长熟悉学校以外的各种辅导机构
个案转介	·将需要进一步辅导的学生，适当地转介到校外辅导机构或医院 ·与校外的学者专家保持联系并密切合作 ·与校外的各种辅导机构保持联系并密切合作 ·商请地方辅导机构发展或扩大其服务，以适应学生需要
升学及就业安置	·与教师及行政人员共同计划职业辅导事宜 ·辅导学生适当选择升学方向，并拟订未来的求学计划 ·辅导学生顺利转级、转学、升学或就业 ·与校外辅导机构协调有关学生就业的问题
帮助家长辅导子女	·协助家长辅导学生成长与发展 ·给家长提供重要的学生资料 ·给学生家长提供有关教育与职业的资料 ·给学生家长提供有关学校辅导计划的资料 ·协助学生家长正确认识其子女的发展与潜在能力

（续上表）

与同事协商学生有关事宜	·协助教师及学校行政人员使用学生资料 ·协助教师及学校行政人员发现具有特殊能力或有特殊需要的学生 ·参与有关教师及学校行政人员的在职辅导专业训练计划 ·基于班级辅导活动的需要，协助教师搜集资料，并研讨适当的辅导方法
推行地区性的辅导研究	·与有关人员共同进行毕业生及辍学学生的跟踪辅导与研究工作 ·与有关人员共同研究学生的能力、学业成就与其毕业后的关系 ·与有关人员共同研究地区性的职业发展趋势
推展公共关系	·与有关人员共同评价学校的辅导工作，研究改进各项辅导措施 ·参与地方上各种社会活动，发展公共关系 ·提供有关图表或文字说明给学生家长及小区人士，使其了解学校辅导工作的目标与计划 ·提供有关学校辅导工作的资料给地方上的传播机构

（二）美国小学辅导人员的任务

1. 为全体儿童提供最佳的学习与成长环境

（1）使学校全体工作人员了解他们的行为对儿童的影响，并了解成人与儿童间的交互关系以及这种关系对儿童自我观念的发展，了解与同辈间的关系等所具有的重要性。

（2）参加学校各种活动的策划，特别注意该活动对儿童心理可能产生的影响。

（3）在比较学业成绩高低的基础上，与教师共同探讨，如何进一步接受并重视个体差异。

（4）重视个别需要以及全体学生的共同利益，并与学校其他人员就此交换意见。

（5）介绍相关有意义的研究成果，说明学生发展上的需要及其与学习过程的关系。

（6）强调并经常评价学校各种措施，以适应学生个别的需要。

2. 帮助家长了解学生发展的需要，并与之共同探讨

（1）提供有关资料，说明学生发展过程中的各种需要，协助家长逐步了解儿童在不同年龄阶段可能表现出的行为，发展过程中可能出现的问题，以及如何协助儿童处理这些问题。

（2）提供有关数据，协助家长更进一步了解儿童的特性及其子女的个别情况。

（3）向家长解释学校各种活动的意义，协助其了解学校对学生的要求，以及家长如何与学校配合等问题。

（4）对家长进行个别或团体咨商，以处理特殊问题。

A. 探讨协助儿童的新方法。

B. 进一步了解亲子关系中可能影响儿童的因素。

C. 进一步了解儿童的潜能、动机与需要。

D. 提供机会让家长表达其对学校及其子女的意见。

（5）提供数据介绍学校及小区可利用的资源，协助其适当运用此种资源。

3. 帮助儿童认识自我，并积极广泛地运用其潜能

（1）与教师讨论学生的个别需要，特别是学前及低年级儿童。

（2）协调运用学校所有资源供儿童使用。

（3）观察研究儿童在学校中的行为。

（4）如经鉴别认为咨商为帮助儿童的最佳方法，则于适当时机进行个别或团体咨商。

（5）在一般学校活动中与学生保持良好关系，以便需要时随时予以辅导。

（6）与教师及其他人员商议如何进一步协助儿童。

（7）以儿童利益为着眼点，如有必要则参与或主动发起改变学校环境的活动。

（8）解释有关的研究发现，帮助儿童自觉并接受自我。

（9）鉴别并转介有严重问题的学生至其他特殊机构，并负责协调、提供数据、建立关系等。

（10）主动提供转介服务，在尚未转介之前，与教师共同处理该学生的问题。

（11）与教师共同商议其他专业人员对儿童的学习及行为可能发挥的作用。

4. 参与课程的编制与革新

（1）说明教材对儿童自我观念及与他人关系可能产生的影响。

（2）参与教材的编制工作，注重适应儿童不同的兴趣，并发展其对自我及现实环境的观念。

（3）与教师共同计划如何使儿童了解职场，并培养其与他人的相处之道。

（4）主动改革教材以满足儿童的需要。

上述小学辅导人员的任务虽不一定为各级教育主管部门及学校本身所接受，但就其内容及立场而言，却是最具代表性的。分析其中所列工作，可发现辅导人员所担任的主要为咨商者（counselor）、顾问（consultant）及协调者（coordinator）的角色。

个别或团体咨商的目的在于建立和谐的关系，通过辅导人员或其他参与者的协助、反馈，能让学生认识自我、发展潜能，培养解决问题的能力。顾问的角色则以数据、观念、知识的交换及讨论为主，借此对学校或家长作更适切的安排，以利于儿童的发展。协调者的角色则由辅导人员在教师、家长、小区人士及其他专业人员之间选择，以沟通、安排、策划相关活动及事务。

（三）中国台湾地区中小学辅导室的任务

依《课程标准辅导活动实施要领》的规定，中小学辅导工作由辅导室策划，并由全体教师共同承担，辅导室的主要任务是协助教师从事如下各项工作：①搜集并了解儿童各项个人事实，建立儿童基本数据。②举行咨商与个案研究。③举行参观访问与调查工作。④举行家长会等与家长联系。⑤设计各年级的辅导方案，供有关教师参考实施。

二、学校各级辅导人员的工作职责

以上所举概括说明了中小学辅导室及其工作人员所应做的各项工作，但在学校里其他教职员工众多，仅概括式规定各工作人员职责，一些实际工作仍难以分清职责归属，为使辅导工作落到实处，人人参与，劳逸平均，各级人员的工作职责仍需说明。

（一）校长在辅导工作中的角色

（1）政策的领导者：掌握方向，领导群众，确认辅导为教育的核心工作，全力以赴。

（2）思想的启迪者：看法、说法、做法一致，确认辅导在教育上的功能，革新思想。

（3）技术的指导者：解答疑难，处理困难问题，排难解纷，积极主动负责。

（4）行政的督导者：实行有效的分工，做到劳逸平均；给予辅导工作者充分的支持，力争赏罚分明。

（二）校长在辅导工作中的职责

（1）遵照教育主管部门的指示，彻底执行辅导工作。

（2）提供适当场地与设备，促进辅导工作发展。

（3）督导辅导室拟订通盘辅导计划。

（4）出席指导辅导室的各种会议。

（5）协调仲裁工作上的歧见。

（6）给予时间以便于辅导工作的实施。

（7）合理分配经费，支持辅导工作的执行。

（8）主持校内教师研习会，研习辅导理论与方法并促进全体教职员工的沟通。

（9）与家长及社会人士沟通，争取社会资源支持。

（10）协助辅导室解决困难，并积极给予行政上的支持。

（11）主持辅导工作效果评价。

（三）辅导室主任在辅导工作中的职责

（1）秉承校长指示，策划学校辅导工作事宜。

（2）管理辅导室工作事宜。

（3）协助辅导室各组组长及有关人员，拟订辅导工作计划。

（4）主持辅导室工作会议及个案研究会议。

（5）出席校务会议，报告辅导工作计划及工作概况。

（6）参与家长会议，报告辅导工作内容，并与家长交换意见。

（7）与拥有校外社会资源的人士或单位取得联系，争取支持。

（8）搜集资料，协助下属开展工作。

（9）协助教师推动辅导工作，并解决其困难。

（10）与教务、训导处协调配合，实施学习辅导与生活辅导及亲职教育等事宜。

（11）配合学校及小区特殊需要，从事各种辅导工作。

（12）其他。

（四）辅导组长在辅导工作中的职责

（1）拟订学校年度辅导工作实施计划、工作进度表及日程安排。

（2）配合教务、训导实施学习辅导、生活辅导及亲职教育等工作。

（3）咨商与个案研究及个案转介。

（4）负责定向辅导（orientation guidance）与追踪辅导的实施。

（5）帮助教师及早发现适应欠佳的学生，并实施个别辅导。

（6）帮助教师解决辅导工作技术问题。

（7）计划并参与家长会议，必要时家访，协助家长辅导其子女。

（8）评价校内年度辅导效果。

（9）从事研究工作，以求辅导工作的改进。

（10）其他。

（五）资料组长在辅导工作中的职责

（1）制订学生资料搜集与建立的计划。

（2）帮助有关教师建立学生资料库。

（3）帮助有关人员有效利用学生资料。

（4）安全管理学生辅导数据。

（5）协调教务处适时办理学生资料转移。

（6）对全校学生实施心理测验。

（7）进行学生困扰调查与研究。

（8）参与学生辅导工作。

（9）评价与检讨辅导工作。

（10）其他。

（六）教务主任在辅导工作中的职责

（1）督导所属各组及教师参与辅导工作。

（2）帮助及督导各科任教师配合教学实施辅导活动。

（3）督导教务处将学生资料转存辅导室，集中保管。

（4）依计划与辅导室及训导处联系，新学年开始时，开展新生辅导。

（5）依辅导计划，调整班级时间，实施各种心理测验。

（6）督导课务组及各任课教师实施学习辅导。

（7）依辅导计划，办理毕业班升学辅导及追踪辅导。

（8）参加辅导委员会会议或个案研究会议。

（9）其他。

（七）训导主任在辅导工作中的职责

（1）督导所属各组及班主任参与辅导工作。

（2）与辅导室、教务处协调，新学年开始时开展新生辅导。

（3）帮助生活辅导组组长依辅导计划办理学生生活辅导事宜。

（4）会同辅导室安排家访及与家长联系等事宜。

（5）参与个案研究会议。

（6）参与辅导工作委员会，策划学生辅导工作。

（7）会同辅导室就学生行为困扰等问题进行调查与处理。

（8）督导保健室与辅导室合作，将学生健康辅导记录及学生体检资料转辅导室集中保管。

（9）会同辅导室及教务处安排学生的休闲活动。

（10）会同辅导室及教务处办理毕业生追踪辅导。

（11）其他。

（八）总务主任在辅导工作中的职责

（1）参与辅导工作委员会，共同策划学生的辅导工作。

（2）给予辅导室适时适切的各项行政支持。

（3）督导下属支持并参与学生的辅导工作。

（4）其他。

（九）各班班主任在辅导工作中的职责

（1）取得各方面的支持与协助，负责实施班级儿童辅导。

（2）实施生活辅导与学习辅导。

（3）与辅导室协调，实施各种心理测验。

（4）参与搜集学生各种资料并建立资料库的工作。

（5）实施班级学生团体辅导。

（6）从事学生个别辅导。

（7）开展辅导活动以配合教学。

（8）帮助保健室办理学生体检，将记录填入资料表内。

（9）参与毕业班的升学辅导及追踪辅导。

（10）参与本班学生个案会议。

（11）其他。

（十）科任教师在辅导工作中的职责

（1）帮助辅导室实施生活辅导与学习辅导。

（2）帮助实施团体辅导。

（3）帮助实施个别辅导。

（4）实施辅导活动配合教学。

（十一）校内其他行政人员在辅导工作中的职责

1. 保健室护士

（1）协助辅导室实施学生健康生活辅导。

（2）发现学生身心障碍适时告知辅导人员及班主任。

（3）会同辅导室及班主任实施健康检查，并将检查结果送班主任登记，存入学生个人基本资料袋内。

（4）其他。

2. 各处干事及工作人员

（1）对辅导工作给予全力支持。

（2）协助班主任辅导学生。

（3）学生遇有特殊事件，立即处理与辅导，并将详情转告班主任或有关人员。

第三节　辅导室的设置要领

一、目的

辅导室系依法成立的辅导组织，其设置的目的在于为学生、家长、全校教师提供一个具体的、外在的辅导环境。是一种有组织、有计划、有目标、有设备的服务场所。学校的辅导工作不能没有辅导组织，也不能没有提供辅导服务的场所与设备。因此，辅导室是学校行政组织，也为全校学生辅导提供了一个具体的策划、研究与服务的场所。

二、辅导室的任务

基于上述目的，辅导室应承担以下四项主要任务：

（1）提供计划。辅导是一个有计划的、合作性的教育过程，所有有关辅导的综合计划与年度规划均应由辅导室提供。此外，辅导室还需协调全校各有关单位共同推行。

（2）提供资料。辅导工作依赖个案资料，故对资料的搜集、整理与保管为辅导室主要任务之一。

（3）提供协助。辅导人员不但要负责个别和团体的辅导工作，并需要为其他任课教师提供有关辅导的技术与服务，以促进全校教师参与辅导工作。

（4）提供研究。辅导室对于辅导学生的技术及学校辅导工作的评价，应随时研究并提出报告。此外，辅导室也是一个办公、会议、咨商及存放资料的场所。

三、辅导室的人员编制

为达成辅导任务，辅导室应有专人负责，依学校班级数目多寡安排专业工作人员分组办事。校长对辅导工作的推行，除安排专业人员外，更应挑选三至五个具有辅导专业知识与技能而又热心的教师参与辅导室工作，并减少其教学时数，以使其有充裕时间执行辅导任务。

四、辅导室位置的选择

（1）辅导室应靠近学校的主要进出口，以便与家长及小区人士接触，从而建立良好的公共关系。

（2）辅导室应与行政中心临近，便于行政联系。

（3）辅导室应与保健室相邻，便于双方配合。

（4）辅导室应靠近图书馆，便于学生使用有关资料。

（5）辅导室应与班主任办公室及教室相邻，便于各方联系，但同时亦应注意以下事项：

A. 环境要安静。

安静的环境有利于学生进行咨商，便于辅导教师集中思考，学生不致受到外来干扰而分心。因此，靠近运动场、音乐教室、走廊通道等人声嘈杂的地方，皆不适宜。

B. 注意隐秘性。

咨商室不可置于公共场所，学生与教师会谈咨商，会引起其他学生的好奇与关注，事后询问不已，必会引起当事人的不安，对于任何一位来访者，都有为其保密的必要。因此，咨商室应注意其隐秘性。所谓隐秘性，是就咨商室内部设施与咨商活动不直接暴露于外人视听范围内而言，并非将咨商室迁设于不为他人察觉的地方，这样反而造成过度的神秘感。

C. 光线要充足。

光线阴暗之处，通风一般不好，空气沉闷，令人产生压迫、窒息感，必然有碍咨商工作的进行，灯光以柔和为佳。

五、辅导室的内部设计

（一）辅导室的内部设备

辅导室的内部设备应视学校环境与财力而定。一般而言，应包括：

（1）办公室：供辅导教师办公使用。

（2）会议室：可兼作团体咨商室。

（3）咨商室：学生个别咨商时使用。

（4）游戏治疗室：供游戏治疗或小团体辅导之用。

（5）辅导资料存放室：存放辅导资料。

（6）心理测验室：供个别测验时使用。

（二）咨商室的内部设计

首先，咨商室不宜太大，太大会阻碍咨商关系的建立；亦不宜太小，太小则易使来访者有一种压迫感而使其感到拘束，故咨商室空间的大小应加以特别研究，从而使来访者有一种舒适与安全的感觉。咨商室以不超过一间教室四分之一大小为宜。其次，应特别考虑其隐秘性与安静，以进行咨商时不易被他人窥探，谈话的声音亦不易为他人听到为原则。再次，咨商室布置应以温暖、柔和的色彩为宜，应避免刺激性的色彩，如大红、深蓝、黑、灰等均不适用。另外，咨商室的座位安排亦非常重要，一般言之，辅导教师与来访者不宜面对面，而以成直角就座的方式比较合适。不要让来访者面对窗户，来访者的座椅高矮可加以调整。

（三）资料室的设计

资料的存放，必须要考虑其安全性与保密性及有利于充分利用的原则。故要采取防火、防虫蛀及防潮湿的设施。并要建立一套可行的使用办法，避免因缺乏管理而遭破损。至于管理办法，可参考医院的病历或以计算机为辅助建立档案文件，然后再依照学校的实际需要加以设计。

总之，有关辅导室空间的设计，应把握以下三个原则：

（1）能增进辅导工作与资料的充分运用。

（2）应具有使人觉得舒适、安全、轻松与自信的气氛。

（3）尽量使每一空间具备两种以上的用途。

六、辅导室的设备

（一）一般性设备

（1）办公桌椅：供辅导工作人员办公之用。

（2）文书柜：放置辅导书籍及有关测验资料。

（3）学生资料柜：专供存放学生各项资料之用。原则上每班有一个抽屉，每个学生有一个资料袋，将各项资料存放于个人资料袋内，依班级集中保管。

（二）专业性的设备

（1）辅导信箱。专供学生与辅导室通过书面沟通以解决问题之用。此类信箱多设于辅导室门前或学校走廊通道内。

（2）单面透视镜。装于心理治疗室内，在外面可以观察当事人活动，而里面的当事人看不见外面有人观察。

（3）视听器材类。如计算机、录音机、照相机、放映机等。

（4）测验材料类。如智力测验、性向测验、成就测验、人格测验等。

（5）统计图。如各种测验结果的统计图表等。

（6）参考书籍类。有关辅导及心理学、儿童发展与辅导及辅导工作的参考书籍和刊物等。

（7）其他专业用具。如游戏治疗的儿童玩具、积木、黏土（自由造型用）、沙盒、蜡笔、水彩笔、图画纸等。

第四节　辅导信箱的设立与使用

学校设置辅导信箱，目的在于帮助学生解决生活上、学习上的困扰，尤其是一些胆怯、内向的学生，往往不敢上辅导室或在班级中不愿提出自己所遭受到的困扰，这时候辅导信箱可能就是他唯一的救星，他可以在不被他人发现的情形下，找到他要倾诉的对象。学校通过辅导信箱做与全体学生沟通的工作，既适于个别辅导，也适于团体辅导。

一、辅导信箱的功能

（1）它具有非常个性化的意义。

（2）促进受辅者的自我成长、自我实现。

（3）适时适切地建立咨商关系。

（4）提供自我表露和倾诉的对象。

（5）随时获得有关学生困扰问题的信息。

二、辅导信箱的特性

（1）隐秘性。受辅者的心理问题是不愿公开的，只有辅导者知道，因而容易保密，并使受辅者有安全感，从而乐于前来求助。

（2）可靠性。受辅者的心理防卫性小，对自身的心理问题，大多能经过一番考虑后才自我表露。

（3）普遍性。辅导在全体学生中普及，不受年级和性别限制，不论问题的大小和性质。最重要的是能顾及个别学生的需要。

（4）方法简便。受辅者不受时间和空间的限制，随时随地可将心理问题写出来，投入信箱内，便可建立咨商关系。

（5）符合经济原则。无论在时间或物质上都合乎经济原则。在校内投递不必贴邮票，也不占用上课的时间。

（6）时间充裕。辅导者对受辅者有较多的思考时间，有些问题具有特殊性，还得整合其他辅导者的经验以及家庭、社会有关机构的协助，比面对面的辅导或是电话咨商辅导有更充裕的时间对受辅者的中心问题加以分析、研究。

三、辅导信箱的限制

（1）时效的限制。尽管辅导信箱使受辅者求助更为便捷，又符合经济原则，但是复函常要过些时日才能到达受辅者手中，接到信时，有时早已时过境迁，或者受辅者自己已想通了，或复函已经不符合受辅者的需要，会使受辅者感到失望。

（2）回馈的困难。一般来说，在面对面的辅导过程中，辅导者与受辅者可以通过直接的沟通，清楚地收到彼此对所询问信息的回馈，这使得辅导者可以直接面对各种不同的信息，迅速地作出各种判断，随时调整辅导的方向。可是函件的辅导就很难在一次接案过程中马上和受辅者互相澄清，立刻抓住受辅者的问题。由于回馈的困难，辅导者就很难估量其辅导的效果。

（3）篇幅的限制。辅导者接到受辅者的信后常觉得和受辅者要谈的事情和澄清的线索非常多。可是写信却不如谈话，谈话沟通起来更加便捷。

（4）断线的困扰。虽然来函很多，但往往一封信后，就不见再来信了，究竟是受辅者的问题或困扰已经有效解决或部分解决，或复函尚未谈到他的中心问题，这些都无法确定。

四、函件处理的原则

（1）深入了解受辅者的困难。受辅者常常只陈述表面问题，却并不知道困扰原因。辅导者应以专业性知识与技能探究其中心问题，帮助受辅者澄清和了解自身存在的问题。

（2）接纳受辅者情绪。受辅者求助时，可能情绪激动和无助。辅导者在信中，对其情绪应以温暖、认同的态度予以接纳。

（3）客观引导其思考方向。辅导者应很冷静，对受辅者的问题作出明确回应并表明乐意帮助，此时，受辅者对引导的反应行为通常是顺从的。

（4）帮助澄清与统整问题。受辅者对问题不甚了解，甚至可能曲解。辅导员要帮助受辅者矫正其错误观念，让受辅者了解问题的症结，使其静下心来思考，进而解决问题。

（5）帮助受辅者做自我探讨与觉知。以上各项都能遵循时，受辅者便容易对问题做深入的探讨。从受辅者的自我表露中细心引导，帮助受辅者将问题中隐藏的感情表露出来。

（6）促进积极的行动。在双方往来的信中讨论行为改变或解决问题的具体选择与计划，共同讨论以决定行动。

（7）专业性的探讨。函件的辅导功能有限，必要时要做专业性协助，如访视、面谈或转介。

（8）记录有关资料。对来函内容，做简单、系统的记录或建立个案资料，一则可获得目前困扰受辅者的问题，二则可提供个别咨商及辅导的资料。

（9）深入浅出。回信时，应以最平易的词句，表达最深刻的意义。

（10）视问题性质，决定回函方式。如为大家所共识者，可利用告示牌公布回信，以遂团体辅导目的，但不可公布是谁的来信。属于私人事务，必须个别回函，不可广播点名领取回函，可规定每天取信时间，辅导员将信放在固定回信架上，当然要注意取信的人是不是本人。

五、函件辅导的技巧

（一）掌握问题的重心

函件辅导中，一方面辅导者无法直接面对面地用澄清技术马上掌握当事人的问题，另一方面当事人对自己的问题也可能表述不清，甚至他们自己也无法掌握及表达自己的困扰。因此，辅导员在阅读函件或复函时，就得更审慎地去发现到底问题出在哪里。如何抓住问题的重心，可用下列三种方法：

1. 由次要问题到主要问题

当事人在来信中，往往诉说各式各样的小问题，每个问题表面看起来似乎都不是很重要，但也可能是关键性的线索，到底哪些才是真正困扰当事人的问题？首先，必须正视每一个问题，绝不忽视任何一个小问题。然后把各式各样的问题加以比较，找出可能的根源，使主要问题在比较中呈现出来。千万别让许多问题混淆了辅导的方向。

2. 由外围问题深入中心问题

外围问题是中心问题的前奏，但还不是中心问题。当事人常常会在信中提到鸡毛蒜皮的问题。一个敏感的辅导者会马上察觉到问题绝不止如此。因为，当事人也常常不清楚自己的问题到底在哪里，他只知表面症状，而不知原因。因此，辅导者在处理问题时，就要格外细心。

3. 运用假问题来掌握真问题

有时当事人会提出一些使你感到非常诧异或虚假的情节。例如来信中谈论："人活在世界上有什么意思呢?""我恨不得马上死去……""读书究竟有什么好处呢?""我每天在学校都要哭三次，因为老师和同学都看不起我。"这些不过是假问题，其真正的问题可能是家庭变故、人际关系欠佳、学校适应困难、爱与归属的需求。为什么当事人要这样掩饰？基本上有两个重要的原因。

（1）博取辅导者的同情。这些大都是由于当事人基本的需求无法获得合理满足或调适，因此就倾向于依赖自我挫折来争取注意，如怀疑、攻击、夸张等。

（2）自卫心的驱使。对问题感到迷惘而无助，又不敢面对既成事实，唯恐受到更大的创痛与伤害。所以，常会言不由衷地虚构一番或夸大其词博取辅导员的同情。在这种情形下，辅导者应尽量避免用"一针见血"式的方法直接讨论，以免当事人受伤过深而企图逃避，甚至永远无法接受事实。可以借假问题的内在功能作引子，先从假问题谈起，再用引导技术，渐渐让当事人拆除心理围墙，如果他对辅导者产生了信任感，真问题就显现出来了。

（二）了解当事人情绪所表达的信息

每一个当事人，都有他自己对问题的特殊反应。面对各种问题，由于时间不同、人的不同、事的不同，反应的情况就大不相同。因此，由不同的当事人及不同的问题所产生的情绪反应类型更是千变万化。辅导者在面对这些问题的时候，就必须具有高度的敏感性，要细心去了解并体会当事人抒发的各种情绪，以获得下一步运用辅导技术的基础。因此，信息的处理是辅导过程中的一个先锋站，千万不能忽视它的地位。

处理情绪抒发时，辅导者不仅要了解及体会当事人的情绪，最重要的是要使他知道辅导者是了解他的，进而建立当事人对辅导者的好感及信任感。所以，辅导者的文字表达及情感表达很重要。表达方式不能太过于冷漠，让人无法接受，也不能过于热情洋溢，超越辅导角色的范围，可从四方面着手：

1. 接纳

当事人在来信中表示对某事的愤怒、不满、痛苦时，虽然辅导者不一定能体会并赞同他的意见，甚至可能不喜欢这种人，可是，作为辅导者就应去接受这个人情感的抒发，并诚恳地和他讨论问题，在函件中辅导者可以说：

我知道你的立场是……
我很愿意与你讨论你的看法……
我了解你心里的痛苦是……
我很愿意听听你的意见……

2. 温暖

温暖有点类似关怀，有些辅导者认为温暖及关怀是一种非占有的爱，受辅者可因其反应而受到影响。亦即温暖能转移受辅者封闭的感情及影响，因而使受辅者不受情绪及不愉快的成长经历的困扰或诱惑的威胁。因此，对于急切需要帮助和关怀的人，应不吝于给予“适切的温暖”。也就是使受辅者觉得“舒适”或感到“被重视”。在辅导函件上，每一个字的温暖度，都必须加以斟酌。例如，辅导者可以说：

非常欢迎你的来信……
我很愿意和你一起分担你的烦恼……
哦！我愿成为你的朋友……

3. 同理心

同理心是设身处地了解受辅者及使他感觉到被了解的主要途径。辅导者以不失自身肯定及客观性的立场和积极的同理心去了解受辅者，以增强受辅者的自我了解或增强其解决问题的能力和信心。至少，辅导者必须在给受辅者的复函中，反映出受辅者隐藏的感受和明显的内容。例如，辅导者可以说：

如果我是你，也会这样想/做。
我想你一定是很难过的。
我相信！你一定因为这件事心里很烦。

4. 真挚

将心比心，以坦诚的心相待。切忌为了鼓励受辅者，而对其盲目地加以赞美。过分地夸赞受辅者的能力，将会对辅导关系产生反作用。例如，当辅导者说到对受辅者的问题感兴趣时，在复函的字里行间，就必须表露出基本相同的感情。否则，受辅者将感到矛盾，导致其对辅导者失去信心，从而使所有的努力付诸东流。

以上四种态度简言之可概括为：①接纳是接受受辅者的情绪，而不是一味地同意。②温暖是关怀，而不是同情。③同理心是体谅，而不是怜悯。④真挚是诚实，而不是盲目地附和。

（三）应用专业辅导技术

一件成功的辅导函件，除了应融入辅导者的热心、爱心、关怀和温暖外，还得看看是否运用了辅导者所具有的专业知识和技巧，以激发受辅者的潜力，使他认清自己的问题，正视问题的症结，从而达到自我解决、自我成长和自我实现。下面是常用的技术：

1. 澄清

对受辅者在言词上表达不清楚、意见表达不明白的内容加以把握，就是澄清的技术，在第一次接案时最常用。例如：

我想，你说的意思是……是不是？

你谈到父亲非常冷酷，你的意思是……

可否谈一下，你信上所说的“在家真没意思”是指什么呢？

2. 引导

引导就是辅导者对受辅者的激励及开导。当问题澄清后，辅导者就必须针对某些重要的关键点加以讨论，引导的技术包括间接引导和直接引导，举例如下：

（1）间接引导。例如：

你在信中说到……是什么意思呢？

关于这一点，你能不能多谈些？

你觉得怎么样？

（2）直接引导。例如：

你信中的意思是胆小，是吗？

请你多告说一些有关你妈妈的事好吗？

让我们多谈一点关于你对交朋友的看法好吗？

3. 集中主题

在澄清和引导技术应用后，辅导关系往往已进入主题，集中主题在这个阶段是一个很实用的技术。那就是抓住受辅者的某一重点，不断追问或深入探究，一面慢慢加深，一面慢慢加广。

例如：受辅者在信中提出，“讨厌所有的朋友”。辅导者已找不到其他线索了，因此可集中焦点。

讨厌所有的朋友，你认为“什么样的朋友”使你讨厌呢？

你的朋友是怎样的人呢？

你和朋友是怎样相处的？

在一连串的问话之后，受辅者接到复函，可有一段较充裕的时间去正视这一连串的问题，经过一番思索和反应后，终能了解自身问题之症结，从而获得有效的辅导。

4. 分析及综合

在函件上，辅导者可以简单明了地分析自己的看法，并对问题稍加整理，然后与受辅者讨论。不过最重要的还是用鼓励的方法，尽量使受辅者自己去分析自己，并综合自己的看法提出解决的办法来，辅导者在这个阶段可用的问话是：

我的看法是……你认为如何？

我想是……你呢？

我认为……不知你同意吗？

你说呢？

往往受辅者并非不了解自己的问题或处境，他只是想从辅导员处寻求一个“肯定的支持”。因为辅导者只要予以适当的支持或鼓励，使他肯定自己，发挥自己的潜能，他的问题就得到解决了。所以在这个时候，辅导者千万要避免用专家式的口吻或长辈式的语气来与当事人进行沟通。一定要以平等的姿态、亲切的口吻进行交流。

（四）符合专业伦理

（1）严守函件上的秘密，除非是必须让大家知道的，否则绝不泄露个案资料。

（2）超过专业范围的个案，诚心请教专家，接受指导，不随便下断语。

（3）绝不涉及感情牵连，与受辅者维持单纯的辅导关系。

（五）复函字词避免晦涩

（1）文章简洁：意思清楚明白，尽量避免使用专业术语。尤其是对小朋友，应以易懂的语词来沟通。

（2）段落清楚：段落分明，意见清晰，适当表达辅导者真正的意思。

（3）配合受辅者的理解能力：复函时，要考虑到受辅者就读的年级、语文程度，用字遣词必须是受辅者所能理解并体会的。

表 4－2　××学校辅导信箱来函登记表

<table>
<tr><td>来信者（或匿名）：</td><td colspan="2">所属班级：　　年　　班</td></tr>
<tr><td>第　次来信</td><td>来信时间：　年　月　日</td><td>班主任：</td></tr>
<tr><td>问题性质</td><td colspan="2">□1. 健康　□2. 学业　□3. 升学　□4. 家庭
□5. 交友　□6. 性格　□7. 行为　□8. 学校生活
□9. 就业　□10. 志愿　□11. 其他</td></tr>
<tr><td colspan="3">内容摘要：</td></tr>
<tr><td colspan="3">处理方法：</td></tr>
<tr><td colspan="3">追踪辅导：</td></tr>
<tr><td colspan="3">结　　案：</td></tr>
</table>

第五节　辅导工作计划

一、拟订计划的原则

“凡事预则立，不预则废”，辅导工作计划是推动辅导工作的导向，是行动的指针，有工作计划，工作才有依据，执行人员才有依据。辅导工作计划的拟订与学校一般行政计划的拟订过程并无两样，仅其工作内容稍有出入而已。拟订辅导工作计划时，应依据下列各原则：

（1）必须与学校校务计划配合。校务计划是整个学校教育工作的蓝本，辅导是整个学校教育工作的一部分，它与教务、训导、总务一样，为构成校务计划的一个单元。辅导计划不是一种例行公事，而是为完成教育目标所必需的措施。因此，在拟订辅导计划时，必须考虑时间与空间和校务工作计划配合。例如，辅导室要在某一时间实施智力测验，在作此项决定前，必须事前与教务处及训导处协调，确定在这段时间里是否有其他重要活动，以免造成冲突导致无法实施。又如新生入学训练，在辅导活动中称“定向辅导”（orientation），是一项很重要的工作，实施之初，必须与整个校务计划配合。

（2）必须以全体学生为着眼点。辅导工作不仅限于少数学生的治疗性辅导，还应以全体学生的发展性辅导为原则。问题学生需要辅导，使他变成好学生，好学生也需要辅导，使其潜能得到最大限度的发挥。

（3）不限于在校学生，毕业离校学生亦应纳入追踪辅导范围。为使学生始终有被关怀与被重视的感觉，学生毕业离校后遭遇困难时，学校有责任去帮助他们，使师生情感永远联系在一起，并促进学校、家庭、社会的密切关系。

（4）应顾虑学校实际。拟订计划之初，务必衡量学校本身的条件，如人员、设备、小区环境、学生需要等，应确实考虑配合拟订，以免订出无法执行或执行非常困难的计划。况且辅导计划没有两个学校是完全相同的，他校所订计划，仅可供参考，不可完全照搬。

（5）应包含全体教职员工。计划工作分配，应本着人人参与的原则，分工合作，并要顾虑教师专长，劳逸要平均。

（6）应有明确的目标及重点。应有明确而可行的目标以便工作者了解工作方向，并应将每一年级及每一学期的重点工作指出并配合工作重点，制订每学年及每学期的工作计划。

（7）必须将辅导计划通知全体教职员工。计划之拟订，固然以辅导中心为主，事前协调，事后合作，计划草订完成，必须提交校务会议讨论，博征众议，此即合作，计划拟订完成，必经校务会议通过，是为一致的意愿。经校长核准同意后，通知全体师生，一致遵行，使人人知道计划内容，贯彻实施。

（8）计划内容应使家长了解。计划订定公布后，亦应采用种种方法，使家长知道此计划措施，以便于以后家长的配合及社会资源的运用。

二、辅导工作计划内容要项

拟订一份完整的辅导工作计划，其内容应考虑下面七个“何”，即7w：

（1）何事（which）。计划做些什么事是工作的主体，内容根据目标而来，达到目标的方法要具体、简单易行。

（2）何故（why）。何故是工作计划中的缘由，即为什么要拟订这份计划。

（3）何法（how）。方法系构成计划的重要要件之一，任何计划莫不以完成某一特定任务为目的，辅导活动用何种方法完成，是计划的重要部分，方法是执行计划的具体行动，无方法则不成计划。辅导活动工作计划执行的方法是以计划目标为依据，一个目标可用多种方法去完成，但多种方法不可彼此矛盾。采用方法务必考虑哪一种最为有效，在两种同样有利的方法中权衡，自应取其重。

（4）何人（who）。人是工作计划的主体，执行工作少不了人，拟订计划时，必须考虑何人做何种工作最为适合。计划中对人分工，应按其工作能力分配，务使人人适才适所。要因事设人，不可因人设事。何种事需用何种人，校内有哪些人，可以做哪些事，在计划中应加考虑。

（5）何物（what）。任何一项工作少不了物品用具，这些就需要经费。某项辅导项目需用多少财物才能完成，除计划前要考虑外，还明列于计划中，尔后按照计划执行。

（6）何时（when）。时间是控制工作进度的有效手段，什么时间完成什么工作，在计划中务必明确订定。

（7）何地（where）。某项工作应在何处实施，在何种环境中进行最为有利，在拟订计划时皆须说明，尤其是某些必须在特定的环境中才能进行的辅导活动，哪些地方需要特别措施，在计划中不可遗漏。

三、学校辅导工作计划种类

学校实施辅导工作，究竟应有哪些计划，难有一定标准，可随学校环境、学生需要、问题的轻重而定。一般而言可分为下列两种，即总计划与分项计划。

总计划又称综合计划。小学六年、初中三年准备做些什么，都可包括在内，这种计划就是工作方针，可根据上级教育行政主管单位或课程标准精神和内容项目拟订，兹以小学为例介绍如下：

范例一　　　　×××小学辅导室工作总计划

1. 依据

依教育部××××年××月××日新颁课程标准小学辅导工作实施办法及其施行细则办理。

2. 目标

（1）帮助学生认识自己，适应环境。使其由自我成就而达到群性发展。

（2）了解学生各种能力、性向、兴趣与人格特质，并发现特殊儿童，施以适当的教育与辅导，以充分发展其创造与学习的潜能。

（3）帮助学生养成良好的生活习惯，以促进儿童的身体健康。

（4）帮助学生培养正确的学习态度，以改善学习效果，实现学习目标。

（5）帮助学生养成良好的生活习惯与乐观进取的人生观，以促进小学教育目标的完成。

3. 实施原则

（1）辅导工作之实施，不另订时间，不另列科目，一切活动都是通过各种教育情境及配合各科教学活动实施。

（2）全体教职员工人人参与学生辅导工作。

4. 实施方式

（1）个别辅导与团体辅导并重。

（2）将观察、调查、测验、咨商、诊断等结果具体记录，综合分析，以了解学生个别差异。

（3）采用讨论、报告、参观、表演、绘画、工作、唱游、填表、演讲、辩论等方式，于各科教学活动中了解学生，发现学生有关问题。

（4）对于学生特殊问题，于课外时间，以个别辅导方式行之。

5. 组织与职掌

（1）成立辅导工作推行委员会，成员包括：

• 主任委员：×××（校长）

• 委员：×××、×××、×××、××、×××

（2）设置辅导室，成员包括：

• 辅导室主任：×××

• 辅导教师：×××、×××、×××

（3）工作分配。

• 辅导活动推行委员会：负责全校辅导工作之展开，每学期开始及结束时召开会议各一次。必要时召开临时会议。

• 辅导室主任：负责全校辅导工作之策划及协助全体教师实施辅导工作。

• 辅导教师：分管学生资料及辅导工作业务。

• 教务处配合辅导室规划学生学习辅导事宜。

• 训导处配合辅导室规划学生生活辅导事宜。

• 班主任与科任教师为实施辅导工作的第一线基本人员，负责学生的“初步”辅导工作。

6. 工作要项

（1）生活辅导方面：

• 建立学生资料。

- 帮助学生自我认识。
- 辅导学生适应家庭生活。
- 辅导学生适应学校生活。
- 辅导学生的社交生活。
- 辅导学生了解并有效实践社会生活。
- 辅导学生进行休闲生活。
- 培养学生正确的职业观念及良好的生活习惯。
- 对特殊学生实施生活辅导。

（2）学习辅导方面：

- 培养学生良好的求学兴趣与态度。
- 协助学生发展学习能力。
- 培养学生良好的学习态度。
- 培养学生适应及改善学习环境的能力。
- 学习如何对受心理问题困扰的学生及特殊学生进行辅导。
- 辅导学生升学。

7. 实施方法

前列“生活辅导”与“学习辅导”中的各项工作详细内容，除依课程标准规定彻底实施外，至于各项工作的执行，如有必要，后当另列实施方法与步骤。

8. 评鉴（价）

每学期（年）结束，实施自评及接受上级的考评。

9. 经费

本计划所需经费，除特殊情形外，均在本校教育经费项内支出。

本计划有未尽事宜可随时修订补充。经校务会议讨论通过请校长批准后公布实施。

根据总计划（综合计划）所订之工作项目内容或重点，再拟定一个更具体的执行办法，是谓分项计划。在这个办法中，规定哪些单位及人员做些什么事，什么时间完成什么工作，以便执行者有所遵循。兹举例如下：

范例二　　××小学毕业生跟踪辅导实施办法

1. 依据

依本校辅导工作计划第六条第二项之第六款“辅导学生升学”办理。

2. 目的

（1）了解毕业生离校后的动向。

（2）帮助毕业生解决困难。

（3）增进师生情感。

3. 工作项目

（1）调查应届毕业生毕业后的志愿及家长对该生未来的安排。

（2）鼓励应届毕业生毕业后与母校联系。

（3）辅导应届毕业生成立联谊组织。

（4）学生毕业后，派教师跟踪辅导，帮助毕业生解决困难。

4. 实施方法

（1）由辅导室于六年级下学期实施调查应届毕业生毕业后的志愿，并予以统计。

（2）由辅导室设计毕业生通讯卡片，分发各毕业生，升至新校后，即时寄回。

（3）毕业生进入初中后，如遇困难，可随时写信或电告母校，请求帮助。

（4）辅导历届本校毕业校友设立同学联谊会，互助合作，相互切磋。

（5）辅导室的辅导组专司跟踪辅导之责，并联系原毕业班主任、教师共同参与。

（6）辅导室主任、辅导组组长，定期或不定期至各地，探访校友了解状况。

（7）各班主任，对该班毕业校友，平时应用各种方法保持联系，遇有特殊事故，应设法协助解决或慰问。

（8）辅导室资料组，对校友的概况，应随时予以掌握，并供校长参考。

本办法有未尽事宜可随时修订补充。本办法经校务会议通过后请校长批准后公布实施。

第五章

学生辅导资料的建立与应用

第一节 建立学生资料的价值与功能

辅导的前提在于了解学生，而了解学生就需要有适当的资料（台湾地区称资料，中国大陆称数据，意义相同）。古老的教育方法是凭老师预设的观点来陶冶学生，了解学生似乎并不重要，现代教育则不然，老师了解学生为一切教育活动的首要工作。不过大部分的老师所了解到的情况中主观臆测的成分居多，多半是以学生的学习成绩或行为表现作为判断好坏的依据，如此，实难达到真正了解学生的目的，更遑论深入问题的核心从事辅导。辅导的要务需以正确了解学生为前提，充分发挥学生潜能。进行辅导工作，搜集学生的一切资料（包括静态的和动态的）是不可或缺的，换言之，辅导与资料有不可分的关系，建立学生资料有下列价值与功能。

一、对一般学生而言

（1）帮助学生了解自己的性向、兴趣、能力以及所处环境，以便在未来达到自我发展的目的。

（2）帮助学生家长了解其子女，使之制定适当的期望水平，计划其未来。

（3）帮助老师了解学生个别差异，达到因材施教及提高教学效果的目的。

（4）作为老师或辅导人员实施延续辅导的依据，亦可在学生升级、转班或转校移送资料过程中，使另一班级或学校老师及辅导人员在短期内可以了解学生。

（5）作为老师或辅导人员评价学生行为改变的基准，亦可作为调整辅导策略的依据。

（6）帮助学校行政人员以及教育行政主管部门了解学生实况趋向及学生的普遍需要，对课程、教法、训导等措施，随时作出最合理的调整。

（7）帮助政治、社会及教育等领域的专家作统计和研究，以谋求教育政策及教育措施的改进。

二、对特殊适应困难学生而言

（一）积极方面

防患于未然。学生不可能永远跟着一位老师，总会经历晋级、转校、升学的过程，前一任老师或辅导人员对该生不良适应行为的记录，有助于后一位老师或辅导人员对该生不良适应行为进行延续辅导，预防问题继续发生或恶化。

（二）消极方面

有利于老师或辅导人员迅速找到问题的症结。若老师或辅导人员事前在资料中已知学生的某种不良行为，当类似问题发生时，老师或辅导人员即可据此加以分析，当不致失之过远。

第二节　学生资料的种类

一般的教育研究，依资料的来源，分为直接资料与间接资料，直接资料又名原始资料（oirginal data），间接资料又称次级资料（secondary data），原始资料取自直接经验，是利用观察、实验、调查、分析、访问、问卷等直接方法获得的结果，可靠性及正确性较高，次级资料则取自文献，可信度及正确性较低，学生资料属于直接资料。

在辅导工作中，学生资料依对象分为团体资料与个人资料，前者是以个人资料作基础，以班级或学校为单位，用统计图表显示团体某种事实倾向，使人一目了然，为教师、行政人员或教育主管部门作决策参考。后者是学生个人活动及行为表现的记录。学生个人资料大体上可分为综合资料、基本资料、参考资料三大类，兹分别列举如下：

一、综合资料

（一）学生本人及其生活状况的资料

1. 学生本人的状况

（1）姓名、出生年月日、出生地、籍贯、现住址。

（2）过去住址：包括所住过的居所环境的记录。

（3）求学经过：校名、程度、类别、规范、环境、校风、在校活动状况及成绩等。

2. 居住的状况

（1）自有住宅、亲戚家、友人家、租房等。

（2）住所周边环境、人数、职业、受教育程度、习惯信仰、兴趣等。

（3）学习环境及邻居等。

3. 经济状况

（1）生活费、服装费、膳食费、房租费、教育费、交通费、杂费及其他经费等。

（2）用钱的方法等。

（3）经济来源等。

4. 生活态度

（1）自立精神等。

（2）计划能力等。

（二）成长及健康资料

1. 成长史

（1）出生：例如母亲怀孕时的情况、出生时的情形（早产、难产）及体重等。

（2）发育情况：如吃母乳、代用奶、断奶状况、食物、睡眠、其他习惯、开始步行、语言的发展情况。

（3）病历：身体是否病弱及是否有严重疾病。

（4）儿童期所玩主要游戏及演变。

2. 发展状况

（1）个体发育状况：依据学校的定期身体检查结果，与同年龄学生的发育标准比较，包括身高、体重、胸围等。

（2）健康记录：视力、听力、牙齿、咽喉、皮肤等感觉器官、四肢、骨骼姿势、X光检查、预防注射等记录。

（3）体力：包括基本体能测验。

（4）习惯：如对食物的偏好、睡眠的时间、运动的兴趣等。

（三）家庭环境的资料

1. 家庭及家属

（1）住所：地理位置、上学途径（学校距离、所需时间、上学所采用的交通工具）、联系方式。

（2）家属：父母、兄弟姐妹及其他家属姓名、年龄、关系、职业、受教育程度、社会地位、性格特征、健康状况（如家族中有无精神病患者）。

（3）家庭生活状况：

A. 家庭教育方式：父母对子女教育的关心程度，父母的管教模式特点（独裁、民主、放任），家庭教育的主要负责人等。

B. 父（母）子（女）关系：如对立冲突、欠佳、融洽等。

C. 兄弟姐妹关系：本人在家庭中的地位（独子、长子、末子、被忽视、受偏爱等），兄弟姐妹是否吵架等。

D. 家庭的气氛：父母是否友好相处，是否对立，是否分居或离婚，父母的宗教信仰情况，父母在家庭中的地位，本人对于家庭的态度等。

E. 生活水平：家庭经济状况，尤其是家属的职业、学历、收入等。

F. 父母的生活状况：例如小家庭，父母均在外工作，无人照顾小孩等。

2. 住所周边社会环境

（1）环境：例如邻近闹市、住宅区、厂区、乡下的独立户，有无人际交往的机会等，以及学生对于所处环境的看法，如何适应等。

（2）主要职业：住所周边的主要职业，如市街、工厂、农村、渔村、山村等。

（3）近邻的交际及社会的风俗习惯等。

（4）受教育程度和对于教育的关心等。

（四）测验或调查结果的资料

（1）智力。

（2）学习能力。

（3）性向。

（4）性格：外向或内向等。

（5）烦恼或问题行为。

（五）情绪问题的资料

1. 情绪安定性

（1）情绪安定性、统一性。

（2）自律性。

2. 兴趣

（1）对于电影、文学、戏剧等的爱好。

（2）偏好内容。

（3）对于音乐、美术的爱好。

（4）对于运动、休闲活动的爱好。

（六）社会化的资料

1. 社会认识

（1）对社会的态度：如对于校内问题的态度，对于时事问题的态度等。

（2）对社会规范的态度：对于约束、规则、校规、教师、父母的态度，责任感，诚信及社会行为（如撒谎、作弊、偷窃等）。

（3）人格类型：开放型、孤独领导型、服从型、合作型、斗争型、宽容型、排他型等。

2. 交友情况

（1）友人性别、人数、年龄、亲切感。

（2）朋友圈的种类、动向、替换。

（3）在朋友圈中的地位。

（4）友人关系成立的条件、动机。

（5）异性朋友。

（6）与其他青少年的交往情况。

（七）性格方面的资料

（1）保守而内向：神经过敏、关心别人的批评、胆怯、幻想自己是主角、孤独、冷淡、对别人很少关心。

（2）倔强、爱出风头：不接受暗示、好吵架、欺负弱小、时常引起风波等。

（3）自卑感、优越感：缺乏信心、消极、自我中心、自私、自我满足。

（4）缺乏人格的统整性：人格分裂、缺乏目标与理想、作茧自缚、精神分散。

（5）不良品性：轻佻、不负责任、怠惰、漫不经心、粗暴、莽撞、不和气、不温顺、刚愎、不合作、自私。

（6）缺乏独立心：过分温顺、责任感太重、孩子气、一切由人安排、不能自己做主。

（7）特殊缺陷：语言上的障碍、智力上的缺陷、残疾。

（8）情绪不稳定：脾气暴躁、缺乏恒常性、操心、嫉妒心重、反复无常。

（9）精神异常趋势：神经衰弱症、忧郁症、歇斯底里、猜疑心重。

（八）与学习活动有关的资料

1. 读书时间分配

（1）学习计划及时间分配是否适当。

（2）学习方法是否适当。

（3）是否有充分的学习时间。

2. 学习习惯

（1）学习效率的高低。

（2）自觉学习的习惯。

（3）整理资料的能力。

3. 学习态度

（1）对于功课是否认真。

（2）上课时是否积极发言。

（3）对于成绩是否重视。

（4）是否因为某些学科成绩差而失望。

4. 教师的特质及教学方法

（1）对于特定教师的好恶感。

（2）师生接触的机会。

（3）课业负担是否太重。

（4）家庭作业是否太多。

5. 环境条件

（1）在学校或家庭的学习条件。

（2）上学的交通情况。

（3）校址选择是否理想。

6. 学业成绩

（1）基本能力（读、写、算及各科的基本知识）。

（2）最擅长的学科，最不喜欢的学科。

（3）特殊研究。

（4）各种成绩的表现。

7. 课余经验

（1）课外活动的情况及种类。

（2）课余工作经验。

二、基本资料

基本资料可从两方面说明：一是按行政规定要求学校应建立的资料，二是在上述综合资料项中，选择一项或数项予以分化，为辅导学生所应建立的基本资料。例如，为了解学生家庭情况，则根据所得到的信息，草拟成“学生家庭状况调查表”。

三、参考资料

（1）日记、周记：有些学校规定学生撰写日记，目的在于练习作文，但同时也可以从日记中发现某些问题，进而予以辅导。

（2）作品：在学生的作文、美工作品中所发现的问题，亦为辅导的参考资料。

总之，不管何种资料，均要视需要而定，不必要的无须浪费时间，必要的不宜遗漏。

第三节 学生资料搜集的原则与方法

一、学生资料搜集的原则

（一）客观

避免主观论断，应“就事论事记事”，不可加入主观臆测成分，摒弃先入为主的观念。对学生行为判断保持客观性要遵循以下两项标准：

1. 行为发生的频率

所谓频率是指某一行为在某一时期内出现的次数。次数的多寡，难定一定标准，需要靠教师的学养及经验来判断学生某种行为的发生是偶然的还是常常如此，若是常常如此，当可判断该生可能有这种倾向，但仍不能断定该生就有这种行为倾向，因为还需要其他方面的引证。例如，常见学生（尤其是小学生）彼此斗、吵、拗、摔，可能是真的打架，也可能是在做游戏，并没有敌意。如果该生喜欢在班级里打同学，在操场打其他玩伴，在外殴打他校学生，欺侮弱小，霸道，甚至在家里打弟妹，待人敌意甚深，这种行为，明显表明该生有攻击性的行为倾向。

2. 行为发生的情境

要判断学生是否具有某一行为的倾向，除考虑其是经常还是偶然地发生某一行为外，还需注意其行为发生的情境，从而判断是无意的过失还是难以控制的情绪，抑或是刻意的违犯。例如，事先不告知对方，擅自将对方财物取走而不归还，当时被发现或事后被查获，是明显的偷窃。若这种行为在众目睽睽之下为之，就不应论定该生有偷窃行为，可能是贪图一时之便，无意中取用，事后忘记归还。若当时无人在场，该生甚至解开他人书包取物，当场（或事后）被人发现（或事后察觉），这种行为明显属于偷窃行为。如果这种行为发生仍频，教师便可断定该生有偷窃的行为倾向。

搜集学生资料，应该持续不断地进行，不可一曝十寒。尤其是对适应不良学生的个案资料不可中断，方能有利于日后辅导。

（二）多样

搜集学生资料应广泛，在方法上不限于一种，在时间上不限于某一段，在空间上不限于某一地，在人力上不限于某一位教师，只要认为有需要，均应同时运用。

二、学生资料搜集的方法

学生资料的搜集方法可分两大类，一类是结构式，或称导向式，抑或控制式。这种方法的特点是将所要搜集的资料属性固定在某一范围内，只要是该方面的资料，都在搜集的范围。另一类是非结构式或称非导向式、非控制式，即所要搜集的资料，不限定在某一方面，举凡学生的日常表现行为，均为所需要搜集的资料，以便于综合、分析，以便日后作辅导的参考。根据以上两大类型，在辅导工作中，常使用的搜集方法有以下九种：

（一）晤谈法

晤谈法分为个别晤谈及团体晤谈，前者仅由一位教师与一位学生进行晤谈。后者由一位教师或数位教师与一位学生或数位学生晤谈。晤谈可以了解学生的心理倾向及学生的意见，也可以了解学生的生活经验，如日常生活计划、生活环境、经济状况、学习上的困难等。

（二）观察法

观察法分自然观察法和情境观察法，前者是在不加以设计的自然环境中对个体的行为进行直接的观察与记录，是辅导工作中搜集学生资料常用的一种方法；后者是在控制的情境中进行观察或称实验观察，在学校辅导工作中较少使用，以下仅就自然观察法作如下说明：

1. 观察法的优点

（1）实施方便，任何时间、地点均可进行。

（2）在行为发生的当时观察，要较之事后追忆来得完整与客观。

（3）对于一些害羞、胆怯、不擅言词或防卫心理重的学生，利用观察法可搜集到更多的资料。

2. 观察法的缺点

（1）易受观察者的主观因素影响，准确性差。

（2）观察的事项往往是可遇而不可求的。

（3）某些行为不宜观察，如情感问题。有些行为无法观察，如学生的成长史、家属关系等。

（4）所观察到的行为相同，其内涵未必一致。

（5）记录与观察很难同时进行，学生如果意识到正在被观察，不会表现出真正的行为，事后回忆记录又易忘记，导致准确性差。

3. 观察法的实施步骤

（1）决定观察方式。使用结构式观察，限定行为范围的观察，抑或非结构式，不设固定范围观察行为表现，均需先予决定。

（2）准备必要的辅助工具。为求观察更客观、翔实，应准备各种器材，如录音、录像及纸笔，但在使用时不可干扰观察的进行。

4. 进行观察记录的方法

（1）逸事记录法。

逸事记录法是观察的有效方法，教师对被观察者无意中表现出的一些有意义行为，做具体扼要记录。仅是对事实的描述，而非对行为的评价，更不作主观的论断。

一份完整的逸事记录，必须客观、正确、公平。教师在做观察时，也常有自己的“意见”与“建议”，但这主观的“意见”与“建议”应与逸事文本分开，才能使逸事本身保持客观、准确。记录时可用逸事记录表，该表大致分三栏：逸事事实、解释、建议，例如：

表 5－1　××学校学生逸事记录

姓名：		年级：	记录者：
事实	今天在教室里，王小明几次吹口哨，作各种怪相制造混乱，引起附近同学的不满。		
解释	王小明似乎是一个希望被其他同学注意的人，特别是希望被女生注意，他表现出惹人注意的愿望，可是却使其他同学更加讨厌他。		
建议	王小明的辅导教师或班主任最好找个机会与他面谈，讨论他与其他同学间的关系。并建议若干改进事项，以便在该行为未变得严重之前，增强其适应能力。		
记录日期	年　　月　　日		

（2）评定量表。

评定量表的使用是观察者对于学生个人或团体特性或行为表现的计量，其特点是能在量表的位置上指明被评定的对象。

评定量表分为量数评定量表、描述量表和表列量表三类。在量数评定量表上，以数字来表示某项特性的分量或程度。例如：

表 5－2　×××学校学生行为评定量表

学生姓名：	性　别：	年龄：
班　　级：	评定者：	
项目	等级	
合作	（1）（2）（3）（4）（5）	
自动	（1）（2）（3）（4）（5）	

等级意义解释：①是指无此特性。②表示偶尔有此特性表现。③表示此特性之中等分量。④表示常有此特性。⑤表示此特性达到最高程度。

评定量表的等级，可列五等也可以列为三等，可依设计者需要而定，等级愈多愈易解释。

描述量表系由评定者选择最适合该生的语句，在句前打“√”。例如：

合作（ ）不肯与别人一起工作。
（ ）偶然与别人一起工作，但很勉强。
（ ）能够和某些人一起工作，和某些人不能。
（ ）经常会和别人一起工作。
（ ）很会和别人一起工作。
（ ）需经督促才能行动。
（ ）开始时需督促，有兴趣的事情自己去做。
自动（ ）有兴趣的事情都会自己计划进行。
（ ）多数事情会计划，有时需要协助进行。
（ ）能计划进行自己的事，无须别人协助。

表列量表系由评定者在每项特性的量表上打“√”。例如：

合作	不肯与人共事	甚少与人共事	很难与人共事	常能与人合作	极能与人合作
自动	一向需督导	常需督导	某些方面需督导	有时需督导	自己很会做

教师使用评定量表较容易，用评量结果比较学生特性，这样对学生行为的观察会更客观、准确。除了合作、自动以外，许多特性可用此种量表。例如，坚定、敏捷、整洁、负责、诚实、专心、乐观、领导能力、学习能力等。

许多研究指出，评定量表的评定欠客观。评定者评定学生某一特性时，常根据平日对学生的印象，这是此种量表的局限。减少主观性的方法，可请多位有经验的教师共同评定同一对象，且事先确定对于量表所列的特性定义有共识，评定后，结果予以平均，这样就可以避免个人主观的评断。

（3）情境抽样法。

情境抽样法是一种有组织的观察法，是选择合乎观察目标的有代表性的情境，对观察对象加以观察的方法。例如，拟了解学生行为中的生活环境因素，只要跟踪所要观察的学生，看他离开学校或家以后，经过哪些地方，所遇交往人物，就会发现端倪。又如欲了解学生考试是否作弊，教师可在某一次考试中，偶尔借故离开考场，暗中观察，或许可以获得此项数据。

（4）时间抽样法。

时间抽样法亦为有组织的观察记录法之一，即选择所要观察对象容易出现的时期，于适当时间内实施观察的方法，其结果可用量表表示。

5. 观察的注意事项

（1）观察需具有明确目标。

（2）对象要确定。

（3）取样要适当。

（4）行为定义解释要明确。

（5）观察的行为不可因人而异。

（6）观察者的见解立场要一致。

（7）观察要客观，不可存有先入为主观念。

（8）观察者应经过适当的训练。

（9）观察时间长短要适中。

（10）观察应有持续性。

（11）同一时间观察项目不宜太多。

（12）观察要深入，不要只看表面结果，应把握内在原因及其经过。

（13）分析行为不可有过多推测。

（14）排除观测者对学生的影响。

（15）参考各种测验及其他资料，以进行观察。

（16）观察所得要勤于记录。

（17）记录方法要简单。

（18）记录内容应限于观察所得。

（三）访问法

采用访问法搜集学生的资料，通常是做家访，访问学生的家属，以了解学生家庭状况或行为发展的背景。此外，亦可访问与学生有关的人，如游伴、朋友或以前的老师，或曾寄养的人与机构有关人员，凡与学生关系密切的人物，均可作为访问的对象。当然亦可访问学生本人。

访问前应决定访问的项目与内容，并查阅被访问学生过去的资料及约定访问的时间与地点。访问会谈中宜以诚恳的态度试探对方的观点，交换资料，沟通意见。访问者要做被访问者的忠实听众，这样才能深入了解学生的真实情况。访问中不可边谈边记，以免被访问者有所戒惧或隐瞒，可于谈话之后再行记录。

（四）调查法

通常采用句子完成调查法、社会关系调查法、社会距离测量调查法、问卷调查法等方式进行。教师或辅导人员可就欲了解的事项制成问卷，由学生或家长填答。利用少数字词形成不完整的语句，供受调查者任意填写，借以了解其内心世界。例如：

1. 句子完成调查法

完成下面表达真实情感的句子。

（1）我喜欢______________________________。

（2）最快乐的时候__________________________。

（3）我想知道____________________________。

(4) 回家＿＿＿＿＿＿＿＿＿＿＿＿＿＿＿＿＿。
(5) 我觉得可惜的是＿＿＿＿＿＿＿＿＿＿＿。
(6) 临睡前＿＿＿＿＿＿＿＿＿＿＿＿＿。
(7) 男孩子们＿＿＿＿＿＿＿＿＿＿＿＿＿＿。
(8) 最好的＿＿＿＿＿＿＿＿＿＿＿＿＿＿＿。
(9) 最使我烦恼的事情是＿＿＿＿＿＿＿＿。
(10) 人们＿＿＿＿＿＿＿＿＿＿＿＿＿＿＿。
(11) 母亲＿＿＿＿＿＿＿＿＿＿＿＿＿＿＿。
(12) 我觉得＿＿＿＿＿＿＿＿＿＿＿＿＿＿。
(13) 我最害怕＿＿＿＿＿＿＿＿＿＿＿＿＿。
(14) 在学校里＿＿＿＿＿＿＿＿＿＿＿＿＿。
(15) 我不能＿＿＿＿＿＿＿＿＿＿＿＿＿＿。
(16) 运动＿＿＿＿＿＿＿＿＿＿＿＿＿＿＿。
(17) 我小时候＿＿＿＿＿＿＿＿＿＿＿＿＿。
(18) 我的身体＿＿＿＿＿＿＿＿＿＿＿＿＿。
(19) 别人＿＿＿＿＿＿＿＿＿＿＿＿＿＿＿。
(20) 我受到＿＿＿＿＿＿＿＿＿＿＿＿＿＿。
(21) 我失败＿＿＿＿＿＿＿＿＿＿＿＿＿＿。
(22) 读书＿＿＿＿＿＿＿＿＿＿＿＿＿＿＿。
(23) 我想＿＿＿＿＿＿＿＿＿＿＿＿＿＿＿。
(24) 将来＿＿＿＿＿＿＿＿＿＿＿＿＿＿＿。
(25) 我要＿＿＿＿＿＿＿＿＿＿＿＿＿＿＿。
(26) 考试＿＿＿＿＿＿＿＿＿＿＿＿＿＿＿。
(27) 我最愉快，因为＿＿＿＿＿＿＿＿＿＿。
(28) 有时＿＿＿＿＿＿＿＿＿＿＿＿＿＿＿。
(29) 最使我痛苦的＿＿＿＿＿＿＿＿＿＿＿。
(30) 我讨厌＿＿＿＿＿＿＿＿＿＿＿＿＿＿。
(31) 这个学校＿＿＿＿＿＿＿＿＿＿＿＿＿。
(32) 我是很＿＿＿＿＿＿＿＿＿＿＿＿＿＿。
(33) 唯一使我厌烦的＿＿＿＿＿＿＿＿＿＿。
(34) 我渴望＿＿＿＿＿＿＿＿＿＿＿＿＿＿。
(35) 我的父亲＿＿＿＿＿＿＿＿＿＿＿＿＿。
(36) 我秘密地＿＿＿＿＿＿＿＿＿＿＿＿＿。
(37) 我＿＿＿＿＿＿＿＿＿＿＿＿＿＿＿＿。
(38) 跳舞＿＿＿＿＿＿＿＿＿＿＿＿＿＿＿。
(39) 我最大的忧虑是＿＿＿＿＿＿＿＿＿＿。
(40) 大部分女孩子是＿＿＿＿＿＿＿＿＿＿。
(41) 我的老师＿＿＿＿＿＿＿＿＿＿＿＿＿。

(42) 在家里______________。
(43) 我的同学______________。
(44) 在班上______________。
(45) 我的哥哥______________。
(46) 我的姐姐______________。
(47) 我的弟弟______________。
(48) 我的妹妹______________。
(49) 最关心我的人是______________。
(50) 父亲______________。

2. 社会关系调查法

社会关系调查又称社交关系调查，其目的在于了解学生的社交关系或学生在团体中的地位。此地位可由学生在团体中被选择或拒绝的情况看出。而影响学生被选择或拒绝的因素，多半与学生的社会行为和人格特质有关。简言之，社会关系调查的结果，可了解某一学生的社会行为与人格特质。因此，学生社会关系调查有其价值，兹将社会关系调查法说明如下：

(1) 决定一个或数个测验问题，编成社会关系调查表。

A. 问题的种类。

B. 拟定问题要点：①问题的内容要和受调查的团体的成熟度及活动情形相适应。②对于年龄大的受试者，应采用假设语气。③消极的问题最好不问，以免引起各成员间相互的怨恨和不满。④调查问题要十分明白。

C. 问题举例。

下列问题可供中小学社会调查参考：①在全班同学中，你喜欢和哪些人做朋友？②远足时，你愿意首先选谁做队长？其次选谁？③在学校里，你最喜欢做什么？你最喜欢和本班哪几位同学一同做你喜欢的事？④下课的时间，你最喜欢跟本班哪几位男同学和哪几位女同学一起玩耍？⑤本班同学分组讨论或分组游戏时，你最喜欢和哪几位一组？

例：社会关系调查表

表 5－3　××学校社会关系调查表示例

调查日期：　　　班级：　　　姓名：　　　性别：	
问题：我喜欢上课时和我坐在同一排座位的同学是	喜欢的原因
1. ______________ 2. ______________ 3. ______________	

(2) 分发调查表后须详加说明，使学生了解如何作答。也可以告诉他们调查以后不久即可根据调查的结果作适当的处理。不过要让他们了解完全照自己的选择有

时会有困难。强调此调查保密。此外，填写时间要充裕，可酌留时间让他们思考。

（3）整理调查结果。根据提名结果，计算分数或绘制社会关系图，再依分数或图形加以适当解释。

（4）社会关系调查结果整理的方法有表列法和计分法。

表列法是整理结果最简单的一种方法。表列的步骤为：①表内左栏列载学生姓名（见表5-4），每人赋予座号。②中间三栏分载每个学生所作选择之座号。③计算每个学生被选择的次数。④将此次数记在最右栏。⑤将互选的学生座号加圈，或其他符号（如括号）。

表5-4　社会调查结果一览表示例

年级：		时间：			
问题：搭游览车旅行，你喜欢和谁坐同一排座位？					
座号	姓名	被选者姓名			被选次数
		第一	第二	第三	
1	甲	(2)	(4)	(10)	5
2	乙	(1)	10	(7)	5
3	丙	8	4	10	0
4	丁	7	2	(1)	4
5	戊	2	1	4	1
6	己	(10)	9	1	1
7	庚	(8)	5	(2)	4
8	辛	(7)	10	4	2
9	壬	2	7	1	2
10	癸	(1)	(6)	9	5

结果表明，表5-4的甲、乙、癸三人被选次数相同，但依互选趋势分析，甲是班上最受欢迎的学生，丙是孤立者。

计分法的步骤如下：将学生姓名列于表内左栏，并于其栏上列出各学生姓名。在各生所选择的姓名下，按选择次序记录分数。利用加权记分，将第一选择计为3分，第二选择计为2分，第三选择计为1分。将各栏分数相加，得各学生总分。

表 5－5　社会调查计分表示例

年级：					日期：					
学生	甲	乙	丙	丁	戊	己	庚	辛	壬	癸
甲		3		2						1
乙	3						1			2
丙				2				3		1
丁	1	2					3			
戊	2	3		1						
己	1								2	3
庚		1			2			3		
辛				1			3			2
壬	1	3					2			
癸	3					2			1	
共计	11	12	0	6	2	2	9	6	3	9

分析：依分数言，乙生 12 分最高，在全班中人缘最好。

（5）社会关系调查应注意的事项：

A. 社会调查只有在彼此接触时间较多，相互间非常熟悉的团体中进行，才能得到满意效果。

B. 社会调查需由一位与学生相处融洽并受学生信任的人主持，让学生了解本调查对其有益无害。

C. 团体的结构在一群学生间是常常变动的，应该隔一段时间再作一次调查，以资比较。

D. 调查原始资料及整理结果需保密。

E. 社会关系仅提供进一步的观察与研究，不可就一次调查结果轻率下结论，应利用观察及个案研究，加以证实和补充。

F. 应根据测量结果，对学生给予进一步辅导，否则白费精力。

G. 追踪辅导实施，应当根据调查结果对症实施。

例如，对于孤僻的学生，教师宜给予其团体服务机会，并予以适当的辅导，使之有成就感。对于受欢迎的学生，一方面发展其领导才能，另一方面培养其随和的性格。对于成对的学生（只限于两人彼此相好而没有第三人），应当替他们介绍别的朋友，通过扩大或改变各种学习活动的编组，为他们创造与别人接触的机会。

3. 社会距离测量调查法

学生的社会人际关系，可用社会距离量尺来测量。这种方法可发现整个团体中的人际关系以及各成员在团体内相处的情况。社会距离量尺是团体中的成员对其他成员加以评量的方法。

使用社会距离量尺，最关键的是学生的回答要诚实。所以，在进行之前教师与学生的感情应是很好的，进行之后，教师应能保守秘密。实施的方法如表5－6所示：

表5－6　社会距离量尺实施方法示例

被选人姓名	愿意和他（她）做最好的朋友	愿意他（她）在我的团体里，但不是最好的朋友	愿意和他（她）在一起，但不愿次数太多，或时间太久	他（她）可以在我们的教室，但不愿和他（她）有往来	希望他（她）不在我们的教室里
张三	****	*****	***** ****	****	*
李四	***	****** ****	**** ***	***	

计分方法：

例如：张三在全班24人中，除他自己外，在第一格（即愿意和他做最好的朋友）4次，第二格5次，第三格9次，第四格4次，第五格1次。李四在第一格得3次，第二格10次，第三格7次，第四格3次，第五格0次。假定第一格1分，第二格2分，以此类推，他们两人的社会距离分数计算如下：

张三		李四	
	1×4＝4		1×3＝3
	2×5＝10		2×10＝20
	3×9＝27		3×7＝21
	4×4＝16		4×3＝12
	5×1＝5		5×0＝0
	23（人）62（分）		23（人）56（分）
	平均2.7分		平均2.4分

解释：张三得62分，李四得56分。平均起来，张三得2.7分，李四得2.4分。数字越大，表示别人与他的社会距离越大，感情越差。这种测定是团体的社会距离，换言之，是这个团体中23人对张三、李四的接纳程度。

4. 问卷调查法

问卷调查法是就一既定的主题范围设计一组问题，用以调查主观意见或客观事实，但不涉及个人的能力。例如：对学生的家世、身体、生活概况等事项的调查，意见及态度的调查，交友关系，研究学习计划的了解等，都可以用问卷调查法，有时可由家长、朋友或其他人员代为作答。

（1）问卷调查法的优点。

A. 在短时间内可以搜集许多学生同一性质的资料。

B. 实施简单方便，省时省力。

C. 学生没有心理压力。

D. 对拙于言辞或害羞的学生，可有充裕时间细心考虑作答，免于面对面的局促不安。

E. 问卷资料可用计算机处理，节省分析时间，容易量化。

（2）问卷调查法的缺点。

A. 只能在一定范围内取得资料，缺乏弹性。

B. 填答者不一定认真诚实作答，以致所得内容真伪难辨。

C. 不易找出错误。

D. 无法与行动及态度配合。

E. 对受教育程度低者实施困难。

（3）问卷调查法的注意事项。

A. 内容必须使对方充分了解。

B. 尽量适合填答者能力。

C. 避免暗示解答。

D. 根据事实作答。

E. 避免道德批判或不利于个人的质询。

F. 避免用假设或猜测的词句。

G. 问卷词句必须清楚明白。

H. 一题一问，不牵涉两个以上的观念或事件。

I. 问卷的编制应由一般性问题到特殊性问题，分类清楚，同性质的问题应放在一起。

J. 题目应依时间顺序安排，可从最近的开始，也可从最远的开始。容易的在前，较难的在后。

K. 关于年龄、性别等基本资料应呈现于前，然后呈现行为资料，最后呈现态度资料，容易引起心理防卫的问题应放在最后。

L. 问卷作答时间最好是 30～40 分钟，以免过短无法弄清题目，过长引起作答者不耐烦。

（4）实施问卷调查的方式。

问卷可以实地实施，也可以投寄方式进行，实地实施又可分为个别与团体两种，在个别方式中，主持者可仔细观察作答者的行为反应，可避免有错或误解题意的事情发生，不过时间与人力不经济，并易引起作答者的不安。团体方式省时省力，但控制行为反应不如个别方式详尽。

投寄方式易于大地区抽样实施，节省人力，填写者可私下进行，不受干扰，但其缺点是回收率低，不了解或误解题意的情况无法纠正，会受他人影响或请第三者代填。学校辅导工作很少用投寄方式问卷法，投寄方式多用于教育专题研究方面。在形式上，问卷有选答式、填充式、简答式三种。

（五）心理测量法

欲了解学生的智能、性向、兴趣或人格、性格等心理特征，实施与智力、性向、兴趣或人格、性格有关的心理测验不失为客观而有效的方法。如欲了解学生的学业成绩水平，则可实施学科成绩测验，如语文成绩测验、数学成绩测验等。

（六）自传

从自传中可以看出学生的生活背景及对世界的知觉，自传可分为结构式和非结构式两种。结构式自传先拟订若干主题，要求学生在这些主题中申述。非结构式自传不列举任何问题，由学生自由发挥，从中投射出他的经验、需要和感受。

从自传去了解学生需要注意的是学生有“扬长隐短”的通病，解释时要注意不为表象所蒙蔽。

（七）日记

日记有时由学生主动写，有时则由教师在一定时期内（如寒假、暑假时）规定学生写。前者可以很彻底地表达学生自己的心声，会写出不敢、不愿对别人说的话。这是了解学生最珍贵的资料，不过这些资料不容易获得，除非他有求于辅导老师时，才有可能出示，让辅导教师了解他最真实的生活和情感世界。后者虽然是教师规定写的日记，事后规定要送教师批阅，学生可能会隐瞒某些事实，但亦可借此了解他某些生活经验，说不定也会发现某些问题，及早采取预防措施。

（八）作文

从作文中除了能了解学生的表达能力之外，亦可了解学生的思想、观点、兴趣倾向、思考方式。若有计划地变更题目，从各个角度观察学生生活及活动，就不难窥其全貌，例如，通过让学生写“我的幼年生活”、“交友情况”、“家庭问题”、“读书感想”、“学习上的问题”、“自己的苦恼”等，可以使学生获得客观的自我反省机会，又如，评阅以“给父母的一封信”为题的作文，可以了解学生对父母的态度、亲情关系。教师可由此而采取会谈、家访等形式解决问题。

（九）健康记录

学生在学校中的健康记录及在医院中的病历都是了解学生的重要依据，小至座位的安排、体育活动或团体活动的分组，大至学习困难的诊断或人格特质形成等的了解，都需要这些资料，因为身体（生理）健康与否，会影响到心理，又会影响到行为及人格的形成，这三者之间均有连带关系。

第四节　学生资料的应用

关于学生资料的应用，可从班级团体资料及学生个别数据两方面说明：

一、班级团体资料的应用

班级团体资料多属统计资料，通常是将学生个别资料归类、统计制表而成。绘成图表后，可以一目了然地了解到该班在某项特质上的一般趋向，辅导教师了解某一趋向后，即可迅速提供给有关人员参考，例如，统计表中显示某班级智力测验结果偏低，辅导教师据此可通知教务处转告各任课教师和班主任，在教学上应给予适当的注意，或调整自己的教学方法，或降低期望水平，以适应这种差异。其实各种统计资料不论结果好坏，都应通知有关人员，从而可以作为教师采取相应措施的参考。

二、学生个别资料的应用

配合辅导的功用，应用学生个别资料，大致可分下列七个层次：

（一）行政上的应用

配合行政目的，如寄发各种通知单、成绩单或绘制统计图表等。各级学校学生记录表上，都有学生姓名、住址等的记载。

（二）一般性的预防

辅导人员利用学生资料，分析学生个人的长处与短处，将问题防患于未然。例如，学生有某方面的优点，当提供机会，使其能充分发挥，以免长期被忽视，以致形成不良适应问题。又如学生有视觉或听觉上的障碍，在数据中有明显的记载，辅导教师便应通知班主任或有关人员，在班级编座位时不可将该生置于后座，教师上课时应留意他是否能听得到或看得见，否则会影响到他的学习和生活。

（三）特殊性的预防

辅导人员委请有关教师、班主任，将资料提供给学生，通过资料反馈，帮助学生了解自己，其目的在于使学生自觉增进自我调适，例如：某生在资料中载其自卑、畏缩，有焦虑反应，适应不良，记录同时表明该生家境贫困，父母文化程度低（不识字），而该生智力属中上等。辅导人员据此判断，该生之所以有自卑、畏缩现象，可能起因于其家境因素，于是转告该生班主任，帮助学生了解自己所处环境，并告诉该生还是要努力改变自己的境遇，先求适应环境，然后努力以求突破。

（四）一般性的次级预防

辅导人员应为学生提供指导信息，诸如形成某种问题的可能性及如何使这些问题免于恶化。例如：学生遇考试即装病借故不上学或逃学，是常犯的毛病，若经常如此，日久顽生，积习难返，说不定会弄假成真，造成一遇考试即生病或逃学的问题，这样就可能演变成更严重的官能症、强迫思考、强迫行为等问题。

（五）特殊性的次级预防

辅导人员根据学生资料，找出那些在教育或生活适应等方面高频出现的问题，其目的在于减少不良事件的发生及降低问题的严重性，例如：某生在小学有偷窃行为的不良记录，而且形成了偷窃癖，至中学后，辅导人员即据其小学转介的资料，通知班主任教师留意，并注意辅导，以期减少该生不良行为的发生，如果在班级中仍有失窃事件，而不知为何人所为时，教师因有这些资料，便可缩小侦查范围，当不致失之过远，免于造成喧腾一时扰攘不安的局面。

（六）一般性的治疗

辅导人员从学生记录中，获得特殊的诊断资料，以便为学生安排特殊教育措施或特殊课程。其用意在于使学生作暂时性的或一段时间的隔离，以便实施治疗。例如：在一项学习诊断测验中，发现某生在数学除法中小数点移位有困难，辅导人员据此通知该生的数学教师，设法给予该生补救措施，使他的问题解决后再进行下一步的学习。

（七）特殊性的诊治

辅导人员通过学生资料了解某个学生有学习特殊适应困难，却非学校教师或辅导人员能力所及时，当作个案转介，委请专家或心理医师，为其作个别深入的治疗。例如，患有生理严重疾病或精神分裂症的学生不是学校教师或辅导人员可治疗或辅导的，必须找专业医师治疗。

总之，学生资料的应用，除以上一般原则外，在学校辅导工作中，最重要的是要认清学生资料每个项目及从辅导的观点看其含义。同时在这方面要具有广博的知识，如此方能有助于运用资料，发挥资料的功效。例如：学生的籍贯、血型，依心理学者研究，与个人的性格有关；学生的健康状况、生理缺陷、家庭环境、兄弟姐妹人数及排行、父母的受教育程度和职业、家庭气氛、父母关系、管教方式、家居环境、社会背景、生活习惯、人际关系、适应问题等，均对学生的学习及生活产生直接或间接影响。这些项目，自小学至大学的资料中应有明确的记载，倘能随时留意，发现某一问题，适时加以处理，资料便得到充分的利用，这些资料才是真正有价值的资料。

在进行下列各项辅导工作时，均应充分利用学生的资料：

1. 生活辅导方面

（1）家庭生活、学校生活及社交活动辅导。

（2）学生休闲活动辅导。

（3）不良适应学生辅导。

（4）评价学生的健康状况，对于生理障碍学生拟定生活辅导的细则。

（5）了解学生的品德、交友与社会关系的情况，作为实施延续辅导的依据。

（6）其他有关学生生活的辅导事项。

2. 学习辅导方面

（1）了解学生的智力、性向、兴趣，拟订实施学习辅导的计划。

（2）分班级或教学小组。

（3）了解学生学习的困难因素，通过学习方法辅导解决困难。

（4）学生的升学辅导及延续辅导。

（5）其他有关学生学习辅导的事项。

第五节　学生资料的记录、保管与转移

一、学生资料的记录

（1）新生入学时建卡（初填）完成基本资料的初步填写。

（2）以后每学期或每学年的新资料和异动记录等动态资料以及漏、误资料应由有关教师、学生等人员按时逐项填写与补正。

（3）毕业时完成各项数据之填记，并作一次总检验。

（4）记录人员由与学生关系最密切的班主任、负责学生辅导资料记录表的教师担任。因在实际操作中资料内容广泛，教师很难独立完成，势必需要有关人员，包括教务处、训导处、辅导单位，乃至学生与家长的配合。换言之，应由班主任负主要责任，其他有关人员应加以协助，但各级学校性质不同，可照以下原则进行：①小学：由班主任填写，但学生本人概况、家庭状况及其他一些项目，可采用问卷调查法，交由学生带回，请家长填写，教师再录入记录表内。②中学以上之学校：除有评价性项目外，其余可由学生自填。

二、学生资料的保管

学生资料的价值贵在有效利用，只有有效利用，辅导工作才能顺利进行。除了有效利用之外，资料的管理亦为一项重要工作，宜顾及下列原则：

（1）资料保管及取用均便捷。

（2）资料的保密性及安全性。

（3）资料保管整洁。

（一）学生资料的保管方式有三种

1. 集中式的保管

就学校设有专人管理学生资料而言，此种管理方式，由学校辅导室提供地点，设置资料专柜，每个班级使用一个抽屉，每个学生有一个资料袋，同时依照班级学生姓名设立索引。此种做法的优点是易于保密、资料完整、便于查阅。

缺点是延续性或累积性的资料不易补充，由于资料是动态的，必须要有关人员随时记录并经常应用，方能发挥资料的价值，可能因集中及调阅手续烦琐，使其使用机会和价值受到影响。

2. 分布式的管理

分布式管理是学校不设专人管理，亦不提供特定地点存放资料，而是交班主任自行管理。这种管理方式的优点是补充记录方便，应用方便。缺点是资料容易散失，保密困难，对班主任形成一种负担。

3. 分类式的管理

分类式管理是对于一般资料或不常用的资料，由学校派专人管理，如大型学校由辅导室，小型学校由教务处注册组或训导处生活辅导组管理，将比较特殊或经常需要的资料，交由负责辅导这些学生的教师（班主任）自行负责。此种方式兼具前二者之长，使教师可视实际需要随时查阅资料或补充资料。同时，又可与专任管理人员合作管理资料。

（二）资料取用的限制

此处所指资料包括咨商、晤谈内容、书面记录、录音、录像记录、测验及调查记录等，此类资料的保密问题，一向是专业道德行为中争论最多亦最复杂的问题，其中牵涉辅导人员对辅导专业工作的责任，对学校的责任以及对当事人本身的责任。

一般而言，资料是否应予保密，应视资料的性质及资料公开对当事人的影响而定。

有学者指出资料保密的七项原则：

（1）保密义务应视情况而定，绝非一成不变。

（2）资料是否保密应视其性质而定，若该资料已经公开或很容易成为公开的资料，则不需保密。

（3）数据本身不具有任何伤害性的，无须保密。

（4）若数据对辅导人员或机构有使用价值，且为必须使用者，此数据不受保密限制。

（5）资料保密应以当事人的权益与声誉为主，即使与法律相违，辅导人员亦应保障当事人权益。

（6）资料保密亦应考虑辅导人员的声誉及权益，使其不受伤害或攻击。

（7）资料保密亦应考虑无辜的第三者以及社会的权益。

以上为资料保密的大原则，以下将进一步就录音、录像及测验的保密问题予以说明：

1. 录音与录像的保密问题

这个问题可从两方面进行讨论，一为辅导员是否可以将晤谈内容加以录音或录像；一为在何种情况下，录音与录像资料可公开。就第一方面而言，虽然一般主张只有在当事人同意的情况下，辅导员才能实施录音或录像，但多数辅导员均经历过两种为难情况，一为当事人不同意录音，可是该段晤谈颇具研讨或使用价值；一为当事人同意录音，但录音机的存在会增加当事人的顾虑，甚至严重到无法让其思考问题的地步。若遇到前种情况，辅导员可于晤谈之后，详细记录晤谈过程，或与他人进行角色扮演，将扮演过程加以录像。若遇到后一种情况，辅导员应视当事人的反应斟酌是否该继续录音。就录音与录像的使用问题而言，一般认为辅导员应遵守下列原则：

（1）必须取得当事人的同意。

（2）使用的对象必须为专业辅导人员，使用必须出于专业目的，例如为解决当事人的问题，或研讨咨商技术与处理方法等。

（3）使用时，当事人的身份与涉及当事人的权益部分应予以修改或删除。

2. 测验资料的保密问题

有关测验的实施原则亦属辅导人员应遵守的，测验的实施需符合下列原则：

（1）测验之实施为必要者。

（2）所选择的测验符合施测目的。

（3）测验步骤符合测验手册的规定。

（4）辅导人员应用专业性知识对该测验进行实施、解释与运用。

至于测验数据的保密，需视当事人接受该测验的目的而定，若当事人做该测验是为增加自我了解，则该资料没有公开之必要，辅导员只需针对当事人本身解释运用该测验数据即可。若该测验资料对当事人问题的诊断或处理有帮助，必要时，辅导员可在个案会议中提出以供研讨。

基于以上所言，为了保护学生的隐私权，资料应予以保密，不得随意公开，这也是从事辅导工作的职业道德。不过，若为保密设限过严，则有碍于资料利用，两者似乎是冲突的，如何能做到既保密、又方便有关人员使用？在学校里哪些是有关人员？校长、处（室）主任、组长、该班班主任及该生任课教师等都是有关人员，其余为无关人员，应限制其查阅，以维护学生资料的保密性与学生的权益。即使有权查阅亦应保护学生权益。若学生家长想了解其子女情况，可由辅导教师间接提供或解说其所希望获得的部分资料，不可将资料直接交其翻阅，以免造成误解、误用、滥用等，更不可让其窥视他人资料，以免误传。

三、学生资料的转移

学生个人资料应随学生的转移而转移，以供继续辅导之参考。

（1）转移的时机：学生转校、升学、就业等。

（2）转移的方式：由原校直接函转；将资料密封后交由学生携带至新学校（单位）报到；由新学校来函向原校索取再转。

以上三种转移方式，站在辅导立场第一种方式最好，第二种绝不可使用，防止学生因好奇中途拆阅，导致不良后果。第三种方式虽然可行，但并不理想。

学生资料之转进转出，目的在使对方及时应用数据了解学生，以根据学生情况进行辅导，应遵守制度，学生一经离开学校，而确实知道其去向，便应主动将该生资料转至对方学校，利人利己，为免于遗失及责任分明，资料转出应有登记，必要时可使用“三联单”。

（3）应转移的资料。至于哪些资料应随学生离开而实施转移，答案是除学生的学籍资料保留外，其余辅导方面资料均应转移。对于不升学的学生的资料，若学生已就业，视就业机构的需要而转移，否则，暂存原校，不就业也不升学的学生的资料，亦应由原校暂时封存，以备将来需要。

第六章 生活辅导的实施

第一节　生活辅导的意义与目标

所谓生活辅导，是指教师或辅导人员协助学生从事家庭、学校及社会等生活，获得良好适应的过程。学生所生活的家庭、学校及社会，有其共同约定的生活习俗与规范，亦有其认同的生活意识形态，必须尊重，才能为其他成员所接纳，否则，违背团体的共同生活模式就可能被视为异类或适应不良。如何协助学生遵守良好的生活习俗与规范，增进其适应各种生活情境的能力，就是生活辅导，目的是促进学生在校生活愉快。

生活辅导在中小学里，当以协助学生在校愉快生活、有效学习为目的，是以发展性的辅导功能为工作重点。而其目标在于启迪学生心灵向善、向上，预防问题发生。尤以全体学生为对象，以个别学生为依归，将辅导工作落实在每一个学生身上。在辅导的策略方面当从大处着眼，小处着手，依据课程标准所定辅导目标行事，不可偏离。

一、中学生的生活辅导目标

（1）帮助学生了解自己的能力、性向、兴趣、人格特质，并认识所处的环境，以发展自我、适应环境、规划未来，促进自我实现。

（2）帮助学生培养积极主动的态度，有效应用各种策略与方法，养成良好的生活习惯。

（3）帮助学生学习人际交往的技巧，发展价值判断的能力，以协调人际关系，树立正确的人生观，适应社会生活。

（4）帮助学生了解生涯发展的理念，增进生涯觉知与探索的能力，学习生涯抉择与规划的技巧，为未来的生涯发展做准备，丰富个人生活，促进社会进步。

二、小学生的生活辅导目标

（1）帮助儿童了解自己的各种能力、性向、兴趣及人格特质。

（2）帮助儿童认识自己所处环境，适应社会变迁，使其由接纳自己、尊重别人而达群性发展。

(3) 帮助儿童养成良好的生活习惯与乐观进取的态度，以促进儿童的身心健康。

(4) 帮助儿童培养主动、积极的态度以及创造思考与解决问题的能力。

(5) 帮助儿童发展价值判断的能力。

(6) 帮助儿童培养正确的职业观念与勤劳的生活习惯。协助特殊儿童适应环境，以充分发挥其潜能。

第二节 生活辅导的方法

一、建立健全辅导组织

中小学的辅导组织应是辅导室或辅导处，再依学校规模之大小在辅导室或辅导处之下设组。为使辅导工作顺利有效展开，有必要组设辅导工作委员会，由校长遴聘学有专长并具专业知识技能的教师若干人组成。

中小学的辅导组织，除依法令规定外，各校应视实际情形设立，以有效开展工作及发挥功能为原则。参加辅导室的工作人员，事前应予以严格挑选，在学校辅导室策划安排下，给予适当的训练研习，如果有简单隆重之始、结业活动，更能增强参与者的责任感。

二、拟订周详的计划

学校应该有长远的辅导工作计划，可分年或分学期制定年度重点计划及单项工作计划，按周（月）纳入日程表实施。

三、规划与充实硬件辅导设施

(1) 选择位置适中的地点设立辅导室（处）。

(2) 辅导室（处）与咨商室内部布置温馨宜人。

(3) 充实辅导设备并充分利用。

四、工作导向与实践

中小学辅导工作项目除课程标准规定外，应依学校实际需要，本着辅导原理原则及为人服务精神，自行设计一些不同的工作及活动，这些措施旨在发挥辅导的发展性功能，帮助学生在校愉快生活、有效学习、预防问题发生，下面是一些具体的方法：

（一）以激励性为导向的方法

1. 设立辅导专栏

将广告牌立于学校人行道走廊或辅导室门前，供经过的学生驻足其间，可产生“滴水穿石”之效，亦可利用学校刊物专辟一栏，作为辅导专栏，主要内容以励志、心理、健康、交友、家庭、学业、情感、升学、就业、休闲等为主，以书写大字报或剪贴报章杂志的方式张贴出现。

2. 善用校内广播系统

选拔优秀学生担任校内记者，采访校内外学生好人好事、生活点滴、校务概况，并在教师辅导下，撰写一些爱国英雄事迹、历史故事、座右铭、名人语录等，利用学校广播系统，由这些小记者担任播音，在早晨、午间或课间播放均可，既可树立标杆、沟通观念、见贤思齐，亦能达到沟通目的，这项广播工作，亦可由教师担任。

（二）以联谊性为导向的方法

1. 举办班级学生及教师庆生会

庆生会的举办，可以增进学生对学校的向心力，增进同学间的友谊，充实学生生活内容，使学生以校为家，体会人间温暖，尤其是那些乏人照顾的单亲家庭的孩子，学校给予他的这份关爱使其对人生的看法当是正面与肯定的。方法是辅导室规划，通过班主任执行，如学校经费许可，赠送班级一个蛋糕，或由班级学生集资，所花亦不多，但切忌以纸做蛋糕，徒具形式，实在不宜。量力而行送一些小礼物给寿星，仪式简单隆重，全体唱一首生日歌，再穿插一些小节目，其乐融融。若有教师生日，可同时邀请教师参与班级活动，由小朋友献花等，更能促进师生感情。庆生会的各项活动，以学生筹备及主持为宜，教师从旁辅导即可。

2. 休闲生活设计

辅导室平时多收集一些展览活动信息通告学生，并提供一些审美观念及方法要领，对有教育意义的电视、电影节目多予介绍，如选择好的节目、好画及评介等，都能给学生休闲生活以很好的帮助。在寒暑假期间或特别节日，放假前夕辅导室统一策划，通过班级讨论，安排各种有益身心的活动。在休闲活动中，如果是在学校里，教师或辅导人员均应积极参加，增进师生情感，必要时请家长参加，辅导效果会更加明显。

（三）以服务性为导向的方法

辅导室设置服务箱，提供纽扣、针线、卫生纸、雨衣、雨伞、临时应急衣物，甚至零用钱暂贷等。学生整日在校，日常应急用品往往因一时疏忽忘了带来，辅导室当适时提供这些“急难救助”。这些虽然是小事，但对学生而言，若当时无法解决，说不定影响其一天的情绪以及学习和生活。

辅导室亦可策划小区亲善服务，如救助、慰问等，使辅导功能扩大至小区家长。学生家中遇有婚、丧、喜、庆，可以班级的名义，由辅导室策划展开活动，组成代表队，视需要给当事人家长一些精神上的慰问或道贺，甚至对其需要帮助之处尽力而为，使学校与小区更为融洽。

（四）以沟通性为导向的方法

1. 学生方面

设立辅导信箱，建立沟通渠道，鼓励学生充分利用，吐露心声，学校亦可借学生的来信了解学生问题，以便辅导解决。

2. 家长方面

（1）辅导室成立初期，可将学校辅导措施利用书信函件告知家长，使全体家长了解此种措施，遇有必要，知道如何找辅导室协助，达到双向沟通的目的，可以帮助其完成子女教育目标。

（2）利用教学参观日，安排家长参观辅导设施及举行座谈。

（3）利用亲职活动日，向家长讲授教育子女的方法。

（4）利用家庭访视，对不良适应学生，由辅导人员作更深入的家庭访视，恳谈并沟通意见。

（五）以诊疗性为导向的方法

（1）举办各种测验与调查，诊断学生的各种心理状况。

（2）对不良适应学生实施咨商与个案辅导。

（3）实施导生制，选拔成绩优良的高年级学生，对中低年级的成绩较差学生实施补救教学或商请各科任教师实施补救教学。

（4）对人际关系适应欠佳学生实施小团体辅导。

（六）其他方法

（1）实施新生始业辅导：配合教务、训导，挑选高年级学生组成服务队，设计各种活动协助新生，安定新生情绪等。

（2）应届毕业生升学辅导：实施升学志愿调查，劝导不准备升学的学生及家长。带领应届毕业班参观学区的中学，邀请学区的中学校友回校座谈，报告中学的学习生活情况。

（3）带领学生参观工厂或就业机构，搜集及提供升学、就业数据等。

（4）举办毕业生离校活动。

（5）实施已毕业离校学生的追踪辅导。

第三节　家庭访视实施要领

学生的不良适应行为，根据各方统计，多半与家庭有关，可总结为五个方面。第一方面，父母对子女管教不是过松就是过严，或是父母对子女态度不一致，使子女无所适从。第二方面是家庭气氛。如父母不和，整天处于一种冷战、备战状态，子女缺乏安全感。第三方面是破碎家庭。父母离异、子女缺乏父母的爱，易导致性格异常。第四方面是父母从事不道德职业，如走私贩毒、作奸犯科或是栖身于特殊营业场所，子女不是耳濡目染，就是心生矛盾，强作压抑，日久必定生变。第五方面是家境贫寒，父母忙于营生，缺乏管教，凡此等等不一而足，都会令学生产生不良适应。辅导人员应会同训导处及班主任，共同策划家庭访视事宜，遇有特殊情形者，尤应进行家族治疗，与家长沟通，促使父母亲知道怎样对待子女，如何与学校配合，共同设法减少不良适应行为的发生。

一、家庭访视的意义及目的

家庭访视又称家庭访问，旨在增进教师与家长的沟通和彼此的亲睦感，通过家庭访视可以了解家庭及近邻的状况，增进对学生的了解，具体而言，家庭访视预期能达成下列各项目标：

（1）增进与家长、学生的良好人际关系。

（2）了解家长的管教态度。

（3）了解家庭气氛，如亲子关系、兄弟姐妹关系、亲朋关系等。

（4）了解家庭的经济状况，如家长职业、收支情况、生活水平、对孩子零用钱的态度等。

（5）了解学生在学校外生活的另一方面。

（6）了解家庭的小区环境状况。

（7）了解学生在小区交友及活动的情况。

（8）了解家长对学校的要求。

（9）促进家长与学校的教育合作。

（10）启发家长对子女教育的认识。

二、家庭访视的实施方法

（一）拟订计划

教师工作繁忙，势难对每一学生作普遍而深入的家庭访视。因此，在开学之初，辅导计划应配合学校的整个计划，拟订本学期的家庭访视计划。在拟订计划时，除考虑时间的因素外，尤需注意除了依原定计划实施的一般访视外，需另外进行的因各项偶发事故或特殊困扰学生所导致的项目访视。兹列举如下：

（1）一般访视计划：以全体学生为对象，依学生家庭地区分类，以便访视时方便。

（2）项目访视计划：以特殊困扰学生为对象，依学生问题的严重程度分类，以便尽早协助学生解决问题。

（二）准备访视的各项资料

（1）详阅学生资料：访视家庭之前，先对学生的各项资料进行熟悉，并决定应携带的资料。

（2）通知学生或家长：访视之前，宜与学生取得联系，告知访视日期，请其父母在家配合，或请家长自定日期、时间。总之，先洽商时间相当重要，因为在当代社会，父母多半外出工作，纵然父母不外出，以不速之客忽然而至，除失礼外亦影响家长心理，影响访视效果。

（三）进行家庭访视

1. 与家长晤谈时的注意事项

（1）必须尊重家长对子女的态度。

切勿批评家长对子女管教方法不当，以防家长和教师辩论。应运用个别咨商的各种技术，让家长自行思索领悟其错误态度之所在。教师从旁引导，而非正面指示。

（2）应事先准备好话题。

有些家长由于一向漠视子女的教育，可能在晤谈中过分沉默。教师应预先准备好话题，而这些话题应是家长最关心的或最容易谈的话题，以期激发家长的参与与重视。

（3）遵守职业伦理。

与家长晤谈时，往往谈到家庭中的秘密，教师应遵守职业伦理，不可将访谈内容泄露给任何人。

2. 晤谈时学生应该在场

教师与家长晤谈时，不少家长斥令学生离开，虽然学生不在场某些谈话更方便，但当面令学生离开，难免损伤学生的自尊心。且学生虽离开但其在教师与父母晤谈时，心绪之不安可想而知，因此，宜让学生在场，参加晤谈或讨论。其理由如下：

（1）学生在场参加讨论，可以免除其内心之疑虑。

（2）学生在场参加讨论，可以从中看出亲子关系及家庭气氛。

（3）学生在场参加讨论，可以获知平时父母没有告诉过孩子的苦衷，能对父母增进了解。

（4）学生在场参加讨论，可以获知平时学校各种教育措施的原委和动机，使学生对学校措施增加认识。至于谈话中如果确有不便于让学生听的内容，可暗示家长，请家长下次约好时间再谈或来校晤谈。

3. 每次访视后贵在能获得具体结论

学生的困扰问题如果很复杂，应在每次家庭访视结束前，教师与家长获得双方都同意的具体结论，并依此结论，拟定一些新的适应，如：

（1）改变家长的观念或态度。

（2）改变学生的观念或态度。

（3）家长与子女共同作新的尝试。这些新的适应、新的尝试，可以作为下次家庭访视时家长与教师的研讨资料。

（四）家庭访视时教师应注意事项

（1）避免在家长面前做记录。

（2）对于家庭生活或家长的职业不要随意批评。

（3）涉及家庭内的秘密事项，应避免积极打听。

（4）家长的年龄不可直接询问。

（5）家长的工资收入不可直接询问。

（6）不要在家长面前批评或斥责学生。

（7）不要批评其他学生或其他家长。

（8）除非情形特殊，时间不要太长。

（9）如果需要作更进一步的交谈，应约好访问时间请家长到校晤谈。

（10）家庭访问应培养家长信赖的态度。

（五）家庭访视后的工作

（1）整理记录：于家庭访视后，宜尽快记录，以免时隔日久因遗忘而产生遗漏或偏差。

（2）答复家长的问题：家庭访视当时，若遇有无法立刻回答家长所提出的问题，回校后，应通过各种努力，用信件、电话或由学生传话回复家长。

（3）设身处地研究问题：家庭访视后，将访问所得结果作设身处地的研究。

（4）通知学生晤谈：在获取学生的家庭资料后，如有需要进行协助解决问题者，宜在家庭访视后的两三天内，通知受访的学生进行晤谈。约谈的时间可视问题的严重性或复杂性而定。

（5）追踪辅导：家庭访视之后，立即利用各种机会，了解学生与家长的态度、观念、行为是否有新的改变，求得学生困扰问题的解除。

这项工作相当重要，许多家长或学生在教师作家庭访视后，态度、观念仍无改变，因而降低家庭访视的功效。因此，追踪辅导显得格外重要。具体的追踪方法如下：

A. 从学生的谈话或调查、测验中加以注意。

B. 与家长在固定时间保持联系。

C. 举行班级家长座谈会，注意家长的发言及意见。

D. 再次进行家庭访视。

三、家庭访视的困难及克服方法

一般教师因工作繁忙，将家庭访视视为畏途，因为目前学校教师进行家庭访视多在课余，教师已身心疲累，但有些家长态度冷淡，难免灰心。相反的，有些家长殷勤招待，又使教师内心不安，因此亦使家庭访视流于形式化，其克服之道如下：

（1）利用校刊或班级刊物等，使家长了解家庭访视的意义、重要性及其注意事项，提示共同问题，促其考虑。

（2）择定每一学生的访视重点，使访视具体深入。

（3）去除学生对于家庭环境的自卑感，实施访视之前，对全班学生说明访视的目的。

（4）访视时确能使家长了解此行对其有很大帮助与必要。

（5）访视后能使家长与学生得到满意而肯定的答案，不是应付公事走一趟，搜集资料了事。

第七章

学习辅导的原则与方法

第一节　学习辅导的意义与范围

所谓学习辅导，是指教师或辅导人员帮助学生发挥潜能，增进学习的效果，完成自我实现的过程。学生从事各种学习活动，常因学习材料、方法、过程、动机、兴趣、智能、性向等因素形成不同的学习效果。有的学习成绩好，有的学习成绩差。对于成绩较佳的学生，设法协助其获得更好的成绩。对于成绩较差的学生，提供各种适当的方法协助其解决学习上的困扰因素，提高学习的效果。此种协助的目的在于使学生从事有效的学习活动，增进学习的效果。

学习辅导工作是根据心理学上许多重要的原理方法，给予学生在学习上各方面的帮助，从而使其有效地学习，获得更好的成绩与更大的自我发展。其实施的范围包括下列各项：

（1）帮助学生建立正确的学习观念与态度。

（2）促进学生培养良好的学习习惯与方法。

（3）激发学生浓厚的学习兴趣。

（4）辅导学生合理利用学习时间。

（5）协助学生克服繁杂的学习困扰。

（6）诊断学生潜在的学习困扰。

（7）促进学生有效发展学习能力。

（8）帮助学生了解各科的学习目标。

（9）鼓励学生做好日常的作业。

（10）特殊学生的教育与学习辅导。

第二节　学习辅导的原则

一、培养良好的学习态度与习惯

（1）保持学习兴趣，集中注意力。

（2）确定学习目标，实现学习愿望。
（3）养成镇静、努力、聚精会神的学习习惯。
（4）需培养学习时彻底了解所学内容的态度。
（5）培养按时作息的习惯。

二、从事有效的学习

1. 加强学习辅导专题研讨活动
（1）帮助学生拟定作息时间表。
（2）提示学生各种内在与外在的有效学习条件。
（3）提示各项学习的中心问题。
（4）辅导学生的有效阅读能力。
（5）发现学习的各种困难并设法克服。
（6）辅导运用有效记忆的方法。
（7）辅导学生做笔记及摘要的方法。
（8）辅导学生如何使用图书馆。
（9）辅导学生进行考试复习。
2. 注意各科学习的共同原则
（1）明确每一学科的学习目标，课前要适当预习，课后要有系统地整理与适当复习。
（2）熟练应用各种工具书，如字典、辞典、目录、索引、百科全书等。
（3）对于各科学习需按性质的轻重，依次学习。其顺序如下：
A. 有直接应用价值者。
B. 有预备价值者。
C. 有例证价值者。
D. 有参考价值者。
（4）除部分教材需共同研究外，通常以单独学习为主。共同学习时，需将学习能力相近的学生编在一组，宜多用互相讨论与问答的方式。
（5）阅读能力为各科所必需，采用方法与阅读速度，应视读物性质而定：
A. 重要且艰涩者可以缓读，但要做笔记或写大纲。
B. 浅近读物应先读。
C. 找材料能活用选择法。
D. 略读大意，只求要点，于每段每章终结时默习一遍，记住要点，如书本为自己所有，可用各种色笔分别画出重要部分，或写要点于该段上端。
（6）对于定义、公式、原理、语法规则等，需求彻底了解，然后再加以运用，并需设法自觅例证。如需记忆专门名词、史实年月、地点、数字等，亦应先了解其意义，再设法加强记忆。
（7）学习应注意方法与练习，方法要正确，练习要勤奋。应将学习时间分成若干次，每次时间不必太长，但次数宜多。如练习写字、音乐等，遇有错误，应立刻改正，不可继续错下去，以免将来改正困难。

3. 适当指定作业与自学

（1）对课前预习的工作要有明确的规定，最好能抄写或印发给学生，以免学生遗忘。

（2）指定作业的分量，需考虑到学生能力的高低，酌量予以增减。

（3）所指定的作业要有真正的学习价值，不宜过分艰深。

（4）对于所指定的作业须作详尽的说明，在容易犯错的地方，更应多加说明。

（5）各科教师需取得联系，对各科作业分量与所占时间作妥善的分配，以免有太过与不及之憾。

（6）学生在校时应规定自学时间，由教师从旁辅导，随时督促。

（7）学生回家后的自学，可运用学校家庭联络簿办法，班主任规定每日自学事项，由家长督促。将联络簿交学生，次日带回，再由班主任查阅辅导。

4. 改善学习的环境

学生的学习环境是学校与家庭。学校是共同的教育环境，容易设法安排改进；家庭是个别的，彼此颇有差别，比较不易改善，但应注意下列各点：

（1）光线不宜太强或太弱，不宜直射眼睛。

（2）空气要流通，温度以在华氏 65 ~ 86 度之间为宜，如有空调更好。

（3）桌椅的高低，以适合个别学生身材为宜。

（4）保持学习场所的安静，避免高声谈笑。

（5）收音机、广播、电视等器材，应加以妥善管理。

（6）郊外或风景区安静的环境对学习亦相宜。

（7）如家庭人多屋小，无法安定学习，应尽量设法改善。

（8）家庭附近的环境如有不良影响，亦应设法避免。

第三节　学习辅导的方法

研究显示，到目前为止，学生在班级的名次似乎每年固定，鲜有变动，一个资质普通的学生，从小学二三年级直到高中毕业，成绩只是过得去而已。一个资质差的学生，总是年年在班级上名列最后。每五个学生中，至少有四个都是开始上学时成绩怎样，毕业时成绩便怎样。其实这种情况是可以改变的。

1981 年芝加哥大学及西北大学教育系教授布鲁姆（Benjamin S. Bloom）曾监督两项研究计划，以随机取样的方式选出两批学生进行研究，并给每位学生提供一位教师辅导，结果学业成绩本来是中下的学生进步到中上，本来是中等成绩的学生则超过在课室里正规上课的 98% 的学生。布鲁姆的结论说：“一个孩子所能学到的，差不多所有的孩子，在适当环境之下也能学到。”

以布鲁姆的结论来推论，孩子的可塑性是肯定的，为什么一些孩子的成绩未能与其他人一样，问题可能多半出在学习方法上，当然也包括教师的教法，下面提供

一些学习辅导方法供作参考。（冯观富，1997）

一、全部法与部分法

（一）意义

以学习材料而言，有全部学习法与部分学习法之分。一般而言，全部法优于部分法。派尔（Pyle）与斯奈特（Snyder）的实验证明，全部法所需时间较部分法可节省10%～20%。但全部与部分很难截然划分开来，要考虑下列事项：

（1）学生的知觉力（智力）。高智商的学生宜用全部法，因为智力高者，较易统摄全部材料，了解部分间的关系，换句话说，他比智力低者看材料更为简单。

（2）学生的学习心向。有人偏向纵览全部，有人喜欢细节，据心理学研究，能纵览全部者，显然优于细节（部分），亦有助于阅读速度，因细读与缓慢有关，缓慢细读往往不易集中精神，易受外界干扰或心生旁骛。

（3）材料的意义。有意义的材料，通常与学生的经验接近且实用，适用全部法。

（二）辅导注意事项

（1）要随时指点学生采用适当的学习方法，不要规定学生固守某种学习方法。不同的材料用不同的方法。

（2）要用生活实例教学，不可专讲一些抽象理论。

（3）应以课文中心概念考问学生，不可在枝节问题上刁难学生。

（4）鼓励学生发表自己的经验与看法，学生不必要背诵他人的经验和看法。

（5）尽可能训练学生用全部法阅读，帮助其提高阅读速度及培养其专心的阅读习惯。

（6）有意义的材料用全部法，反之，用部分法。

（7）聪明的学生用全部法，反之，用部分法。

（8）材料短者用全部法，反之，用部分法。

二、分散练习与集中练习

（一）意义

就学习时间而言，有分散练习与集中练习之分，佐士脱（Jost）的实验证明分散练习优于集中练习，其理由是：

（1）神经系统有一种惰性现象，学习需要经过一段时间才能完成。

（2）在练习时不易改正错误，必须休息一段时间才能唤起记忆。

（3）由于注意力（尤其是中小学学生）有波动，不可能长时间集中注意力于一个事物上，短时间的工作较能集中注意力。

（4）就记忆效果而言，复习较早所学的功课与复习刚才所学的功课，前者更能促进联结，这也是学习的一种心向，在复习多门功课时，一般都以较早学习过的先复习，很少有人先复习刚学过的材料。

(5) 不当的联结较适当的联结忘得快，分散练习可让不当的联结消失。

(6) 练习后需要适当的时间休息，长时间练习会使兴趣降低，每个人都有拒绝重复同一工作的倾向。

(二) 辅导注意事项

(1) 时间的长短，应视个人与材料而定，材料短、个人学习能力强，便可集中练习；反之，则宜分散练习。

(2) 技能的学习，以分散练习为佳，每日或隔日做 15 ~ 30 分钟的练习，可持续努力，避免生厌及发生错误。

(3) 经常举行适度测验，可使学生经常注意，若久而为之，等于鼓励学生临时抱佛脚。

(4) 使练习富于变化，与其令学生长时间做一大堆补充习题，不如抽一部分时间来复习以前所学过的内容。

三、背诵

(一) 意义

要求学生背诵，常被人误解与指责，但背诵亦有其优点，不可忽略。只要正确辅导，背诵是有其存在价值的，背诵有以下的优点：

(1) 背诵可增强对以前所学材料的记忆，为未来学习打基础。

(2) 背诵可立刻发现困难，然后设法补救。

(3) 背诵可立刻验证成绩水平，可激发未来学习动力。

(4) 背诵熟记后，可以有很多应用机会。

(二) 辅导注意事项

(1) 背诵是学习方法之一，不是全部，应与其他方法并用，材料亦需加以选择，不是所有材料都适宜用背诵法。

(2) 背诵不是死记，要活用，应用知识比获得知识更为重要。

(3) 背诵不是量的增加，应与速度、正确度与记忆持久性等并进。

(4) 背诵不是千篇一律的反应，而应运用创造性思维。

(5) 先求理解再背诵或先背诵后求理解，背诵与年龄及发展有关，低年级学生年龄小，理解能力不足，不如先熟读或背诵一大篇文章，其意义会随年龄增长而渐渐理解。

四、过度学习 (over learning)

(一) 意义

学习完成之后，为加强与保持记忆而再加练习，谓之过度学习，如唱歌、背九九表，一张嘴不假思索，便可朗朗上口，这是过度学习的结果。过度学习并非愈过愈好，其实学习完成后再加练习确有必要，但次数、单位、时间，并不与其获得率成正比。练习太少，不能达到保持效果的目的，但太多的练习又会浪费时间。专家研究指出，一般而言，50% ~200% 的过度学习是适当的。

（二）辅导注意事项

（1）辅导学生作过度学习时，应注意产生变化，除单纯练习、背诵外，亦应用其他如讨论、演示、设计等方式配合。

（2）当过度学习完成后，以后虽不加以思索即可记得这些材料，但不可过长时间不加复习，隔时过长不加复习或不予应用，亦有遗忘的可能。

五、适当使用内、外赏及激发好奇心

（一）意义

对学生的适当奖励，是一种增强作用，有利于学习辅导，使学生产生好奇心，亦可获得更好的学习效果。对学生奖励，需注意个别差异，有些人较注重精神的内赏，有些人注重物质的外赏，这些差异常受到家庭背景影响。例如：

（1）来自文化水平较高家庭的学生，易获得物质上的满足，这些学生重视内赏。

（2）来自劳工阶层家庭贫困的学生，期待较直接，少考虑将来，较重视立刻的奖赏，精神符号的奖励不如物质，他们重外赏。

好奇心的强弱会影响学习动机，好奇心得到适当鼓励，有利于学生的学习活动。

（二）辅导注意事项

（1）酌情变化使用精神奖励及物质奖励，不可全部物质奖励或只唱高调，家境好的学生宜用内赏法，家境不好的学生宜用外赏法，以满足不同需要。

（2）放手让学生去操作，激发其好奇心，不要处处规定“请勿动手”。

（3）要求学生回答问题，勿限制界说，应该是学生答得好，胜过教师问得好。

六、选择适当的速读

（一）意义

多数人认为受过速读训练的人，阅读速度可增加 2 ~3 倍，而不降低理解能力，但心理学家不以为然，尤其是阅读艰深或不熟悉的内容，实验者曾利用电视映像监视装置，测验三组人不同阅读速度下的理解能力。

第一组 11 人曾受过七周“伍德动力速读”课程的训练。第二组 12 人只是浏览式阅读。第三组 13 人是照一般读书速度阅读。

测验结果显示，速读者平均的阅读速度为每分钟 700 字，浏览者每分钟 600 字，一般速度阅读者每分钟 240 字。

不过，速读影响理解，对相对容易的文章来说，速读者只答对 65% 的总括性问题和 29% 的细节性问题。一般速度阅读者答对 80% 总括性问题和 48% 细节性问题。对较难的文章而言，一般速度阅读者答对一半的问题，速读者只答对三分之一。阅读者对两组内容艰深的专门性问题都感到困难，不过一般速度阅读者仍以 23% ：17% 高过速读者。所有测验中浏览者答对的问题和速读者相差无几。

这些专家也通过探索眼睛的运动来判断速读如何运用，他们发现，速读者只是将眼睛专注在三分之一的文字上，而且每字大约停留 0.23 秒的时间，而一般阅读者，在许多字上停留过两次，每次每字大约花 0.33 秒的时间，同样地浏览者所花时间和速读者类似。

有关眼睛运动与读速的关系，1979 年，巴黎大学教授、心理学家亚复（Javal）研究发现，阅读时眼球跳动看不见字，停眼（不跳动）时才看得见字，由这一行移到另一行，以扫视的状态移动，扫视时眼球跳动也看不见字。人在阅读时，是靠眼膜上的一点“中央小窝”来看字，随距离的远近，有明暗差别，小窝周边有暗视现象，视野愈广的人，暗视愈大，所以阅读速度与视野有关。

我国学者艾伟研究发现，直读眼球停留时间较横读长，但差异不显著；直读速度最快者，每秒 11 个字（每分钟 660 个字），慢者每秒不及三个字（每分钟 180 个字）；每次眼停能读的字，最少为半个字，最多为六个字，平均为两个字，眼停的时间约为三分之一秒；每段文字首行，眼停次数较平均次数多，在每行之初的一停，其时间较平均数长，最后的一停与文中最后一字的间隔，大都向内，其时间较平均数短。

心理学家研究，眼球的移动是由眼球上下六根筋肉运动而来，内外两根筋肉使眼球内外转动；上下两根筋肉向上下转动，另外两根筋肉，使眼球向斜角移动。当眼球上下转动的时候，不但眼球自身转动，上下眼睑也随着转动，所以上下两眼筋肉力量比眼球左右转动所负担的力量大，根据运动原理，运动次数愈多，愈容易感觉疲劳，次数愈少，愈感舒适。因此，在阅读时，上下移动次数比左右移数次数多，较为费力，容易疲劳，换句话说，横读比直读省力。因此，心理学家指出，人类的视野横面大于纵面。纵面的视野范围内，较横面的阅读易于疲倦。这是人类眼睛生理构造使然。

（二）辅导注意事项

（1）速读只能应用在容易或熟悉的内容上，对于艰深或不熟悉的文章，效果有限。另外，因为速读者用在字上的时间短，碰到较复杂、艰涩的文句，可能立即略过，不能透彻了解。

（2）如果要完全了解一篇文章的内容，最好还是照一般能理解的速度来读，而不要只是随意浏览。

（3）曾受过速读训练者，对于特别艰深的内容，也是贪快不得，还是照一般读速来读为佳。

（4）为免眼睛疲劳，读物尽可能选择横排，以减少眼睛移动次数。

七、运用各种增强记忆的方法

（1）心像记忆法（mental imagery）。

将记忆的材料于记忆时尽可能与实物相联结，此法最有助于物质名词的记忆，如认识“桌子”二字，立即想起桌子实物，但记忆一些抽象事物则较难，如“和平”、“道德”。

（2）谐音法。

可将材料组成一个有趣的事物或字词，如英文及数字，ladder 意为梯子（谐音：累的）。hobby 意为嗜好（谐音：好癖）。table 意为桌子（谐音：台布）。song 意为唱歌（谐音：桑）。566（谐音：乌溜溜）。

（3）位置记忆法。

位置记忆法是将记忆材料置于自己熟悉的位置上，如街道、房屋、柱子，当看见或想到这些位置时，即刻唤起所需记忆的材料。

（4）尝试回忆法。

学习一段材料后，不期望全部记住，可合起书本，闭目定神分段尝试回忆。尝试回忆法又优于纯读法，正如孔子所说："学而不思则罔。"

（5）排除影响记忆的因素。

影响记忆的因素很多，有的与学习方法有关，受限于学习者本身的条件（如能力、动机、情绪、经验等）。有的与学习材料有关，但是学习材料的差异，会对学习后的记忆产生不同的影响。

此外，关于记忆还有以下三种效应：

（1）序位效应。

序位效应（serial-position effect）指在多个项目连续出现的情境下，各项目因其在序列中的位置不同而影响学习后的记忆。如看完一张排列名次的发榜名单，榜首易记，榜尾也易记，中间者的姓名就不容易记忆。如果榜单上列有 100 个人的姓名，看过榜单而接受记忆测量者也有 100 人，将 100 人所记忆的榜单进行一个次数分配，即记得榜首者有多少人，记得第二名者有多少人，一直到榜尾为止。然后将它连成一条曲线，该曲线大致会像一个碗形，两端上升，中间下降。此一曲线叫做"序位曲线"（serial-position curve）。曲线前端高起部分，表示最初学习的材料容易记忆，称为"初始效应"（primary effect）；曲线后端上升部分，表示最后（时间最近）学习的材料也容易记忆，称为"时近效应"（recency effect）。整个曲线两端上升而中间下降的现象，则称为"序位效应"。

对序位效应所显示的现象，因实施记忆测量时间不同，有两种解释。一种解释是序列性材料学习后立刻测量，最初学习部分可能在信息处理过程中已经进入长期记忆，随时检索，比较容易。最后学习部分，可能尚在短期记忆留存阶段，立即检索，也比较容易。居于序列中间的部分，可能在短期记忆中尚未被进一步传送到长期记忆之前，受后面进来的信息的冲击而部分消失。另一种解释是序列性材料学习一段时间后再测量，所学习的序列中间部分记忆困难，可能是因为该部分受到前后项目的干扰较多所致。

（2）闪光灯效应。

闪光灯效应（flashbulb effect），指令人震撼的事件容易使人深刻记忆。多年前，曾有心理学家，在美国第十六任总统林肯被刺身亡后 33 年，以 179 位中年人为对象，调查他们是否还记得林肯遇刺的时间、地点以及凶手姓名等信息。结果发现，回答完全正确者，居然有 127 人（占 71%）（Colegrove，1982）。在闪光灯效应影响之下所产生的深刻记忆，称为闪光灯记忆（flashbulb memory）。闪光灯记忆所记者，多半是与个人有关的重要事件。

（3）莱斯托夫效应。

莱斯托夫效应（Restorff Effect），指学习材料中最特殊的事件容易记忆。此种现象，是莱斯托夫（H. von Restorff）在1933年所证实的，故名。莱斯托夫效应最明显的例子是在一场人数众多的宴会上，主人经介绍与来宾一一握手时，只能即时记下身形、相貌、年龄、地位等特征中最为突出者的姓名。例如：在行列中有一位身高两米以上的人会给人以突出印象，故而他的名字也容易记忆。正因如此，有些人为了增加别人对他的印象，不是在服装上力求表现新颖，就是在言行上刻意表现突出；方式不同，目的则一。

八、鼓励儿童创造思考

（一）概说

英国心理学家瓦尔斯（Walles，1928），将儿童创造行为分为四个历程（冯观富，1997）：①准备期（preparation）：从前人经验中发现问题，任何创造，不是无中生有，或多或少前人早已发现此问题，只是未获得解决而已。②潜伏期（incubation）：对问题已有相当基础，只是百思不得其解，只得将问题暂时搁下。③豁朗期（illumination）：问题经过长期潜伏后，突然获得灵感，对问题解决的方法豁然贯通。④验证期（verification）：解决问题的方法是否可行，需付诸实践检验。

创造力在行为上的特征，戈尔福德（Guilford，1957，1959）认为有三点：①变通力（flexibility）：有创造力的人思考变化多端，闻一知十，举一反三，触类旁通。②独特（创）力（originality）：行为超常，见解独特，与众不同。③流畅力（fluency）：心智活动少迟滞、多流畅，能于短时间内表达更多观点。

根据淘伦斯（Torance，1962）的研究，创造力高的儿童，有下列三种人格特征：①顽皮、淘气、荒唐、放荡不拘。②所作所为，时越常规。③处事待人不固执，较幽默，难免带有嬉戏。

台湾学者吴静吉认为创造力的障碍有36忌，应设法跨越：

序号	内　容	序号	内　容
1	缺乏敏锐的观察力	8	刻板印象
2	缺乏求知欲	9	错误的知觉习惯
3	缺乏好奇心	10	动机太强或太弱
4	缺乏冒险精神	11	拒绝改变
5	习惯于定向	12	过分紧张
6	功能固着	13	认为凡事没问题
7	固执而闭塞的心胸	14	害怕问题过多

（续上表）

序号	内　容	序号	内　容
15	认为没时间创造	26	只重结果忽略过程
16	害怕失败	27	缺乏纪律性
17	缺乏能力思考	28	过分仰赖权威与传统
18	过分认真	29	缺乏创造的机会
19	缺乏从不同角度看事情的能力	30	误导的归因
20	不会分辨答案的优劣	31	缺乏社会支持
21	自我设限，态度消极	32	兴趣狭窄
22	害怕不正经	33	不懂得利用资源
23	害怕被批评	34	顺服同辈的压力
24	缺乏心智活动	35	强辩效果
25	寻求立即且唯一的答案	36	缺乏想象力

（二）辅导注意事项

1. 创造激发创造性思维的环境

根据实验证实，培养学生间的相互信赖，有利于激发学生的创造性思维。

2. 突破创造障碍

在这里吴静吉提供了一套跨越创造力障碍的游戏，很适合用作团体辅导方案，并根据此法创造设计更多游戏，帮助学生发展创造性思维：

（1）将错就错造新词。

A. 目的：创造力的因素有四个，即流畅力、变通力、独创力、精进力，这个游戏的用意就在于看看学生的这四种能力如何。

B. 方法：主持人就现场事物，随便提出问题，如标语之书写内容：“源远流长”，将“流”字作问题，要求全体造一个两个字的词。

C. 解析：在集思广益的前提下，可以造出几十个词，如上流、下流、倒流、畅流、一流、风流、潮流、洪流、狂流、急流、逆流、乱流、轮流、寒流、暖流、气流、对流、名流、九流、交流、外流、主流……

这就是一种创造力，在同样的时间内，造的词数量愈多，就表示流畅力愈高；造的“流”类别愈多，比如有自然现象类、河川类、等级类等，就表示变通力愈高；如果造的词别人都没想到，那就表示你已具有独创力；如果用这些“流”造句，而你造的句子比别人都好，比别人的意象都丰富，那就表示你的精进力比别人高。

（2）训练观察敏锐度。

A. 目的：训练观察力和敏锐度。

B. 方法：找一个人和你面对面、从头到脚互相观察，一分钟后，两个人都转过身去，背对背，然后都在身上做三种改变，比如解开一个扣子、头发左分变右分或是把手表拿下来等等，改变动作完成后，再转过身面对面看看两个人能不能正确地指出对方做的三种改变。

C. 解析：如果你能把对方的三个改变都正确指出来，那么你已经具备创造力的第一个条件了。创造力的第一个条件，就是要有敏锐的观察力。你走过一个地方而视若无睹，那么你不可能对这个地方有任何的描述。我们常说，在牛顿之前，有多少人坐在苹果树下纳凉，为什么只有牛顿发现苹果往下掉而不往上升的现象呢？这就是观察是否敏锐的问题。人与人之间也需要敏锐的观察力，如果说两个人之间已变得无话可说，常常是因为这两个人已失去互相观察的敏锐度。

（3）打破错误的知觉。

A. 目的：破除旧有框架思维。

B. 方法：下图有九个黑点，请你用不超过四条的直线，贯穿所有的九个点。

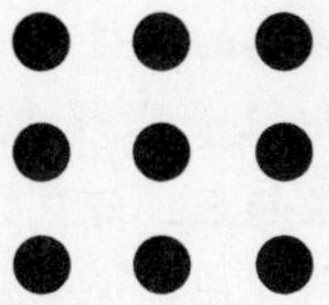

C. 解析：想出来了吗？如果你已经想到了，恭喜你，你已经突破了原有的知觉习惯。

如果没想出来，我们在这儿也不打算提供答案，请你做完所有游戏之后，再回过头来想，不过可以提示你，不要把直线的范围只限在九个点上，直线可以延伸到黑点外，四线连起来的样子像图。

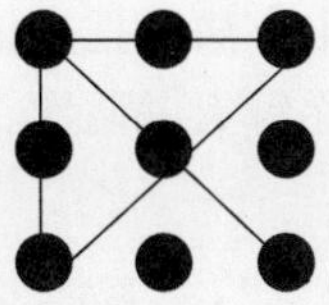

（4）松弛过分的紧张。

A. 目的：松弛过分的紧张感。

B. 方法：现在请听口令做动作：

请把全部的注意力都集中在你的右手掌上，缩紧你的右手五指，握紧你的右拳头，握紧、再紧……放松，慢慢放松，慢慢张开你的右手五指，慢慢张开……

现在把全部的注意力集中在手上，握紧你的左手拳头，再紧、再紧……紧的时候，不舒服，所以要慢慢放松、放松，手指张开，张开的时候，让你非常舒服，你现在十个手指头都非常舒服了……

现在双手一起握紧拳头……好！放松，慢慢放松……你比较紧松之间的差别！

现在不仅要握紧你的拳头，而且要握得很紧，非常紧，好像要跟人打架的样子，好！放松，放松……

现在两个肩膀往上提，好像有人拿了一把刀子抵住你的脖子一样，你很紧张……放松……放下来再来一次，把肩膀吊起来……放松，好！放松……

现在把全部的注意力集中到你的头部来，把你的头往后仰，这样是不是很不舒服？好！慢慢恢复原状，放松……再来一次，头往后仰，好，恢复原状，放松。

将你的下巴抵住胸口，好像有人从后面把你的头往下按一样，你很生气，就像要骂人一样，好！慢慢恢复原状，慢慢放松。

现在把全都的注意力集中到胸部，挺胸，好！慢慢恢复原状，放松，再来一次，挺胸，好！慢慢恢复原状。

现在把注意力集中到你的腰部来，缩腰，比原来的腰小三公分，很紧……为了美而牺牲舒服，缩得很小很小，小到不能再小……再小……好！慢慢放松……再来一次，缩腰，再缩，我要看到你的腰真的缩得很小……好！慢慢放松，放松……

吃得太饱会胀肚子，好！现在把肚子胀起来，比原来大三公分，大得不得了，好！慢慢放松；再来一次，把肚子胀起来，好！慢慢放松……

现在把全部的注意力集中到臀部，夹紧……放松！再来一次，把臀部夹紧，好！

现在把全部的注意力集中到两只脚，用脚贴着地，身体试着要离开椅子……好！慢慢放松，放松，反过来，用脚尖着地，身体试着要离开椅子……是不是你的小腿、脚都会很紧……好！慢慢放松、放松……好！你现在全身都应该比刚才放松了……

C. 解析：过分紧张的人，常常是因为动机太强、太焦虑，或是害怕失败，因此脑筋就很难放开，这样就会阻碍创造性思考，因此我们要解除紧张。以上方法的目的就在于克服过分紧张，如果你处在很紧张的状态下，不能睡觉，不能发展创造力，你就得自己练习放松。基本上，这个方法是把人体分成五部分：头、肩膀、手、脚、腰，每部分大约练习五分钟，如果你每天做两次，大概五天以后，你就可以不用做，光喊“放松”，就可以放松了。

（5）从不同角度看事物。

A. 目的：训练从不同的角度来观看事物。

B. 方法：找一个人出来，让他坐在椅子上，成为一个待雕塑的物体，然后再找几个人出来雕塑他，比如把他的手弯曲、把他的脚跷起来等。

你和别人雕塑的姿势是不是都是从正面来雕塑的？你有没有想到要把他的身体转过去雕塑，或是从侧面雕塑，或是让他躺下来？

C. 解析：换句话说，如果你在雕塑或是在看问题的时候，都把角度限制在一般常模里的话，那你的创造力就要打折扣了，这个游戏的精神就在这里。

九、鼓励创造行为，培养创造能力

（一）局部改变法（part-changing method）

利用旧事物的属性去创造新事物。事实上，创造新事物，绝少是抛弃事物的旧有属性而完全是新颖者，如电视由黑白而彩色，火车由烧煤而电气化。

（二）检核表法（checklist method）

检核表法也是用来训练周密思考，避免问题有所遗漏的一种方法，例如下列七个项目，有人认为可在多种情境中，帮助学生解决问题。这七个项目是变换颜色、变换体积、变换形状、变换材料、加多或减少某一属性、重新组合已有的属性、重新设计。

显然，检核表法的主要功能是为人们提供思考问题的方向。在很多情境中，个人一旦遭遇问题，常感茫然，不知从何想起、做起，检核表即可为你提供方向，将问题有关属性、项目列出加以思考，便可得到一个正确方向。

创造性思维的特性就是变通、独特、流畅，检核表可提供改变的方向，如设计出版壁报，希望有一个新的布局和内容，但仔细分析，总脱离不了上列颜色、外观、材料、组合等。

（三）比拟法（find-something-similar method）

创造需要灵感，灵感获得有时兴起于身边周遭事物，如牛顿见苹果落地使他成功发现万有引力。当我们遇到难题时，不妨暂时抛开它，去想想或看看其他类似事物，说不定可由此得到解决问题的灵感。

十、消除焦虑

（一）意义

焦虑会干扰学习，也能刺激学习。注意起于焦虑，没有焦虑引不起注意。但焦虑太多，会使学生逃避学习。正常水平的焦虑有助于学生学习。学生若无焦虑，容易养成自我中心、自私自利、无视他人存在的毛病。但这种学生也不能逃避焦虑，他们往往是神经质焦虑受苦者。

高度的焦虑最不利于学习，即使能力强，表现亦会差。根据研究，高度焦虑对学习简单材料有帮助，对复杂的材料则会造成干扰，焦虑因人而异，是一个很不稳定的影响学习的因素。

（二）辅导注意事项

（1）教师要对学生有信心，不要对学生说“你实在差劲”或“你已不可救药”。

（2）以“尽力而为”鼓励学生，勿以留级、开除去威胁学生。

（3）教师态度应从容不迫，时露笑脸，不要行动紧迫，精神紧张。

（4）对学生责备的同时不要忘记鼓励，赞许时不要忘了警惕，不可责备时不留余地或赞许时几近谄媚。

（5）教师于上课前应先端正自己的仪容，调整情绪，不要把一肚子怨气带进教室。

（6）消除考试焦虑练习。

考试焦虑是每一个学生都存在的问题，只是程度不同而已，有一种肌肉松弛训练，经渥比（Wople）的实验证明对消除焦虑和紧张颇为有效，它是系统脱敏疗法（systematic desensitization）过程的第一步，是帮助学生减轻焦虑和紧张情绪的一种方法，训练过程是从手臂开始，依序为手腕、手指、头、面部、颈、肩、背、腹、胸、腿以及脚腕、脚趾等部分，先要求受辅者肌肉尽量放松然后尽量收紧，感觉两者不同的肌肉紧张程度，每天要求受辅者在家自行练习两次，每次约15分钟，在训练初时，教师使用下列肌肉松弛法指导语引导受辅者练习。

我现在要教你一套肌肉松弛的方法，肌肉松弛的方法是用来帮助你克服紧张和不安情绪的方法之一，当肌肉松弛的时候，你的身体及情绪上有一种安静的感觉，下面我念一段文字给你听，这段文字是教你如何先缩紧自己的肌肉，再将自己放松，尽量地放松，你一面听这段文字，一面想象自己是在同样的情况之下，依照指示和顺序去做，请你尽量照指示做，尽可能地放松自己各部位的肌肉。

现在从手臂开始，先将手伸直，紧紧握住拳头，越紧越好，你可以感觉得到手臂内侧的肌肉很直、很紧、很硬，继续握紧！

现在你慢慢地松弛，将你的手臂垂在两旁，你觉得你的手很重、很软、很重、很轻松……

现在把你的手伸直，将手腕、手指尽量向内弯曲，尽量弯、尽量弯。你觉得手臂外侧的肌肉很硬很紧，继续用力弯曲……

现在再把你的手指放松，手臂自然地垂下，你觉得手臂很重、很重……

现在再把你的手指紧握拳头，越紧越好……然后慢慢地放开，放开，很自然地微弯着，尽量放松你的手指……

现在来放松你面部的肌肉，首先你尽量皱眉，皱起前额并且紧闭眼睛，尽量皱紧眉头，闭起眼睛，你会觉得你的面部肌肉都紧紧地挤在一起，挤得很紧……

现在放松，松开眉并且轻轻地闭上眼，你觉得你面部又变得很平、很平，肌肉很松、很软。好，皱起你的鼻子再撅起你的嘴，你觉得鼻子和嘴附近的肌肉很紧、很紧、很紧……

现在你慢慢地微笑，慢慢地……然后恢复正常的口形……

现在你用力地将上下牙咬紧，舌头用力抵住齿背，用力将舌头伸出牙缝，你觉得两颊和舌根都在用力，肌肉很紧、很酸、很累……

现在放松你的舌头、牙齿和嘴，你觉得两颊很轻松、很软……

现在我们来看看你的颈部，你将头尽量地往后仰，用力往后压……往后压，你觉得颈部肌肉很紧、很酸、很酸……

现在把你的头轻轻地往前垂，往前垂，垂下你的头，很自然地垂下来，很轻松地将头垂在胸前，尽量往前伸，用力、用力，并且把头侧弯到左肩，你觉得右肩膀和颈部都很紧、很用力，肌肉很酸、很酸……

现在把你的头侧弯到右肩，你觉得左面肩膀和颈部很紧、很酸、很酸。现在放下手，垂下肩膀，尽量垂下肩膀……你会觉得肩膀很舒服、很轻松、很轻松……

现在来松弛你的躯干，先站起来，把手放在身后，两手握紧，挺胸，肩部和手尽量往后压，胸腹部往前突出，你觉得背部肌肉很紧、很紧，胸腹部肌肉很紧、很紧……

现在松开你的手，坐下来，微微往前弯起你的背，放松你的腰部和腹部，全身尽量地放松……身体觉得很沉重、很舒服、很舒服……

现在你挺起胸来，深深地吸一口气，吸气，慢慢地吐出来，并且慢慢地放松你的身体……好！再吸一口气，慢慢地吐出……

现在我们来看看你的腿和脚，你先尽量把你的脚伸直，脚趾向下向内弯曲，用力弯……再慢慢地放松、放松……

现在把你的左右脚，重复一次伸直，脚底尽量往前往下压，用力伸直再用力压……你觉得你的脚踝、小腿和膝盖都很直、很僵硬、很僵硬……然后慢慢地放松，把脚缩回来，你觉得脚很软、很累、很累……再抬起脚，弯紧你的左右膝盖和脚踝，用力弯，你觉得很酸、很酸……好！轻轻放下。

我已经松弛了你全身的肌肉了。现在，请你轻轻地闭上眼，放松你的额头、眉毛和两颊，尽量地垂下头、颈和肩膀。放松你的手臂，自然地垂下你的手，身体微微向前弯，腿很轻松地伸直……你觉得全身都很轻松、很舒服、很软、很缓、很累、很累……好！慢慢地恢复正常，收回双脚，身体坐直并抬起头……

我们的练习结束，请你每天在家自己练习两次，每次约20分钟，谢谢！

第四节　学习困扰的诊断与辅导

诊断学习困扰的方法甚多，应视当时的情况而定选择的标准。在各种诊断方法中，较为常见的有：

（1）观察法。观察法是由教师在教室内外，随时观察学生的行为和活动。例如，观察学生在教室内听课、写作业、做笔记等活动的情形，可发现其成绩落后的原因。有时，在某一堂课上，专对某生的学习活动加以仔细观察，亦可知一二。

（2）分析作业成绩法。分析学生作业的成绩，发现其错误的原因，也是教师常用的方法。

（3）口头报告法。有时候不容易从学生的作业上找出错误的原因，这时候可以要求学生作口头的报告，说明其所沿用的作业方法。

（4）会谈法。教师可和学生分小组会谈，发现学生的兴趣所在，包括好恶、长处、短处，对于家庭生活和学校生活的意见以及对于教师、功课、教学方法、同学的意见等。

（5）咨商法。教师为应学生的请求或有意与学生约定咨商。让学生在自然温暖的气氛下，吐露学习的困扰，教师以关切和蔼的态度，共同商讨解除困扰的途径，并借此发掘其性向。

（6）测验法。各种学科的困难之处，都可以采用已出版的诊断测验或教师自编的诊断测验筛查出来。

（7）实验法。有时教师可以采用科学的仪器，诊断学生学习上的困难。

（8）个案研究法。教师对于某一特殊学生，可以采用个案研究法，诊断其困难的原因。

（9）学习困扰调查法。可以按学习观念、学习态度、学习习惯、学习方法、学习能力、身心适应、课程教学、学习兴趣、学习时间、学习环境等项目列出可能构成困扰的若干个原因，加以组织编排，制成“学习困扰调查表”，其内容可以拟出如下消极性的句子。

例如：

1. 关于学习观念方面

（1）求学完全出于父母的旨意。

（2）不知道如何安排自己的前途。

（3）读书是一件苦差事。

（4）希望读好书将来做官赚大钱。

（5）不知道为什么要读书。

（6）常常有转学的念头。

（7）上学读书主要是念熟课本。

（8）担心将来升学困难。

（9）希望不读书可以过快乐的日子。

（10）读书为的是应付考试。

（11）因为别人读书，所以我才读书。

（12）家境不好，书读得再好还是没有用处。

（13）长辈都说我愚笨，所以读书没有用。

（14）厌恶他人功课比我好。

（15）读书或不读书，对将来没有什么影响。

2. 关于学习态度方面

（1）考试出题希望有固定的范围。

（2）上课时常和周围同学窃窃私语。

（3）学习只抱及格主义。

（4）常因学科分数低而感到灰心。

（5）总觉得某些老师对自己有成见。

（6）不愿接受他人改进的意见。

（7）常借故请假不上课。

（8）学习不认真，所以总是一知半解。

（9）上课时常常偷做其他事情。

（10）尽量避免学习困难的学科。

（11）不喜欢表达自己的意见。

（12）希望学校常常放假。

（13）做作业是为应付老师。

（14）遇有疑问没有认真寻根究底。

(15) 老师太严格，所以不喜欢上学。

3. 关于学习习惯方面

(1) 每天不能早起读书。

(2) 没有耐性查字典或看参考书。

(3) 平常很少温习功课。

(4) 没有做笔记的习惯。

(5) 常常摇头晃脑地读书。

(6) 看书一定念出声音。

(7) 考试时总是临时抱佛脚。

(8) 常常把考题看错。

(9) 不喜欢和别人在一起看书。

(10) 喜欢抄袭他人做好的答案。

(11) 喜欢在床上看书。

(12) 常写错别字。

(13) 有拖延交作业的习惯。

(14) 在他人督促下才会用功。

(15) 坐在课堂里写不出作文。

4. 关于学习方法方面

(1) 背诵课文都是为应付考试。

(2) 上课前没有预习。

(3) 考试后总是将所学内容忘得一干二净。

(4) 不知道怎样发表自己的意见。

(5) 不知道怎样解决学习上的困难。

(6) 未复习功课就着手做习题。

(7) 读书总是用手指一个字一个字点着念。

(8) 不知怎样利用学校图书馆。

(9) 不知怎样为一篇文章写摘要。

(10) 读一篇文章后不能立即说出大意。

(11) 没有拟订读书计划。

(12) 看书时不用默读的方法。

(13) 不知怎样学习才能有好效果。

(14) 阅读的速度总是比他人慢。

(15) 写作文要换好多张稿纸。

5. 关于学习能力方面

(1) 有些课本内容很难理解。

(2) 作业不能按时做完。

(3) 老师交给的作业过难。

(4) 最怕背诵课文。

（5）学习时注意力常常不能集中。
（6）对问题反应很快，但多错误。
（7）理解能力差。
（8）老师教学速度太快，以致跟不上。
（9）怕失败，所以不敢多尝试。
（10）常常觉得自己不如人。
（11）对老师的问题要思考很久才能答出来。
（12）数学、英语能力很差。
（13）学习过的东西很容易遗忘。
（14）已经尽了力，但成绩还是不好。

6. 关于身心适应方面

（1）不喜欢在本校读书。
（2）父母给了太多的责备。
（3）上课时总觉得头痛。
（4）下午上课精神太疲倦。
（5）家人不让上学。
（6）担心学业成绩低受到责备。
（7）提出的意见不易获得他人的理解。
（8）每逢考试总是生病。
（9）睡眠不好影响上课专心。
（10）学科太多难以应付。
（11）常常觉得自己很孤独。
（12）上课时常胡思乱想。
（13）在人多的地方简直不敢说出话来。
（14）很怕老师叫我起来回答问题。
（15）上午第四节课总是饿得没精神。

7. 关于课程教学方面

（1）感到参考书太少。
（2）找不到可以请教的人。
（3）老师要求过于严格。
（4）老师常常无故责备。
（5）有些老师的教学方法或内容不易理解。
（6）指定的作业太多。
（7）功课常没有人指导。
（8）上课时太吵无法听讲。
（9）老师没有辅导我看课外读物。
（10）在课堂上没有讨论机会。
（11）某些老师上课时声音太低。

(12) 我最担心的就是考试。
(13) 有些学科考试不公平。
(14) 某些老师没有顾及学生的反应。
(15) 有些老师平时没有批改作业。
8. 关于学习兴趣方面
(1) 不知道选什么学科对将来职业有帮助。
(2) 对某些学科不感兴趣。
(3) 没有喜爱的学科。
(4) 不喜欢上体育课。
(5) 不喜欢做动脑筋的应用题。
(6) 不知道兴趣在哪里。
(7) 不喜欢进图书馆。
(8) 只读有兴趣的学科。
(9) 对外语不感兴趣。
(10) 不喜欢职业选修科目。
(11) 最怕写作文。
(12) 成绩不好，对学习越来越不感兴趣。
(13) 上某些课时，容易打瞌睡。
(14) 不愿做兴趣以外的工作。
(15) 对音乐不感兴趣。
9. 关于学习时间方面
(1) 不能分配自习的时间。
(2) 每天没有适当运动的时间。
(3) 午饭后没有休息的时间。
(4) 要费很多时间才能集中精神。
(5) 因为赶作业没有时间思考。
(6) 总觉得生活太紧张，时间又不够。
(7) 不知怎样调节工作和活动的时间。
(8) 每天睡眠不足八小时。
(9) 需要很长时间才能读懂一篇文章。
(10) 有很多时间，但不知道该做什么。
(11) 自学时间多花在难读的学科上。
(12) 每天晚上要超过 11 点才入睡。
(13) 晚上时间多数看电视或上网。
(14) 若不是有人提醒几乎忘了上学。
(15) 学习一段时间后就感觉疲倦。
10. 关于学习环境方面
(1) 学校里没有适合读书的地方。

(2) 家里没有读书的场所。
(3) 常常有人笑我家条件不好。
(4) 缺乏热心指导我的老师。
(5) 回家后要帮忙做很多的家务。
(6) 家人不了解我在学校的情况。
(7) 家里不给买学习用品。
(8) 家里太嘈杂，影响我自习。
(9) 教室空气不好，以致常打瞌睡。
(10) 班上缺乏读书风气。
(11) 课桌椅高度不合适。
(12) 找不到一起用功的同学。
(13) 学校没有娱乐设备。
(14) 不喜欢和邻座的同学一起学习。
(15) 眼睛近视又坐教室后排。

第五节　学习障碍的认识与辅导

一、定义与成因

(1) 学习障碍是由于个体神经心理功能异常，出现注意、记忆、理解、推理、表达、知觉、动作协调等能力异常的问题，以致在听、说、读、写等方面学习显著困难。

(2) 教师的教学方法不当，会造成学生的学习障碍。父母的望子成龙、望女成凤心理也会造成孩子的学习障碍。

二、学习表现方面

(一) 阅读障碍

(1) 会写不会读。
(2) 看不懂自已写的字。

(二) 书写障碍

(1) 会说不会写。
(2) 写字像画图。
(3) 写的字常是拼凑写出来的。
(4) 写字不按笔画顺序。

(三) 数的障碍

(1) 数字连在一起才能认识。

（2）没有加、减、乘、除概念。

三、学习障碍学生的教育与辅导方法

对学习障碍学生，学校教师和家长要做到以下四点：

（1）耐心、爱心、鼓励、身教、言教、境教……

（2）调整座位至距离教师较近的地方。

（3）“优势学习”，选择学生的专长能力学习。

（4）勿“揠苗助长”，摒弃“勿让孩子输在起跑线上”的错误观念，切忌过度学习，摧残民族幼苗。

第八章

特殊学生的教育与辅导

特殊学生需要实施特殊教育（special education）。特殊教育象征着一个国家对人民受教育权的尊重，是社会文明的表现。它在辅导工作领域里占有重要地位，也是辅导人员不可或缺的一项能力。

第一节　特殊教育的实施

一、原则

特殊教育的实施，各国各有其法令规定，虽然国情不同，但其教学内容和教学方法大同小异，今以我国台湾地区为例，自可明了一般。

1984 年，中国台湾地区公布《特殊教育法》，规定特殊教育的实施分三个阶段：学前教育阶段，在家庭、幼儿园、特殊幼儿园（班）或特殊教育学校实施。国民教育阶段，在国民中小学或特殊教育学校（班）实施。国民教育完成后，在高级中学以上或特殊教育学校实施。

接受各阶段特殊教育的学生入学年龄及修业年限，对资赋优异者，放宽入学年龄或缩短修业年限；对身心残障者，提高或降低入学年龄，或延长修业年限。

二、方法

（一）资赋优异教育

1. 资赋优异学生的鉴定

（1）由班主任或任课教师推选具有资赋优异特质的学生。

（2）由学校有关主任、辅导教师及教师组成小组，综合审查教师推荐资料、学校记录、成绩考查记录、各项测验结果等，遴选出符合资赋优异规定者。

2. 资赋优异之界定

（1）一般能力优异：包括团体与个别智力测验结果在平均数正两个标准差以上。学业总成绩居于全年级成绩前 2% 以上，或各科学业成绩测验的结果在平均数正两个标准差以上。

（2）学术性向优异：指学业成就测验、团体与个别智力测验、性向测验的结果均在平均数正一个半标准差以上。

（3）特殊才能优异：指团体与个别智力测验的结果在平均数以上、性向测验的结果在平均数正两个标准差以上，并符合下列规定之一：①音乐、美术、舞蹈或体育等科目成绩特别优异；②参与国际性或全国性各类竞赛表现特别优异。

（二）身心残障教育

身心残障指凭公立医疗机构之证明，认定具有下列情形之一者：

1. 智能不足

智能不足者指依标准化适应行为量表上之评量结果与相同实足年龄正常学生之常模对照，其任何一个分量表之得分位于百分等级25分以下者，分为三类：

（1）轻度智能不足：个别智力测验结果，在平均数负三个标准差以上，未达平均数负两个标准差，于一般学校之普通班就学并实施个别辅导或于特殊教育学校就学。

（2）中度智能不足：个别智力测验的结果在平均数负四个标准差以上，未达平均数负三个标准差，于特殊教育学校或特殊教育班就学。

（3）重度智能不足：个别智力测验的结果较平均数负四个标准差，于特殊教育学校或社会福利机构附设的特殊教育班就学或在家自行教育。

2. 视觉障碍

视觉障碍指依“万国式视力表”所测定的优眼视力未达0.3或其视野在20度以内。视觉障碍又分弱视和全盲两类：

（1）弱视：优眼视力测定值在0.03以上，未达0.3或其视野在20度以内。于普通学校之普通班就学，并实施个别辅导或于特殊教育班就学。

（2）全盲：优眼视力测定值未达0.03。于一般学校之普通班、特殊教育班或特殊教育学校就学。

3. 听觉障碍

听觉障碍指听觉机能永久性缺损，听力损失在25分贝以上，又分四类：

（1）轻度听觉障碍：听力损失在25分贝以上，未达40分贝，于一般学校之普通班就学。

（2）中度听觉障碍：听力损失在40分贝以上，未达60分贝，于一般学校之普通班或特殊教育班就学。

（3）重度听觉障碍：听力损失在60分贝以上，未达90分贝，于特殊学校或医疗及社会福利机构附设的特殊教育班就学或在家自行教育。

（4）全聋：听力损失在90分贝以上。

4. 肢体障碍

肢体障碍指上肢、下肢或躯体欠缺正常机能，以致接受教育发生一定程度的困难。又分为：①轻度肢体障碍：肢体之行动能力及操作能力均接近正常，对学习过程甚少有影响者，于一般学校的普通班就学。②中度肢体障碍：肢体之行动能力不良而操作能力接近正常，或肢体之行动能力接近正常而操作能力不良，经协助仍可从事正常学习者，于一般学校的普通班或特殊教育班就学。③重度肢体障碍：行动能力及操作能力均有严重障碍，非经特殊人为机构或工具协助，即无法从事学习活动，于特殊学校或医疗及社会福利机构附设之特殊教育班就学，或在家自行教育。

除上述智能不足、视觉障碍、听觉障碍、肢体障碍者外，语言障碍、身体病弱、性格异常、行为异常、学习障碍、多重障碍者等都属于特殊教育范围，法律明文规定及保障他们的受教育权。辅导人员不可不知，且必须熟悉。

第二节　特殊教育的教材与教法

一、资赋优异学生的课程、教材及教法

课程除以各级学校课程表为主外，另依据学生的个别差异，采用“加深”、“加广”、“加宽”及“加速”方式设计适合学生需要的课程。

教学方式可采用小班教学、分组教学、协同教学、资源教室（班）。也可组成项目辅导小组，或采取其他适合资赋优异学生的教学方式，以辅导资赋优异的学生。

资赋优异教育，应强调启发性、创造性教育，并应加强其良好品德、服务热情及独立研究能力的培养。

二、身心障碍学生的课程、教材及教法

各类身心障碍教育主要课程除由政府专门机构规划以供学生使用外，教师还得视需要制订教学计划，以适应学生个别差异，做到弹性运用教学方法，从而达到个别化的教学目标。

第三节　特殊儿童的心理特质

所谓“特殊儿童”（exceptional children），是指由于某些生理、心理或社会障碍而在生活适应上有困难的儿童。

一、资赋优异儿童的界说

所谓资赋优异儿童，中外学者说法虽然不一，却是大同小异，是指“普通能力（general abilities）甚为优异，其智商远高于常人，通常其智商在130以上，有超强学习能力的儿童”。一般而言，这些儿童有较强烈的学习动机，对复杂的问题有较高的领悟力，其解决问题的方式较具创造性，在知识的追求方面较为自动自发，且富有好奇心（郭为藩，1970）。

资赋优异除指普通能力优异外，也包括特殊才能（talent），如音乐、艺术、文

学、体育或工艺创作方面的卓越的才华。事实上，普通能力优越者，未必就具有任何特殊才能。

二、资赋优异儿童的身心特征

早在20世纪就有学者专家研究，如美国心理测验学家推孟（Terman，1925）、柯林渥斯（Hollingworth，1942）概述过资赋优异儿童的特征（郭为藩，1970）。

（1）身体健康方面：较一般儿童略佳，身材较高，体重较重，动作技能也较灵活，少有头疼及营养不良，只是较多视力缺陷。

（2）学业成绩方面：成绩较优，只是与他们的潜力并不相配，多是智商高成绩低的情形。不过，一般而言，优异的学童的求知欲较强，对阅读很早就有兴趣。推孟的研究指出，有一半的优异儿童在入学前已经开始阅读书籍。

（3）兴趣方面：兴趣较广，不但好玩，而且会玩，兴趣经常转移，极不稳定，涉猎甚广，往往包括成人书籍及专门著作。

（4）情绪方面：情绪成熟较早，较少心理疾病，较具责任感，好奇心强，较倔强、自信，较有耐性、恒心。

（5）智力方面：对问题的存在较为敏感。长于审察、审问，抽象思考及逻辑推理能力皆属上乘，常识也丰富，思考具创造性，能独立不倚地判断是非，不受同伴左右。

（6）社会方面：领导能力较强，爱好集体生活，却有独立工作的习惯。喜欢年纪较大的友伴。

三、资赋优异儿童的适应问题

Ruth Strang（1950）曾经研究过300名智商120以上的中学生，发现这些人有四个共同的适应问题（郭为藩，1970）：自卑与不圆满感（inadequacy）、人际关系不如意、未能实现智力潜能、难以选择准备及进入一种职业。

郭为藩认为，资赋优异者普遍存有自卑与不圆满感，原因往往在于理想与现实间的距离过大，亦即“理想我”（ideal self）与“现象我”（phenomenal self）之间的对比尖锐，聪明的孩子往往对自身的期望水平也特别高，然而，一个人总难在各方面皆优，资赋优异儿童固然在学业方面可以胜人一筹，但在其他方面未必能超过其他人，以自己的弱点与别的人长处相比，自然会产生不圆满感，特别是某些生理或外表方面的缺点。且由于心理早熟，其兴趣与观念均与较大年龄者接近，在同侪团体（peer group）中就有格格不入之感。这种不协调的社会关系，徒增他们的孤独感，而加重其自卑情绪。

James M. Dunlap（1967）研究了高智商儿童在学校的适应，发现高智商儿童有下列问题：

（1）不参与（non-participation）。除非学校课业生动有趣，具有刺激性和挑战性（stimulating and challenging），聪明的儿童常觉得学校的生活枯燥难耐，如果作业太简单，他们都是草草应付，不屑一顾。

（2）不附和（non-conformity）。聪明的孩子不轻易盲从附和，他们有自己的主意，所以总被视为骄傲、有怪癖。

（3）平庸相（the image of mediocrity）。有些聪明的孩子会故作平庸掩饰其优异才能，以免老师增加额外作业；有时，这种伪装是为取悦同学，希望在同侪团体内相处更好，免得被人视为用功学生类。

（4）反强记（revolt against rote）。很多聪明的孩子讨厌刻板式机械记忆及学习，所以在某些基本练习上，总是漫不经心，敷衍了事，这种不良学习习惯导致后来的拼写错误、草率、不耐烦等，长此以往，到后来无法再有耐性去从事需要严密、精细态度的功课，遗下后患。

（5）自我表现方式（the mechanics of self-expression）。爱自我表现，不拘小节，是聪明孩子的特征之一，常见他们写字潦草，零乱不齐，也由于能自我省察、自我要求，所以常见他们一再涂擦修正，甚至工作多时的成果需重新开始。

（6）防失败（avoidance of failure）。聪明的孩子善于运用防卫机制，以防止可能的失败情境，有时可能变成羞怯、过虑及半推半就的情形。

（7）好直言（outspokenness）。聪明的孩子每因过于坦率、直言无讳地批评学校，直陈别人弊端而招致怨言。他们因为精力充沛、眼光锐利、富有正义感且具有幽默感，所以喜欢评论是非，结果招致天怒人怨、破坏了教师与同学的良好关系。

以上所举并非所有资赋优异儿童都具备，但至少可以解释一部分资赋优异儿童的特质。Getzels，J. W. 和 Jackson，P. W.（1958）曾作研究指出，创造力高而智商中等的青少年，较之智商高而创造力中等的青少年更为反抗而少附和，并与学校和教师的冲突更多。

第四节　资赋优异儿童的教育与辅导方法

依理论和实践，综合专家学者意见，对资赋优异儿童的教育与辅导，可采用速成（acceleration）方法，是经由学制的弹性规定，让他们能在短时间内完成学业，以节省修业期限，提早贡献其才智，具体做法如下：

（1）跳级（grade-skipping）。凡成绩最优异者，在学期终结时可越级升班。

（2）综合班级（combination grades）。学校专为某些优异学生所作的特殊课程安排，让他们在一年中将两级的课程一并修完，提早升班。将他们编成一小班，由特殊教师辅导。

（3）提早入学（early school entrance）。尚不符合入学资格的儿童或青少年提早入学。例如，未达学龄的儿童可通过心理测验甄试进入小学；小学五年级学生、初中二年级学生或高中二年级学生，经升学保送，分别进入初中、高中及大学。

（4）继续个别方案（continuous individual progress）。依照个别学习能力、研习学科单元，不受年级限制，例如，语文可达到五年级程度，而数学只达于三年级，个别方案不受平均成绩的影响，聪明的学生可提早完成学业，而迟钝的学生可花较长的时间学习，互不干扰。

（5）分组以实现课程速成（curriculum acceleration through subgrouping）。于各年级分别开设程度高低不同的课程，学生依其能力分组并编排于各班。

特殊儿童的教育与辅导汇合，不但符合我国古代儒家有教无类的教育精神，也是21世纪社会尊重人权的表现。人民有权要求政府提供完整的教育，政府有义务满足人民的教育要求，不容逃避。辅导工作人员更应竭智投入，义不容辞。

第九章 生涯教育与辅导

第一节　一般概念

一、生涯教育的含义

生涯教育（career education）是促进个体生长，提高个体生活及社会适应能力的一种教育。生涯教育的定义，有不同看法与说法，兹举其重要者，概述如下：

马伦 1971 年 2 月 23 日在得克萨斯州休斯敦的美国中学校长联席会议发表了有关生涯教育的第一篇演讲，他说："所有的教育都是或都将是生涯教育。我们教育家所应努力的，便是使青少年在中学毕业后，能成为适当有用的受雇者，或继续接受更进一步的深造教育。……适当有效的生涯教育，需要新的教育整合，它需要破除教育系统与社会隔离的障碍。其解决方案是把我们的课程与学生融于简单有力的中等教育系统中，让学生作有利的选择，使人尽其才，发挥教育的实用性。"（Goldhammer & Taylor，1972）

同年 5 月 4 日在华盛顿对全国各州职业教育局长发表其关于生涯教育的实施构想，认为生涯教育是全民的，而非部分人民的教育，它从义务教育开始，延伸至高等及继续教育的整个阶段，它教育下一代在心理、职业及社会上的平衡、成熟发展，使每一位国民能成为自我认知、自我实现及自觉有用的人。这种教育同时具备学识及职业功能、升学及就业准备，它强调在传统普通教育中建立起职业教育观，使学生都具有谋生能力。因此，其基本目标是要培养个人能过丰饶创造、有生产价值的人生，这是发挥教育真实价值的整个构想（Sideny，Cf. P. & Marland，1974）。

美国教育总署（USOE）有关成人、职业及科技教育的助理署长华兴登（Worthington）1972 年在东京演说时，正式给生涯教育下了定义。他说："生涯教育是改变所有教育系统，以求造福全民的革命，它强调所有教育之经验、课程、教学及咨商辅导，以预期个人能过一种经济独立、自我实现及敬业乐群的生活，它借着改善职业技能的方式而提高教育功能，使每位学生能享受成功及美满生活。"（Worthington，1972）

1971 年 5 月美国教育总署对生涯教育所下的定义是："生涯教育是一种综合性

的教育计划，其重点放在人的全部生涯，即从幼儿园到成年，按照生涯认知（career awareness）、生涯探索（career exploration）、生涯定向（career orientation）、生涯准备（career preparation）、生涯熟练（career proficiency）等步骤，逐一实施，使学生获得谋生技能，并建立个人生活形态。”

美国职业教育学会（American Vocational Association，1972）在推广教育工作报告书中认为：“生涯教育是针对所有国民，从孩提时代开始直至成年的整个教育过程。它能使学生对学习目的有清楚的认识，并且对将来所要从事的工作具有热忱。这是整个教育事业的重心与目标。因此，需要运用教育家的智慧及家庭、小区的资源，以使整个生涯教育达到预期目的。”

美国工艺美术学会（American Industrial Arts Association）1973 年发表其对生涯教育的定义：“对正规教育（formal education）而言，生涯教育可以说是整体的教育计划，包含了学校课程中的每一项训练（discipline），换言之，生涯教育是整体的、累进的经验，以帮助每一位学生获得适当决定职业的能力及生活所需的工作技能。它是为所有学生而设计，亦可视为个人终身教育，能让所有学生清晰地辨认未来生涯的重心，以塑造出个人生活的模式。”

二、生涯辅导的含义

生涯辅导的概念源自职业辅导（vocational guidance），意在协助个人作职业选择，1937 年美国职业辅导学会所下定义是：“职业辅导是协助个人选择职业、准备职业、安置就业，并在职业上获得成功的过程。”1949 年，国际劳工组织所下的定义是：“职业辅导即通过考虑个人特征与职业机会的关系，帮助个人去解决职业选择及进步的过程。”国内学者唐守谦（民国初年）认为“职业辅导乃是帮助个人选择职业、准备职业、进入职业，并在职业中谋求进步的过程，其重要性随着社会的发展而与日俱增”。

上述职业辅导的定义有一个共同之处，即以职业为中心，着眼于如何去选择、准备、安置就业，乃至就业后的适应发展。这在 20 世纪 60 年代以前，是可以这样说，因彼时职业比较稳定，工作机会与选择范围较狭窄，个人对职业的观念也较倾向于谋生的工具，职业生活主要以工作为核心。因此，传统的辅导工作重点主要是人与事的配合，所谓职业辅导即在协助个人作职业上的选择与适应，偏重人与事的配合。随着时代的发展，狭义的职业辅导已不足以适应个人的整体生活与现代社会要求，生涯辅导一词应时而兴。

所谓生涯辅导是指一套系统的辅导计划，在辅导人员协助下，引导个人探究、统整并运用与下述内涵有关的知识、经验及价值评价结果（林幸台，1990）：

（1）自我了解。

（2）工作世界及其有关的影响因素（如工作者的态度与训练）。

（3）休闲时间与活动对个人生活的影响及其重要性。

（4）生涯计划中必须考虑的各种因素。

（5）在工作与休闲中达成自我实现必须具备的条件。

三、生涯辅导与职业辅导的区别

生涯辅导含义比职业辅导宽泛，并较适合个人生长发展与社会潮流，从以下比较中可了解：

就定义而言，职业辅导以协助个人选择职业、准备就业、工作安置与就业后的适应为主。生涯辅导协助个人建立并接受一个统整而适切的自我概念（包括职业自我），同时将此概念转化为实际的生涯选择、生活方式与适切的角色行为，同时满足个人和社会需要。

就重点而言，职业辅导是以职业选择、准备、就业及适应为重心；生涯辅导以自我了解、自我接纳及自我发展为主。

就时机而言，职业辅导是短期的，仅限于个人遭遇求职困难或就业后发生适应问题时；生涯辅导是长期的，个人终身发展都需要辅导。

就主题而言，职业辅导以职业选择与职业适应为主；生涯辅导以整个生涯发展为主，不同时期有不同阶段的主题重点辅导。

就形态而言，职业辅导以解决问题为主，注重辅导的处理功能；生涯辅导以发展为主，注重刺激探索的功能。

就过程而言，职业辅导以测验数据的使用为主，强调个人与职业的配合；生涯辅导则强调知识、技能及观念的培养与发展，以达成生涯成熟（career maturity）的目标。

就组织而言，职业辅导注重辅导本身系统；生涯辅导注重辅导与教育的配合。

就人员而言，职业辅导独立于教育之外，由辅导人员自行负责；生涯辅导融合于教育之中，由辅导人员与教师、家长及小区中相关人员共同配合。

虽然生涯教育、生涯辅导、职业教育和职业辅导常使人混淆不清，但究其定义与内涵，生涯教育是一个统整的过程，它包含个人一生全部的教育活动，范围极广。广义地说，学校的整个教育活动都属于生涯教育的范畴，当然涵盖终身教育；生涯辅导，是以辅导方法技术达成生涯教育目的的活动；职业辅导只是生涯辅导的一个环节而已。换句话说，职业辅导不等于生涯辅导，生涯辅导却包含了职业辅导，当然职业辅导是在生涯教育范围之内。

第二节　生涯教育与辅导的理论

理论是对要使他人信服的事实作一番系统的解说，而且每一种学说所阐述的原理总有相互的连续性存在。理论的主要目的是它运用的适当性（operational adequacy），所以理论应该能够帮助及引导执行者工作才对。据此，从事生涯教育辅导工作的辅导者，如何正确地引导当事人，对该项工作理论的熟悉则极为重要。从事辅导的工作人员是要解决现实世界的问题，其对象包括想就业、追求理想或希望在工作中获得和谐与满足的人，这些在生涯辅导中是普遍而重要的工作。

问题的界定，亦即解释当事人的问题，作为拟定共同目标的基础。设计辅导方法，以配合前项结果达成辅导目标。

辅导人员执行这两项工作时，需要对有关生涯行为的建构和动力与概念有周详的思考，这些需要理论作依据，不可无所遵循、盲目地提出建议。

有关生涯教育发展与辅导方面的理论，学者有不同的陈述，就历史发展而言，最初并无任何理论可循，先是自实际工作中，由实务经验抽引出若干基本原则与假定，再加以验证与统整，进而建立理论。有人认为生涯理论的发展源自20世纪初职业辅导运动（vocational guidance movement）的发生，柏森斯（Frank Parsons）系美国第一位职业辅导中心主任，他提出了第一个有关职业选择（occupational choice）的理论大纲。柏森斯（1909）为鼓吹职业咨商科学化而提出三个方法：

（1）研究和了解自己。（Study and understanding of oneself.）

（2）研究就业的必需条件。（Study of the requirement of occupations.）

（3）研究所获得的论据之间合理的关系。（The reasoning about the relationship among the faits attains.）

明显这是以职业咨商为理论背景，实不足以涵盖生涯教育发展与辅导的范围，严格地说更称不上正式理论，不过它影响职业辅导工作数十年。至1940年后，才开始有许多心理学、社会学方面的研究探讨职业行为与生涯发展的关系，1950年后逐渐形成更多辅导与咨商学派，亦直接或间接地涉及生涯辅导问题的探讨。

生涯理论方面的取向有不同的分类，其实“生涯”者，包含整个人生发展，以教育与辅导为方法、手段，促进个体健全地发展，所以其理论甚为广泛，兹从生涯教育与生涯发展两方面，略举其要者述之：

一、杜威的民主主义

杜威认为教育是一种生活与成长的过程，其最基本的因素有二：一为心理的，一为社会的。由于前者，教育必须适应个别差异，根据儿童兴趣，循序渐进，从做中学（learning by doing）。由于后者，教育即生活，学校即社会，应经由互助合作促使儿童社会化。马伦在其生涯教育的演讲词中，还特别赞美杜威“学校即社会”理论所发展出来的“社会中心学校”。故以学校为本位的生涯教育模式就是以民主主义理论为基础的。

二、爱德华的理想主义

爱德华是一位虔诚的清教徒，也是主张生命哲学（Philosophy of Life）的代表人物。他认为教育是启发理性的过程，也是理性的表现。而理性的表现乃由心灵（mind）和观念（idea）所构成，一切对外在世界的知识，乃来自我们对外在世界所具有的观念。因此，语文、历史、宗教和道德皆传统的研习，是发展学生自我与人性的最好方法。其对生涯教育的影响，在于建立生涯认知时，不能忽略语文、历史、宗教等课程，必须善用这些课程，以启发学生的理性。

马伦曾强烈地反对普通中学的教育，他指出几乎所有失业的年轻人都是普通课程的产品。因此，他认为各类中学均应加强文法课程，帮助学生建立自我价值观，增加生涯选科，培养就业和谋生的能力。

三、怀赫德的唯实主义

怀赫德认为教育是传递社会文化的过程，人要满足其需要，维持生活，就必须能适应环境，个人要谋求自身发展，要能充分适应环境。故教学必须与社会的关系（social context）配合，亦即以人生全体的经验为依归，而社会的兴趣与需求，应为教育之重心所在。

怀赫德在其所著的《教育的目标》一书中说："教育应该造就智能充裕与有工作能力的人。"此种教育思想明确地指出生涯教育的核心所在，马伦指出唯实主义的思想是生涯教育思想的主要来源。

四、金兹博格择业理论

1951年由金兹博格（Ginzberg）、金斯博格（Ginsburg）、亚历拉特（Alxerad）及喜玛（Henna）等人组成的研究小组第一次发表有关职业行为理论（Theory of Vocation Behavior），被誉为职业选择理论的鼻祖，由金兹博格的研究及理论可知职业选择不是一件简单的事，他认为职业选择是一个发展的过程，经常发生在数十年间，此种过程可于各个不同年龄段依其行为之差异而加以区别。此种行为的过程亦即职业选择，大致上是不可以逆转的（irreversible）。这句话并不是说个人不能在职业选择过程中按其意志作有效的控制，而是用来强调以下两点：

（1）过去已决定的事，我们无法再予改变。

（2）后面的（later）决定受制于先前的（previous）决定。光阴一去不回头，所以孩提时代的经历、教育以及其他的因素只有在回忆中玩味。

金兹博格的理论更强调职业选择的过程是终于妥协。在职业选择过程中，个人尝试着要在兴趣、能力、价值、机会、限制与种种现实社会因素中谋求平衡。

金兹博格认为职业选择可分为三个时期，依序为幻想期、试验期及实现期。1972年金兹博格将他的理论再作补充修正：

（1）职业选择是一个决策（decision making）的过程，它始于青春期十八九岁或二十多岁，直到他作好最后的职业决定为止。

（2）职业选择是一个漫长的过程，此过程直到一个人最终下定决心从事某种职业为止。此过程是无止境的，它可以与人的工作生活并存，例如有许多人转入相关或者甚至完全不同的工作。

（3）有许多教育或预先的决定是无法反悔的。

（4）因为一个年轻人在其预备期间（preparatory period）所作的一连串决定，将对以后的职业有很大的影响，所以他往后所从事的工作或生活会有改变。金氏先前认为一个人从前的教育及职业选择，对于日后的职业具有累积性的影响，但后来发现昔日所作的决定并不具有不可逆的影响。例如，当一个人加入某大公司之后，将会接受公司的训练，其升迁机会也将对日后的职业有重大的影响。因此先前的职业决定只具有些微小的意义而已。

(5) 职业选择将结束于最后的妥协。因为个人将在他的兴趣、能力、价值观以及工作世界之中寻求一个平衡。

(6) 人们决定其职业的依据是在优先（priority）和期望（desires）、机会与限制等工作世界因素之间寻求一个满意的目标。金氏仍然重视妥协（compromise）观念的价值，因为他相信一个人不可能找到能“满足”其本身所有的需要与欲望的职业。

五、休伯的自我发展概念理论

1976年，休伯（Donald Super）综合当时各家学说，揭示其发展的理论，他认为：

(1) 各人在能力、兴趣及人格特质上均有差异。

(2) 每个人在个性特质上各有所适，每个人均适合从事许多种职业。

(3) 每种职业均要求特别的能力、兴趣与人格组型，但它有很大的弹性，可以容许个人从事不同的职业，也容许不同的个人从事同样的职业。

(4) 个人的职业喜好、能力、工作、生活环境和自我观念，随时间与经验而改变，因此职业的选择与适应为一个持续不断的过程。

(5) 此种过程构成一系列的生涯阶段——成长、试探、建立、保持和衰退。试探阶段又可划分为幻想期、试验期和实现期。建立阶段又可划分为尝试期与稳定期。由某一阶段至另一阶段的转移期间，又构成一个小循环（再成长—再试探—再建立）。

(6) 个人职业形态或生涯发展模式的性质受父母社会经济地位、个人心理能力、人格特质和际遇影响。

(7) 个人生涯阶段的发展，可通过个人能力与兴趣的成熟及实际试探与自我观念的发展而达成。

(8) 生涯发展的过程基本上是自我观念的发展和实践，它是一种调和的过程，在此过程中，自我观念在潜在的性向，中枢神经与内分泌状况，担任各种角色的机会，以及长辈、同侪对其角色任务认可程度的评估等因素的交互作用之下而发展。

(9) 生涯发展过程是个人与社会环境之间，自我观念与现实之间的一种调和过程，它是一种角色扮演，此种角色可能表现在幻想中，也可能表现在咨商晤谈或实际生活的各种活动中。

(10) 工作满意与生活满足基于两种情形而定：个人的工作与其能力、兴趣、人格特质及价值等配合的程度，工作满意与生活满意亦由个人在成长与经验探索上是否觉得自己在所从事的工作或担任的任务中皆很称职而定。

(11) 工作满足的程度与其自我观念实现的程度成正比。

(12) 对大多数人而言，工作与职业是其人格组织的核心；对少数人来说，则处于其人格组织的边缘，甚或不存在。对后者而言，休闲活动或家务为其核心。

休伯的职业发展被视为个人发展的一部分。工作就好像社会生活和心智活动一样，是个人借以实现自己的一种特殊媒介。正如发展的其他方面一样，职业发展也被认为在人生的早期便已开始，直到人生的末期方才结束。正如一般所称的发展可依其特性而区分为主要的几个阶段一样，职业阶段也可以区分为若干阶段。

六、马斯洛需要层次论

马斯洛（Abraham Maslow）在研究自我实现（self-actualizing）时，发现人的基本需要都获得满足时，才致力于高层次要求的获得，而不再汲汲于低层次的需要。马斯洛指出各层次之满足是为寻求并获得下一层次的满足而努力。他将需要分为两大类——满足生存的需要及满足成长的需要。生存的需要是生理方面的：如物质——对食物、住所、饮食、睡眠、性等之需要；安全——获得他人友善之对待需要、爱及归属感、有被他人关爱的需要；自尊——对能力、自信、成就、独立等的渴望。成长的需要是知识与理解方面的，如希望了解，对信息加以分类、组织、分析，寻求相关意义……形成有系统、有价值的信念：审美和欣赏方面的如美感和秩序；自我实现方面的如希望自己愈来愈成为一个真实的人。这种需要的发展，以生涯的成熟作基础。

七、安尼·罗需要发展论

安尼·罗（Anne Roe，1957）是一位临床心理学家，其研究发掘了各行各业优秀的科学家、艺术家的不同发展背景与人格特质，她发现科学家们的人格差异有部分源自幼年时父母养育方式的影响。

安尼·罗的理论认为每个人天生就有一种发展心理能力（psychic energy）的倾向，这种倾向配合不同的儿时经验，塑造出个人需求满足的不同方式，每一种方式对于生涯选择的行为都有不同的意义，她强调早期需要满足程度是决定个人成长之后职业选择的关键。而早期需求的挫折或满足直接和父母的养育方式有关，个人需要满足的形态及程度若得到满足，则不会变成无意识的动力来源；若个人高层次的需要未获满足（如马斯洛所谓的自我实现、美、了解等），则此等需要将永远被消除不再发展；若低层次需要，如生理、安全等未获满足，则将成为主要的驱力，驱使个体满足该等需要以维持生存，且间接地妨碍其高层次需要的发展；若延迟其需要的满足，则该等需要将成为无意识的驱动力，其影响力可由该需要的强度、延迟时间的长短及周遭环境对满足该需要的价值判断情形而定。

基本上父母的行为可分为关注子女、逃避子女与接纳子女三种，而父母的态度又可分为冷淡与温暖两类，详细分析其对待子女的方式，可包括下列六种情况：

（一）冷淡—逃避子女

（1）拒绝子女。对子女表现出冷淡、敌意。指责子女的不当而不理会其意见或喜好。在此类家庭之中，只能获得基本需要的满足。

(2) 忽略子女。供给子女生理心理方面的需要，但未予温暖之照拂，冷淡但不苛责。

(二) 温暖或冷淡—关注子女

(1) 过度保护（倾向于温暖)。对子女纵容、亲切，保护其不受伤害，但亦不给予其太多隐私权。在此类家庭中，个人的生理、安全需要可获得满足，但爱与尊重的满足则视其是否顺从与依赖父母而定，自我实现方面则常因父母限制其活动范围而被忽视。

(2) 过度要求（倾向于冷淡)。对子女期望很高，督促其全力以赴，求取好成绩，极端的情况即成拒绝子女的方式。因此，个人爱与尊重乃至更高层次需求的满足，需视其是否顺从且有成就而定。

(三) 温暖—接纳子女

(1) 不稳定的接纳。不束缚、不干涉子女，子女的需要多能获得满足，即使偶有延迟，亦不会造成重大影响。

(2) 爱的接受。父母以理性代替惩罚，不干涉子女甚而鼓励其独立。此种方式可能为父母有意的安排，亦可能系父母态度的自然反应。

个人基于早期家庭环境的影响，发展出与人际关系、情绪反应、活动乃至职业选择有关的态度与兴趣。其关系如下：

(1) 生长于关爱、过度保护及过度要求的家庭者，将发展出倾向于依赖他人的性格，而选择与他人有关的职业。

(2) 生长于拒绝、忽略或不稳定接纳的家庭者，将发展出倾向于与人无涉的性格，而选择与他人无关的职业。

(3) 若个人感受家庭过度保护或过度要求的情况非常严重，则可能产生强烈的防卫与侵略性格，形成非人际的倾向。

(4) 若干来自拒绝型家庭的人，为寻求补偿，亦可能发展出人际倾向的性格。

(5) 关爱与不稳定接纳的家庭，可能提供充足的人际关系，因此其他因素（如能力）较个人的需要更能影响其对人的反应倾向。

家庭环境影响个人职业活动的形态，而遗传及心理动力的形态则影响其成就水平，心理需要的强度可能增强其动机，从而提高其成就水平，但仍难超过遗传与其社会经济背景的限制，因此，有时虽属于同一类型的家庭，个人的发展仍有许多差异之处。

第三节　生涯发展

一、生涯发展的意义

所谓生涯发展（career development)，源于哈维赫斯特（Havighurst，1953）提出的发展任务（development task）概念，所谓发展任务，是指出现个体于某一特定阶段所完成的任务，个体若能成功地完成其发展任务，即可获致愉快和舒畅，并有利于次一阶段的发展，反之，则导致不快，行为不为社会认可，并有碍次一阶段的发展。生涯发展用以说明各个发展阶段的特殊行为和基于此类特殊行为的社会期望。

生涯发展是一连续不断的过程，但并非一成不变，人的过去是现在的一部分，而现在又影响未来，现在的行为与未来的期望，在发展中有时候亦可改变过去的错误，教育家广泛地应用设计计划方案，以帮助人们发展他们的生涯。

二、生涯成熟与职业成熟商数

生涯成熟一词为克拉兹（Crites）所首创。但是此概念始于休伯，他于1955年以职业成熟（vocational maturity）一词描述青少年生涯发展的向度，意指“个人从探索至衰退之生涯发展过程中所达到之发展进度”。

休伯进而提出职业成熟商数（vocational maturity quotient）一词来阐释生涯成熟的概念。职业成熟商数有以下三种定义：

（1）个人实际达到之发展阶段和年龄之比较。

（2）个人实际达到之发展阶段和应该达到之发展阶段之比较。

（3）个人实际达到之发展阶段和他人之行为比较。

由上述职业成熟商数之三种定义，生涯成熟的评估可归纳为两个参照基准：

（1）职业成熟（vocational maturity，I）是以个人实际年龄所应达到之发展阶段为参照标准。

（2）职业成熟（vocational maturity，II）是以个人处理生涯发展任务之方式为参照基准。

克拉兹（1961）将生涯成熟一词之意义加以归纳，而提出生涯成熟之绝对度（absolute degree）和相对度（relative degree）的分法。所谓绝对度是指个人从探索至衰退的职业发展过程中所达到的发展进度。所谓相对度是指涵盖职业成熟I和职业成熟II两个概念之职业成熟商数而言。由于生涯成熟一词之定义参照基准不一，克拉兹更进一步以度（degree）和比率（rate）之概念阐述生涯成熟的意义。前者之生涯发展度是以个人所表现的职业行为和处于同一阶段之最长者的职业行为的比较表示。而后者是以个人的职业行为和同年龄者的比较表示之。但韦斯布劳克（Westbrook，1976）则认为生涯成熟即指个人所具备之职业知识。

克拉邦斯及劳尼斯（Cribbons & Lohnes，1969）在生涯发展研究（career development study）里，将生涯成熟列为八个层面：课程选择因素，正确体认个人的优缺点，教育与职业选择的关系，自我评鉴的正确性，自我评估的清晰度，了解兴趣和职业选择的关系，了解价值和职业选择的关系，选择的独立性。

专家们对生涯成熟一词的意义和内涵各有不同的见地，然而以上有关研究者一致发现个人的生涯成熟因随个人年龄之增长而系统增进，而为个人生涯发展之有效指标。

三、生涯发展的阶段论

心理学家与辅导咨商人员研究发现了生涯发展的五个阶段模式，每一阶段都有其特殊的发展任务，休伯（Super，1953）曾经指出美国人体验到及认为个体生涯发展阶段的年龄大约是（Healy，1982）：0～14 岁为生长阶段，15～24 岁为试探阶段，20～44 岁为建立阶段，45～64 岁为维持阶段，65 岁以后为衰退阶段。

1957 年休伯曾从事一项生涯模式（career model）研究，在美国采样 138 位八年级女生及 142 位九年级男生，在此生涯模式研究中，将一个人一生的职业生命过程分成前述的五个阶段，各阶段生涯的发展特性如下：

（1）生长阶段——出生至 14 岁。

一般特性：自我观念已在家庭及学校生活中确立发展。在此阶段，需要及幻想首先发生，而兴趣及能力也随着社会期望和真实的体验而变得重要。此一阶段又可分为幻想（4～10 岁）、兴趣（11～12 岁）及能力（13～14 岁）三个小阶段。

（2）试探阶段——15～24 岁。

一般特性：个人在学校及休闲活动中进行自我考验（self-examination）的角色扮演及职业试探。此一阶段又可分为试验（15～17 岁）、过渡（18～21 岁）及尝试预备（22～24 岁）三个小阶段。

（3）建立阶段——24～65 岁。

一般特性：由于已发现适合自己的职业领域，因此会专心致力于此领域。也许他早已尝试过此领域的职业，也许没有。建立阶段也可分为尝试（25～30 岁）、安定（31～44 岁）、维持（45～65 岁）三个小阶段。

（4）衰老阶段——65 岁以上。

一般特性：由于身心条件的衰退，工作活动也将改变和停止，因而产生新的工作角色，由工作的选择参与者演变成工作的观察者。此一阶段又可分为衰退及退休两个小阶段。

每一生涯阶段至为广阔，每一阶段任务的划分是为次一阶段任务的成功做准备，每一阶段任务和特别需要的改变，是在我们的教育工作系统中完成的。认识这些任务需继续在观察中去获得。休伯（Super，1957）及其他学者就观察指出一些生涯发展阶段及选择任务，如表 9－1 所示：

表9－1 生涯发展阶段及任务

阶 段	年 龄（岁）	任 务
生长	0～14	• 尝试多种经验。 • 形成自我概念。 • 发展了解一项工作的意义及目的。
试探	15～24	• 认识并接受作生涯决定，体验相关信息获得的需要。 • 兴趣与能力的认知并使之与工作机会相关。 • 工作与这些能力、兴趣组成的可能范围及层次的认同（identify）。 • 获得训练去发展技术与提升职位使自己的兴趣能力得以充分发挥。
建立	25～44	• 在职业中通过经历与训练得到完整的能力。 • 巩固与改进职业状况。 • 各方面均得到进步发展。
维持	45～65	• 通过在职培训或继续教育来保持或提高业务技术水平。 • 开发退休资源或计划。
衰退	65～	• 从事适应体能的工作。 • 处理资财以支持独立。

个人的职业发展为个人生涯整体发展的一环，与其情绪、智力、社会行为等发展相辅相成，综合构成一动态过程，因此职业发展亦如个人其他特质的发展，遵循相同的发展原则与模式，随年龄阶段的成长逐渐形成其独特的职业观与职业倾向。

由于职业发展常伴随年龄的增长而增进，为区别不同年龄阶段的特性，职业发展论者乃将此发展过程划分为若干阶段，如金兹博格等人（Ginzberg et al.，1951）将之分为三个时期：

（1）幻想期（fantasy）：指10岁之前，儿童在四五岁时逐渐表现出对职业的兴趣，由其内在的好奇进而发展为与同伴共同游戏，模仿成人社会中若干职业行为，此种游戏更因成人的称赞、奖励而增强。不过此时儿童仍缺乏抽象思考能力，对职业的观念与了解大多凭其直觉与想象，较少运用理智思考，故称幻想期。

幻想期儿童对职业的决定全凭直觉，很少推理，一切以兴趣为重，喜欢什么，就信口开河地说将来决定做什么，可是将来并不一定就会遵从现在的决定。

（2）试验期（tentative）：其中可再划分为兴趣、能力、价值与转移四个阶段。青少年在十一二岁时开始察觉并培养其对某些职业的兴趣；12～14岁时，则以个人的能力为核心，衡量并将自己的能力表现于各种与职业有关的活动上；至十五六岁，开始了解职业的价值，兼顾个人及社会的需要，并将此种认识糅合于其职业选择中；至十七八岁时，则整合所有有关职业选择的数据，正确了解其未来的方向。此时期对职业的选择，开始考虑自己的能力和职业的价值，并以相当长的时间进行职业试探。

（3）实现期（realistic）：包括试探、具体化、专精化三个阶段。根据前一时期的整合结果，开始实际进行各种试探活动，通过亲自实践作更进一步的选择，一旦得到结果，即进入具体化阶段，亦即有一既定的目标，据此做专精的就业准备。实现期有试探性，不过进入职业的范围由具体的职业决定。

第四节　生涯教育与辅导的实施

一、各阶层的配合

生涯教育包含学校教育、家庭父母对子女的期望及工商企业的努力。根据海特及品森（Hoyt & Pinson，1973）的论点，生涯教育有三个要素，即需三方面的配合：

（一）学校教育方面

任何一位任课教师都应尽可能地强调其所授课程内容的事实意义与职业价值。这个要素的意义是双重的，一方面解释各种学科的意义及适切性，另一方面提供更有效的工作技能。它的目标在于认识这些课程内容对于经营生活的贡献及重要性。更进一步说，这种强调事实意义与职业价值的方法，可提供一种极为有效的激励，使学校教育成为学生有意义的经验。强调职业技能之训练，以提供学生毕业后成功地进入职业界从事各种单位行业所需之专门技能。此处的职业技能训练（vocational skill training）所强调的是每一学科均具有职业训练的功能。例如：数学一科有训练未来工程师、数学家或技术工人之功能，就如同机工课程具有训练未来机工功能一样。基本上，这个要素是被用以强调学科基础知识对于单位行业工作能力的直接及间接贡献。换言之，它希望教师与学生均能体认当学生在学习或阅读时，乃是在吸收长大成人后工作所需之技能。

包括所有教育人员及许多各界人士的努力，学校教育的目的在于帮助学生进行自我了解，包括体认自己的价值观、兴趣、能力及成就等。更进一步地说，这个努力是帮助学生认识此等自我了解与未来的工作或教育机会间的关系。最后它帮助学生在这种自我了解的基础上作出行业或事业上的决定。扼要言之，它显示了生涯教育所要强调的一些目标——使每个人引导自己生涯的天赋权利有意义，使每个人能在最大程度上操纵自己的命运，以及使每个人均能体认自己是一个有价值的人。

（二）工商企业方面

工商企业的努力是一种假定，即学生与教育人员由于与学校外的工作世界隔绝，所以无法清楚地了解工作的本质以及教育与工作间的关系。所以教育过程应该提供可观察的工作经验，以及工作研究的机会，给学生及教育工作人员，如教师、辅导人员（counselors）、督学（supervisors）及校长等。这个计划应包括在商业及工业社会里所举办的训练课程，以及学校、政府、企业、劳工等各界所举办的合作教育计划，以帮助学生在离开学校后能够成功地转入工作。更进一步而言，许许多多的知识，如经济之发展、生产之程序、工业时代的人际关系、技术在社会上的角色及其所引起的冲击以及物理环境之日趋复杂等问题，都必须在亲身体验下方能获得最有效的学习。而对此种学习所应担负的责任，则有待于学校与社会各界的共同努力。

（三）家庭父母方面

家庭角色旨在确认家庭、社会以及工商业界间的交互关系，确认家长在影响子女的工作、教育以及工作与教育关系的态度上应负的责任。基本上家庭为培养工作态度和创造力的地方。家庭经济对孩子的职业期望具有深远影响。而家长的态度亦能影响孩子个人价值观念的形成。在良好的家庭环境下，学生能够在成功扮演子女、未来的父母以及职场一员等角色上下决定。而且当教导孩子如何去谋生时，同时也需教导他如何做一个明智的消费者。所以家庭亦需担负起这方面的责任，以配合实现生涯教育的目标，协助学生发展职业生涯能力。

二、生涯教育与辅导的目标

生涯教育在各个不同的教育阶层，其学习重点及结果亦不尽相同。为了有一个广泛的基础以便评价生涯教育的效益，制定一系列有关生涯教育之学习目标乃属必要。可以说生涯教育目标能辅导任何年纪、阶层的人们，以便在他们离开学校后达成下列目标：

（1）具有适用于目前快速变迁社会之基本学术技能及良好的工作习惯。

（2）能够选择一套有意义的个人工作价值观，借以激励人们的工作欲望。

（3）具有决定事业、寻找工作和获得工作的技能。

（4）具有相当程度之职业技能，使其能够就业，并在职业社会里获得相当程度的成功。

（5）依据其个人意愿、受教育机会及职业机会等所有资料，明确其对事业所作之决定。

（6）离开正规学校教育系统后，启发某些途径去继续接受教育并复习教育。

（7）在有报酬的职业、教育进修上或其他与目前所受生涯教育一致之职业上，皆有成功的表现。

（8）能成功地将工作价值观融入个人之整体价值结构中，以便能选择自己所向往之生活方式。

休伯（Super，1980）认为生涯发展课程是促进学生生涯发展之最适宜方式，生涯发展课程是以职业选择、成长与学习并重的发展过程，且可通过适当的教育与学习经验促进其发展为立论点，故其为一发展取向（developmental orientation）的辅导策略。阿特和海德（Ard & Hyder，1978）认为生涯发展课程应达成下列的目标：

（1）学生能评估自己的价值、兴趣、技能、自我概念和自我挫败的行为。

（2）学生能多方面搜集职业信息和观察职业世界。

（3）学生具有多种解决一般性问题的技术。

（4）学生能将生涯计划的过程“类化”应用于其生活中的各层面。

汉森（Hansen，1981）认为生涯发展课程的目标，首先在于增进学生的生涯成熟。麦京与汉森（Mackin & Hansen，1981）则认为生涯发展课程的目标在于帮助个人觉察自我特质，各种教育与生涯机会以及此等特质与机会和工作的关系，进而配合自我特质和教育与生涯机会拟订生涯计划。另外，还有一些学者将生涯发展课程的目标区分为认知目标和情意目标两类（Goldhammer，et al.，1972）。

（一）认知目标

（1）了解生涯教育有关的术语。

（2）分析自己的人格特质。

（3）分析各种可能的职业选择途径。

（4）解析受教育机会和职业条件之间的关系。

（5）指认进入各种工作角色的基本资格。

（6）应用决策、策略于职业选择行为。

（7）熟悉和职业决策有关的资源。

（8）了解谋职的技巧。

（9）运用谋职的技巧。

（二）情意目标

（1）觉察作决定的必要性。

（2）觉察探索行为的必要性。

（3）愿意接受现实考验。

（4）愿意进行自我分析。

（5）愿意经历生涯决策的各种过程。

（6）接纳自己的价值体系。

综上，正处于生涯探索阶段的青少年，必然面临各种教育与职业决策。协助青少年达成以生涯发展任务为主的生涯发展课程，课程应包括下列四大目标：

（1）帮助学生自进行我探索。

（2）帮助学生进行生涯探索。

（3）帮助学生决策。

（4）帮助学生拟订生涯计划。

小学生的生涯辅导，着重于认知生涯与启发学生自我期许的决心。赫尔（Herr，1979）提出的小学生生涯辅导的目标有下列 11 项：

（1）了解学生的能力（strengths）、价值观（preferences），并以之作为未来教育与职业选择的基础。

（2）有计划地去辅导学生，以实现未来的教育或工作目标。

（3）培养学生的其他能力，以便在未来作适当的教育或职业选择。

（4）顾及学生本身的选择（options）权，并协助其解决未来继续教育时可能遭遇的问题。

（5）了解问题解决（problem-solving）与决策（decision-making）间的关系。

（6）发展一套正确且有弹性的知识，以作为未来教育与职业决定的基础。

（7）了解学校教育是由很多生涯上的试探与准备机会所组成的。

（8）了解读、写、算等能力间之相关关系，以及未来教育与工作可能面临问题的处理要领。

(9) 培养与别人在工作上、思想上相处的技巧。

(10) 重视职业 (occupation)、生涯 (career) 与生活方式 (life style) 间的关系。

(11) 强调服务不同人群的工作观念，重视休闲时间的有效运用。

综上所述，小学生的生涯辅导工作重点旨在建立学生的自我认识，如对兴趣、能力等的了解，通过教育，达到教育认知 (educational awareness) 与基本能力的培养 (beginning competency)，进而培养决策能力与解决问题能力，作为未来生涯认知 (含认识相关的生活方式、工作状况、闲暇时间的利用以及职业教育的方式等) 的基础。

三、生涯教育与辅导的内容

根据美国各州的生涯教育模式，哥德海默 (Goldhammer) 总结各阶段生涯教育内容，认为生涯教育应提供下列各种材料，使之发挥其功能 (许智伟，1982)：

(一) 认知 (awareness) 阶段

(1) 基本学习与社会发展的技能课程。

(2) 检视属于生活、个人和人类社会活动的基本技能课程。

(3) 检视各人在社会生活中的基本特质课程。

(4) 对周遭环境与自然界的试探、学习与利用课程。

(5) 每一小孩之基本兴趣和潜能的探索课程。

(二) 试探 (exploration) 阶段

(1) 基本技能应用能力之增长课程。

(2) 对职业、副业、家庭生活、公民的职责和权利广泛性的了解课程。

(3) 试探几种个人未来可能选择的职业课程。

(4) 发展未来可能选择的职业技能和工作态度的课程。

(5) 对未来职业生涯的预先选择课程。

(6) 增加个人在各种职业生涯领域所需的智能课程。

(7) 检视人类的价值和信仰的系统课程。

(三) 准备 (preparation) 阶段

(1) 基本技能的精进和应用课程。

(2) 发展对家庭生活、副业、公民权利和人文方面所需的特殊知识和技能的课程。

(3) 在特定的职业丛集内，试探适合个人副业的课程。

(4) 确定职业范围或准备接受专科及以上程度教育的课程。

(5) 发展可销售 (salable) 的技能课程。

关于小学生各年级的生涯辅导内容，诺利斯 (Norris，1963) 曾提出以下意见 (Herr，et al.，1979)：

(1) 小学一年级的儿童从他 (她) 们邻近的环境，如家里、学校和邻居中去学习工作的知识。

（2）小学二年级的儿童从成人谈论的有关附近小区的商业和一些熟悉故事中去学习工作的知识。

（3）小学三年级的儿童强调交通、通信，倾向于在其他主要的工业小区中去学习工作的知识。

（4）小学四年级的儿童开始学习各地区主要工业生活方面的知识。

（5）小学五年级的儿童开始广泛学习全国主要工业生活方面的知识。

（6）小学六年级儿童的课程已扩大至西半球与美国本地生活方面比较知识的学习。

拜利和史塔特（Bailey & Stadt，1973）两位学者也提出小学阶段生涯辅导的领域如下（Herr，et al.，1979）：

（1）认知阶段（一至三年级）。

A. 自我的认知。

B. 各种职业角色的认知。

C. 自己行为责任（individual responsibility for one's own action）的认知。

D. 各类知识的基本原理和决策技巧的发现。

E. 合作社会行为的学习。

F. 发展对他人工作的尊敬意识。

（2）适应阶段（四至六年级）。

A. 发展自我的相关概念。

B. 发展与世界有关的概念。

C. 负起计划个人时间的责任。

D. 应用决策和其他各类技巧。

E. 发展良好的社会关系。

F. 发展工作的态度和价值观。

从前述三人对小学各阶段生涯辅导的观念可知小学阶段属于认知时期，要先从自我的认知开始，进而借着邻近周遭环境学习各类有关工作生活的知识和各类决策的技巧，这期间亦发展了工作的态度和价值观且广泛学习各种工业、商业等方面的生活知识，以便为未来职业试探奠定基础。

四、生涯教育与辅导实施原则

学者哈尔弗逊（Halverson，1970）在1970年提出小学阶段生涯辅导的原则有下列七项（Herr，et al.，1979）：

（1）生涯辅导的目标依照教育上的需要和学生在不同身心发展阶段的兴趣来决定。

（2）生涯发展在所有小学阶段中应当是一种已被确认而且完整的小学教学目标，而不是一种新的、零碎的或分散的课程。

（3）生涯发展的课程计划，不应为升学主义观念所支配。

（4）生涯发展的准备必须考虑学生已学习到的或已有的经验、学生相关的计划目标和学生能力、社交和情绪的成熟度等。

（5）具体经验的学习先于抽象经验的学习，因为儿童对具体领域方面的学习较抽象领域方面的学习更能成功。

（6）假若上述的生涯发展目标能适应学生的需要，那么要持续施以此种经验和活动，以使学生达到这些目标。

（7）在小学阶段中有很多课程和活动，需加以职业化，因此生涯发展要与其他教学目标相融合才能相得益彰。

归纳哈尔弗逊的意见，小学阶段的生涯发展要先有适合教育上及学生兴趣的目标，然后在学生现有的经验或知识的基础上，提供有关的认知课程和活动，帮助学生成功地建立既定的学习目标，在这期间的课程计划应注重多方面的知识介绍，包括各种简易的职业认知。

五、生涯教育与辅导实施方式

生涯发展因课程形态、结构之不同而有不同的实施方式，现在分别探讨如下：

（1）就课程形态而言，可分为注入式和分离式两种。

注入式课程将生涯发展之概念融入教学活动之中。这是各种生涯教育课程中最主要的实施方式，此种方式的特色，即视生涯发展教育为学校教学活动的一环，由全校人员共同参与。

分离式课程即以研习会或讨论会的方式，提供选修课程。此种实施方式和一般教学活动分离，自成一格。其特点是强调学生的主动性，学生可视个人需要选修各种课程。

（2）就课程结构而言，可分为结构式和非结构式两种。

结构式的生涯发展课程是指课程内容的呈现有固定的先后顺序，且参加课程的所有学生所接受的课程内容完全相同。非结构式的生涯发展课程是指课程内容的先后顺序和个人所接受之课程内容较具弹性，可随需要调整。

第五节　影响生涯发展的因素

个人的生涯发展是一成长与学习并重的连续发展过程，可通过适当的教育经验促进其发展。然而个人的生涯发展受诸多因素的影响，兹就影响生涯发展的重要因素说明如下：

一、性别

两性的生涯发展阶段和生涯发展任务是一致的，然而生涯发展之状况，两性之间是否会有所不同，向来为生涯发展论者所关切。克拉兹（Crites，1978）经长期纵向研究发现，中学阶段的生涯开始呈现性别差异。七年级以后，女生的生涯成熟优于同年级的男生。亨和安德烈（Hen & Enderlein，1976）以九至十二年级的学生为对象，研究性别和生涯发展的关系，结果发现在各个年级均有相同现象，女生的生涯成熟皆显著优于男生。汤普森（Thompson）等人也有相同的发现。这些证明了青少年阶段的生涯发展进度，女生显然优于男生（Super，1984）。

然而也有许多研究发现性别和生涯发展并无显著的关系，罗卡西欧（Locascio）、尼沙罗斯（Nesselroth，1976）、贝尔特（Baird，1980）、罗京及碧格斯（Lokan & Biggs，1982）等人的研究，也一致发现生涯发展并没有性别的差异。

关于性别与生涯发展的关系，至今尚无定论，然而，由此可知，性别是探讨生涯发展所应考虑的重要因素。（Super，1984）

二、学校性质

不同的学校或在同一学校中接受不同性质课程的学生，其生涯发展状况是否有差异，休伯与奥华斯组里特（Super & Overstreet，1960）在其"生涯形态研究"中发现课程种类和九年级学生生涯成熟显著相关，为预测九年级学生生涯成熟之最佳变量之一。在该研究中更发现学生固定接受特定课程的时间愈长，其生涯方向愈不易改变。授课教师本身对生涯教育的专业程度以及辅导的热忱也很重要；就学校所属的学区性质而言，有的学校在郊区，有的在市区，有的介于两者之间，各学区的社会经济结构及地位有着很大的差异。（Super，1984）

三、家庭的社会经济地位

就个人的生涯发展而言，家庭是影响个人职业选择的重要因素。极多研究结果显示家庭的社会经济地位和个人的生涯成熟有着密切的关系，迪拉（Dillard，1976）将研究对象分为郊区中社会经济地位、城市中社会经济地位和城市低社会经济地位三组，研究社会经济地位和生涯成熟之关系，结果发现不同社会经济地位的被试，其生涯成熟有差异，且社会经济地位为预测生涯成熟的重要变量。麦奇（Mackay，1982）的研究也发现来自社会经济地位较高家庭的小学生，其职业抱负倾向于选择白领阶层的专业性工作。来自高社会经济地位家庭的个人，其职业抱负较来自低社会经济地位家庭的个人为高，因此，高社会经济学区的学生和低社会经济学区的学生在生涯发展上亦有差异。

第六节　我国学生生涯教育与职业辅导的实施

一、小学生的职业观念培养

从前述生涯发展可知，小学生处于一个职业幻想阶段，喜欢做什么，就决定将来做什么，依此时期发展的任务看，培养其有正确的职业观念最为重要，使其了解工作的神圣意义，进而乐于参加劳动，养成勤劳的生活习惯，选择一些适合于个人能力的活动，与他人共同合作并承担起个人行为的责任，平时在家从事一些力所能及的工作。

如何培养正确的职业观念及勤劳的生活习惯，小学课程标准辅导活动实施办法有如下规定：

（1）辅导儿童了解职业的基本概念与工作的神圣意义：

A. 介绍职业的基本概念与常见的职业类别。

B. 以讨论、写作等方式，辅导儿童认识到工作的神圣并培养其正确的职业观念。

（2）培养儿童的劳动习惯：

A. 讨论工作的必要性与益处。

B. 以打扫教室、学校环境及开辟园圃等方法，培养儿童良好的劳动习惯。

（3）培养儿童勤劳的习惯：

A. 讲述勤劳模范的故事。

B. 讨论养成勤劳这一习惯的好处。

C. 帮助儿童计划并实践勤劳的生活习惯。

（4）帮助儿童初步探索自己的职业兴趣：

以观察、个别谈话及测验等方法，帮助儿童探索自己的职业兴趣。

二、中学生的职业辅导

职业辅导是生涯辅导的工作内涵之一，就业是人生发展的必然过程，职业辅导是使个人在面临和遭遇职业、环境等问题时，能作出适当的决策并解决。中学生的职业辅导要项及实施方法有以下三个步骤：

（一）职业选择

职业选择是职业辅导的第一个步骤。各级在校学生以及尚无职业能力的青年和成人，在适当和需要的时期，均需作职业选择。可是选择职业的手续并不简单，首先需将个人资料，包括个人的智力、能力、兴趣、人格、健康状况、需要、环境等等，分析得十分清楚。下一步，即需个人对于可能从事的若干种职业的内容资料，包括工作的性质、内容、工作环境、报酬、升迁、就业机会等等，均了解得十分清楚。个人对于自我和职业的了解，或许很有限，或观念含混，或不甚明了，职业辅导员应尽量设法多方辅导，供给全部资料，晤谈咨商，使个人对自己的情况与职业内容完全了解清楚后再作决定。如个人所选择的职业不适合于自己的情况和需要，辅导员可提供意见，使学生更了解自己，同时提供与个人情况相近的职业资料，学生更进一步认识后，进行面谈咨商，帮助个人再次选择，才能使职业选择确实符合他自己的需要，才算实现了职业选择的功能。研究者曾陈述职业选择时必须遵守的七项原则，兹列举如下：

（1）研究个人自己。

（2）研究个人可能的工作范围。

(3) 就适合于个人能力兴趣者，暂选数种职业，以为试探。

(4) 不适合个人之职业，需避免选择。

(5) 职业选择需顾及多种因素，不可仅注重薪酬或声望。

(6) 若干职业中，个人不喜欢的因素较多，而喜欢的因素较少时，则避免选择。

(7) 综观工作的全部情况，如认定实属欠佳，即改变选择。

总而言之，当选择职业时，需作适合的选择、明智的抉择与必要的改变。

(二) 职业准备

在作过职业选择以后，第二步骤即进行职业准备。职业准备共有三种类型：

1. 职前准备

职前准备即职前教育、职前训练，个人先学习了职业技能，然后去从事工作，例如，个人接受职业教育和职业训练，均属于职前准备。另有少数就业训练班，亦属此种类型。

2. 就业与准备同时

有些青年和成人，日间从事工作，晚间或星期日读职业补习学校，或接受技艺训练；又如学徒制度，每周工作五日，在学校上课一日；又如在职训练，短期内接受讲习和训练。凡此种种，均属于职业准备的第二种。

3. 转行准备

对现有工作感觉不适合的个人，经过辅导，改变选择，需另作转行准备。而转行准备有两种类型，或辞去现有工作，以全部时间接受职业教育或训练；或继续现有工作，以部分时间接受职业补习教育或晚间技艺训练。转行准备时间的长短，则需视新选职业的内容要求及与现有工作相关的程度而定。

职业准备的情形，就中等学校而言，如个人修业的学校已设有职业课程，则应将重点放在选课试探、修毕职业课程计划、争取优良学习成绩上。如现在修业学校无职业课程，因个人已经选定职业，毕业后，辅导进入适当职业学校，选定科别和课程，以完成学习计划。如不进职业学校，则辅导进入适当的职业训练班，以完成职业准备。

至于职业准备阶段，应有完善的课程计划、良好的学习方法和学习习惯，以取得优良的学习成绩，这些都有助于未来的工作，因此必须尽力。

(三) 就业辅导

就业辅导亦称工作安置，此项工作在职业辅导中最为重要。如就业辅导工作不能圆满完成，工作安置不适合个人需要，则即使以前的职业选择与职业准备都做得很好，职业辅导的结果仍将落空。所以无论社会或学校，对于就业辅导工作均甚重视，多有专业组织负起此项工作任务。学校方面，在美国各大学、各职业学校或综合性中学，多设有就业辅导室，由专人负责办理。

就业辅导的任务，不仅在为个人寻求职业机会，而且在为个人选择适当的工作。其具体办法可采用向用人机构访问调查，或电话联系，搜集所需用人的工作资料和要求，以及申请工作的手续，以便及时将各种工作机会提供给学生，若个人已选定工作，辅导教师或职业辅导专业人员则需根据以往对个人所做职业辅导之全部资料及家长对于就业之意见，详加检查后，与个人面谈咨商，就个人情况与所选定之工作的内容、性质，加以全盘考虑与判断，如认为对于个人适合者，即商请雇主同意后，办理申请手续，以备就业。如认为对于个人不适合者，需就其他工作机会另行选择，经咨商过程，再作决定。

职业选择和准备，注意人尽其才；而工作选择，则注重才尽其用。果能如此，则个人对工作胜任愉快，而社会用人政策也将实现其最高理想，经济发展的人力投资当有惊人进步，可收到最大效果。

就业辅导一个很重要的工作就是帮助毕业生找对自己的位置以及为此进行生涯咨商（career counseling）。下面几点是就业辅导者在根据经验为受辅者进行生涯咨商时，诚恳谈到的内容：

1. 正确定位自己

（1）成功的职业人生，始于正确定位。很多人之所以一事无成，是因为不知道自己要做什么，能做什么。简而言之，就是不能根据自己的实际能力与特长来正确定位。

（2）你的特长在哪里？世界上没有完美的事，也没有完美的人，人人都有缺陷，都有不足；但也都有优点，都有特长，做人重要的是扬长避短，挣脱短处的“锁链”。这样才真正代表了你。

（3）心态最重要。一个人如果能意识到自己是什么样的人，那么他很快就会知道自己应该成为什么样的人。如果他先在心理上觉得自己很重要，很快地在现实生活中他也会觉得自己很重要。

（4）不要低估自己。不要低估自己的能力，如果你低估自己，别人也会看轻你。低估自己的消极思想会使你的潜力处于休眠状态，你前进的动力和信心也会随之失去，机会、成功便会与你失之交臂。

（5）确定目标。假如你没有明确的目标，你就只能在人生的旅途中徘徊，永远无法到达事业有成的彼岸。

（6）大学仅仅是教育的开始。文凭并不能代表你学到了很多东西——它仅仅是你完成学校所规定课程与学习任务的证明。

（7）你生命中最重要的决定。正确的选择造就你，而错误的选择则可能毁掉你。

（8）选择自己感兴趣的工作。一种不称心的职业最容易糟蹋精神，使人无法发挥自己的才能。

（9）掌握必要的工作技能。在公司中，如果你掌握了必要的工作技能，就能提升自己在老板心目中的地位。

2. 找对自己的位置

如果你能找对自己的位置，那么你所从事的任何工作都是非常有价值的。同时，也意味着你的职场人生成功了一半。

（1）找到适当的位置要有一种崇高的心智。不要以社会地位、威望、体面等这些因素作为你选择职业的标准，因为这些因素会蒙蔽你的心智、毒害你的心灵，使你看不清自我。

（2）每个人都有选择的权利。永远不要告诉自己，我别无选择，只能从事目前的职业。任何一个人在任何时候都有选择的权利，正确运用这一权利的前提是确定选择的标准，以此作为你进行选择的前提，每当你进行选择时，都要用这个标准来衡量一下，看你是否符合。

（3）选择与放弃，二者必居其一。对于那些深受犹豫不决之苦的人来说，唯一的改正办法就是作出果断的决定，要么选择，要么放弃。

（4）螺母的价值。对于机器而言，一个螺母如果找不到合适的位置，充其量不过是一块被称作螺母的废铁。

（5）最佳的位置就是最适合你的。最佳的位置不是最高的，而是最适合你的。如果你找到了适合自己的位置，在自己所选择的平凡岗位上，你有可能成为出类拔萃的人；反之，如果你没有找到适合自己的位置，在其他不适合你的“好行业”里，你可能一无是处。

（6）找对现阶段最适合你的位置。如果你不能以最高水平来完成你的工作，那么请检查一下，现阶段你所从事的工作是否真的适合你。

（7）不要看不起自己的工作。如果人们只追求高薪职位，那将是非常危险的。它说明这个民族的独立精神已经枯竭；或者说得更严重些，一个国家的国民如果只是处心积虑地追求这些职位，会使整个民族像奴隶一样地生活。

3. 巩固自己的位置

（1）不要有虚妄的安全感。这个位置并不是非你莫属。要知道，老板眼里永远没有空缺的位置。如果你要巩固自己的位置就要做到在其位，谋其职。

（2）老板的眼中没有空缺的位置。无论在这个位置上的人员如何更迭，也无论其更迭的频率多高，有一点是永恒的，这个位置不会处于空缺状态。

（3）在其位，谋其事。只有全心全意对待自己的工作，满怀责任心对待老板，使自己所在的位置发挥其应有的作用，才能与自己的位置保持一种长期性的关系，从而巩固自己的位置。

（4）自动自发地工作。如果你想巩固自己的位置，就要永远保持主动积极的精神，不需等老板交代，便能主动做自己应该做的事。

（5）要懂得自律。各行各业的人，比如职员、出纳、编辑等，都有因为不懂得自律丢了自己工作的例子。把粗心、懒散、草率这样一些评价送给他们毫不为过。

（6）别带着情绪工作。世界上什么事最开心？做好工作最开心，开心地工作更开心。

（7）事情做过了头就会导致愚蠢。无论从事什么职业，无论你现在处在什么位置，一定要遵守行业的规矩，严守职业道德，在什么职位，做什么事，说什么话。

（8）每一件事都值得我们去做。行为本身并不能说明自身的性质，而是取决于我们行动时的精神状态。

4. 提升自己的位置

在自己的位置上尽职尽责地做，并出色地完成本职工作，一旦你所在的位置不足以施展你的才能时，你会自然而然地得到提升。

（1）仅有敬业与忠诚是不够的。一般人认为，作为一名员工，诚实可靠、尽职尽责完成老板分配的任务就可以了。其实这样还不够，尤其对于那些想提升自己位置的员工来说，更是如此。

（2）与老板风雨同舟。是金子总会发光的，只要你能做到与老板风雨同舟，在自己的位置上尽职尽责、踏踏实实地工作，做出成绩，前途自然不可限量。

（3）功夫在事外。很多表面上看起来与工作无关的事情，往往会产生溢出效应，成为你职场人生的转折点。

（4）为老板工作就等于为自己工作。当你认识到这一点时，你就不必为自己是否会失业而担忧了。

（5）做一个聪明的凡夫。自认为比别人聪明的人，等于是侮辱别人，因为这意味着你宣布别人的智商比你低。所以大多数人对于在运气、气质等方面被超过并不太介意，但是没有一个人喜欢在智力上被人超过。

（6）懒惰对心灵是一种伤害。懒惰会吞噬人的心灵，使心灵对那些勤奋的人充满了嫉妒。

（7）超越平庸，选择完美。不要满足于尚可的工作表现，要做最好的，你才能成为不可或缺的人物。

三、延续辅导

延续辅导是职业辅导的最后一个步骤，重在就学生就业后的实际或需要继续帮助的情况而进行。延续辅导的目的，大致有下列三项：

（1）了解毕业生就业后对工作环境的适应情况。

（2）了解个人就业后的工作进步情况。

（3）对不适合工作情况之学生，需给予转行辅导，以期另谋适合个人需要之工作。

延续辅导工作，因毕业生就业人数颇多，或者逐渐加多访问不易，多以调查方式为之。兹列举如下供参考：

1. 姓名。
2. 工作职位。
3. 雇主姓名。
4. 地址。
5. 毕业科别。
6. 下列各点，需按工作情况如实填答：

（1）我喜欢现在的工作。

（2）我对于现在的工作喜欢与否，无肯定意见。

（3）我不喜欢现在的工作。

7. 你现在主要的工作内容是什么？请扼要填写。

8. 对工作你最喜欢的是什么？请扼要填写。

9. 对工作你最不喜欢的是什么？请扼要填写。

10. 在本校毕业以前，你是否从事过你现在的工作？

11. 你获得工作的手续，是经过：

（1）学校的就业辅导。

（2）自己报名参加考试。

（3）以前从事此项工作，毕业后获得正式职位或升迁等。

（4）经社会就业辅导机构、教师或有关机构推荐。

（5）经家人或亲友的推荐。

（6）经推荐与个人申请。

（7）经过其他方式，请予写明。

12. 每月薪酬、宿舍及餐费补贴或其他津贴共多少元？

13. 你认为在学校所受的训练，对于现在的工作是：

（1）适当的。

（2）比较适当，但仍需改进。

（3）不甚适当。

14. 后来毕业的校友，希望从事和你同样的工作，就在你所处的城市，或与你同一机构，你是否愿意和他谈谈。

应用上述相关调查表时，可略加改变，在若干作答处，可画符号作答，这样更为方便。而调查表前段，需另加文字说明调查目的。此外，为提高调查表填答寄回的比例，可在个人生日前数日寄发，使其在生日期间更乐于填答。

延续辅导的目的，在于给学生职业上更多的帮助，同时利用调查所得资料，研讨职业辅导的得失，以期研讨时有所根据，同时作为改进依据。

第十章

个别辅导与团体辅导

第一节　个别辅导

一、个别辅导的意义

个别辅导（individual guidance）是“以个别学生为对象，以民主接纳的态度、科学的方法以及学生的需要为基础，以晤谈、咨商或其他活动为手段，以了解学生身心状况、生活习惯、家庭环境、社交关系、兴趣爱好及学习能力与智力等，适当诱导和启发学生，使其能由自我了解而发展为正常的人格”。个别辅导为辅导方式之一，是由辅导人员与学生单独面对面相处，讨论问题。

二、个别辅导的实施原则

个别辅导的实施以协助个体为主。在实施个别辅导时应顾及下列原则：①重点在协助个别学生。②运用辅导的专业知识与技术，有步骤、全面系统地辅导学生。③辅导学生正确地评估自身的能力，从而作出正确的抉择，实现愿望。

另据一部分学者意见，实施个别辅导时应注意下列三项原则：①应能增进学生了解自己，并能悦纳自己，使之确切了解自己的能力、学识、特殊技能、交友态度、长处、短处，从而能发展长处，补救短处。②辅导学生与他人建立友善和谐的关系。③辅导学生认识环境中的各项事物，使之由认识进而发展为运用及评估。

三、个别辅导的实施方法

个别辅导的方式有观察、访问、调查、测验、分析、检查、咨商、诊断、矫治、阅读、示范、搜集等。而咨商又是较为常用的重要方法。其他如测验、晤谈、访问、个案研究等，也被广泛应用。

第二节　团体辅导

一、团体辅导的意义

团体辅导（group guidance）有如下解释："团体辅导是一个教师面对两个以上或一群学生的辅导过程。"或"团体辅导是基于社会学原理和团体动力的原理，发展人类群性观念，使学生由自我认识，进而至于自我辅导，从而能有效地适应生活与学业各方面的问题"。简单地说，团体辅导是借团体的形式以辅导个人的意思。

"所谓团体辅导即通过团体以指导个人的方法。团体成员为了达成团体的目标而协力合作，一方面互相尊重，互相了解；另一方面为满足个人的基本欲求，培养个人的社会性，发展情绪、态度、兴趣、知识、技能，学习社会规范等。团体辅导即帮助学生实现这些目标的过程。学校中的学生活动往往通过团体来完成。学生在团体中互相讨论、交换意见、解决共同的问题，增进对于学校或社会的认识，以发展各个学生的个性并培养其群性。"（刘焜辉，1973）

综合上述两种说法，可知团体辅导是教师或辅导人员面对多数被辅导者，基于社会及团体动力的原理，运用适当的辅导技术，协助个体进行自我了解、自我发展及自我实现的过程。

团体动力是指"团体中的组织及营运，以达到目标时所产生的交错反应的力量"。团体动力强调民主领导的重要性及团体成员参与作决定，并经由组织活动使团体与个人互蒙其利。团体动力乃是团体活动中整套的技巧，包括：

（1）各分子在团体中分担的责任，扮演角色或职能演示。

（2）为维持此一团体本质而采取的一切行动。

（3）团体对各成员的影响力。

（4）达到目标时所采用的一切过程（团体讨论、团体决定）。

（杨宝干，1971）

上述团体辅导中的所谓团体，是指彼此之间具有相互关系的两个或两个以上个体所组成的共同体。个体与团体之间的关系具有两种特性：其一为团体中的每一个体之间具有密切的关系。其二为所有个体所承认与接纳团体的存在与价值。因为具有上述特性，某一个体的行为往往易受其他个体行为的影响，形成彼此之间相互影响的效果，站在团体辅导的立场来看，所谓"团体"应具备下列四个条件：

（1）团体成员间相互依附，在行为上彼此影响。

（2）成员间的相互依赖性重于对辅导人员的依赖性。

（3）各成员分担不同的角色，以达成共同的目标或谋求共同的利益。

（4）团体中有共同的行为规范或信条观念作为约束或评判成员行为的准绳。

（陈东升，1978）

团体辅导与个别辅导为辅导活动的两大支柱。团体辅导虽实行团体的方式，但其终极目的乃在帮助个体适应并实现自我，二者相辅相成，结果归趋于一。

二、团体辅导的目的

（1）提供经验和意见，培养共同解决问题、建立团体规律、发展良好态度的资质。

（2）从实际生活中了解学生对团体的态度及其反应与思考过程。

（3）辅导学生处理相反的意见和兴趣，养成宽容的态度。

（4）让学生自主参与活动并珍视在团体中为他人服务的机会，充分发展个人的能力和兴趣，以完成自我的社会需求。

（5）促进学生主动发现并进行个别咨商的必要。

三、团体辅导的功能与价值

（1）可节省时间，增加效率。

（2）可了解学生多方面的情况。

（3）可讨论学生的共同问题。

（4）可帮助学生改进态度和行为。

（5）有益于正常的学生。

（6）为个别咨商开辟途径。

（7）培养学生健全人格。

（8）情境真实，学生容易接受。

（9）多重回馈，学生将得到更多信息。

另有些学者认为实施团体辅导亦有下列价值：

（1）增加民主团体生活的机会，发展民主社会成员所需要的社会性和良好的素质。

（2）培养休闲的兴趣和习惯。

（3）团体生活亦可提高个人适应与增加发展机会。

（4）发展个体的社会性。

（5）学习共同思考问题，并寻求解决的途径。

（6）增进相互间的了解，并促进个体对于自身的了解，以发展信心、独立及自尊。

（7）通过团体辅导活动可使师生采取共同的行为，使师生关系融洽。

第三节　团体活动、团体辅导、团体咨商与团体心理治疗的区别

一、团体活动

团体活动是一般的教育活动，比较偏重于培养儿童的群性、团体精神，像班会、

交通安全活动、荣誉竞赛、服务活动、自治选举、分组活动、共同工作、运动会、庆生会、学校集会、康乐活动、团体游戏等等则比较偏重于教育性、康乐性、游戏性。学生通过游戏或一段教育活动能够成长发展得比较顺利。这样虽然也可能达到某种辅导效果。可是它毕竟不是团体辅导。（洪有义，1983）

二、团体辅导

团体辅导比较偏重于一些不是很严重的情绪问题，虽然它也包含了很多认知的层次，可是它的重点是针对一般学生，以团体的力量来协助个人，让个人了解自己，也了解别人，增进与改善人际关系。如座谈会、辩论会、六六讨论法、脑力激荡术、配对讨论法和价值澄清法、角色扮演、童军活动、专题讲演等就是一些有具体目的的团体讨论。

三、团体咨商

团体咨商是一种动态人际过程，在辅导人员的参与下，成员彼此探测和感觉问题，尝试着去修正态度和价值观，以便更好地处理发展上和教育上出现的问题，它在非治疗情况下实施，是个由6~10个成员和一个受过专业训练的咨商员所组成的团体。J. A. 丹肯（J. A. Duncan）等人认为团体咨商是一种动态人际过程，它注重意识、思想和行为，且涉及自由、现实取向，有情感净化、互信、关心、了解、接纳和支持的治疗功效。

由上可知团体咨商是情感本位的，它强调明确的感觉以及态度的修正，且实施于正常的个体。

团体咨商与团体辅导不同的地方在于对待同样的问题，它们的处理方式不同，以生涯辅导来说，团体辅导较强调资料的提供及该种职业的要求条件；而团体咨商则注重多种选择的心理因素，且鼓励个人去检视作某选择的心理事实。

四、团体心理治疗

团体心理治疗是针对少数对象实施的心理治疗，进行团体心理治疗的通常是比较严重的心理困扰问题个案。团体心理治疗的目的在于解除心理上的困扰及人格上的改变。

团体咨商与团体心理治疗难以严格区分，正如团体辅导与团体咨商一样，其实团体辅导、团体咨商、团体心理治疗是三个相关联的过程，有重叠之处，在使用方法上往往相互调换，例如：开始是团体辅导（认知性的、资料性的），一旦学生提出情绪苦恼的问题，而团体的其他成员感到有讨论的必要时，可能要进入团体咨商的过程。反之，起初是团体咨商，如果团体成员认为某个问题凭资料的获得或解释可以解决，也许就以团体辅导而终。团体心理治疗重在处理来访者的心理或情绪问题。团体咨商与团体心理治疗的差异，应该是来访者所具有问题之深度不同（刘焜辉，1978）。具体区别见图10-1。

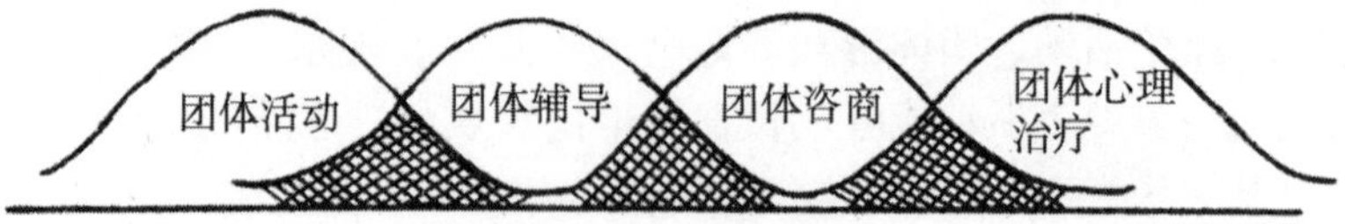

图 10－1　团体活动、团体辅导、团体咨商、团体心理治疗的不同之处

横坐标代表情绪困扰的程度，愈向左边愈没有困扰，愈向右边受困扰的程度愈大。目标是一致的，都用来解决个人的困扰，使之能愉快地成长。用心理学的术语来说就是达到个人的自我实现，发展个人的潜能。但是它们的对象不一样，团体活动是一般教育性活动，实施对象没有限制；团体辅导的对象是有问题，但还没有发展到很严重的程度，还是发展性的，为了防止问题变得更严重，为不同年龄段的学生安排不同的活动，加以辅导。团体辅导偏重于认知层面，就是“他不知道我让他知道”，团体咨商是对问题比较严重者谋求补救，是用来解决一些比较轻的情绪性的困扰；团体心理治疗的对象是长期压抑、心理困扰比较严重的个案（不管是反社会行为问题还是非社会行为问题），一旦人格发生了改变，即为心理疾病患者，不仅需要辅导人员和患者谈，而且患者需要去做比较深入的心理诊断。

第四节　团体辅导的实施

一、团体辅导实施的原则

（1）应拟订周详的实施计划。

（2）应与个别辅导同时并进，互相配合。

（3）应充分提供团体活动的机会。

（4）教师或辅导人员应具有丰富的能力与经验参与活动，但宜处于超然的地位。

（5）应依据辅导目标选择成员组成团体，并顾及成员的能力与兴趣。

（6）应有系统、客观的评价与记录。

（7）在活动中应发掘领导才能优异的学生或拥有其他才能的学生，有计划地对其加以培养。

二、团体辅导的方法

（1）座谈会：大家针对问题来讨论。

（2）辩论法：就引起争论的主题来辩论，提出正反不同的意见。

（3）六六讨论法：六人一组（弹性运用），就原定主题，每人发言一分钟，而后自由讨论两三分钟，再由主席作总结，大约15分钟可完成一次讨论，优点是节省时间，又可达到每个人都说话的目的，缺点是不能深谈。

（4）脑力激荡术：在轻松的情况下提出意见，越多越新越好。本法中最重要的是延宕批判，在不批判的气氛下，每个人都会做最大量的思考，激荡出人类的潜能，其主要原则有四：一是不批判，二是量重于质，三是越奇突越好，四是联合与改进（搭便车），把别人的意见联合起来成为新的意见或修改别人的意见成为新的意见。总之，创造不是无中生有，不过是加减乘除而已。加减乘除就是联合与改进。

（5）配对讨论法：先两人一组讨论，意见一致后再与另外两人讨论，而后再与另外四人讨论，以得到最后的结论，所以又称为二四八法，经过三次讨论后所得的结论必然是经过深思熟虑的，不至于偏颇。

（6）意见箱：让学生有意见时，随时可以写下来投进去，因为儿童特别健忘。教师可分门别类整理，从中获取宝贵的意见。

（7）专题时间：每周讨论一个专题，或者在各科教学时预留10分钟做专题讨论。讨论中要鼓励学生提出问题，提出好的问题比得出好的答案更重要，老师与学生的角色也可以互换，随机灵活运用，使教学更富弹性且活泼。

（8）社交关系调查：此一调查的目的在于了解团体中某一成员在团体中的地位及其社会行为与人格特性。可由其被同一团体中成员的选择或拒绝次数窥知。此一方法亦即社会关系调查法。（详见本书第五章第三节）

（9）角色扮演（role-playing）：角色扮演系莫瑞诺（Moreno）根据他首倡的团体心理治疗技术的心理剧改变而来，是团体心理治疗或团体咨商中的一种重要技术。

A. 角色扮演的目的。

在于运用戏剧表演的方法，使学生发现问题，了解冲突所在，进而洞察人际关系。让学生扮演某一角色，以反映其深藏于内心的感情，以此作为心理治疗或咨商的起点，使学生获得良好适应。

B. 角色扮演的特点与功能：①角色扮演较为新鲜，因此团体成员喜欢参与。②利用角色扮演可以使青少年获得社会技术，在社交场合获得信心。③通过角色扮演可以表现过去的事情，提供共同讨论的基础。④可以观察在某种情况下行为的情绪内涵。⑤角色扮演是"现实的实施"，但现实世界中因犯错误而被处罚的威胁已经不复存在，因此可以自由轻松地将现实戏剧化并表演出来。⑥各个成员都可以表演在某种情况下别人会有怎样的看法。⑦角色扮演可以提供通过不同的行为表现同一情感的方法与机会。

C. 心理剧（psychodrama）与社会剧（sociodrama）。

心理剧系以个人为中心，探究其人际关系及内在，以获致良好的改变为目的的角色扮演技术。社会剧是以团体内的关系与团体思想为对象而进行角色扮演的一种技术，其目的在了解并解决团体生活问题。

心理剧与社会剧有目的和程度上的差异。就目的上的差异而言，心理剧的一切形态是朝向更好的适应与有效行为的自我整合（self-integration），其主要目标就是解决并减少矛盾，培养成员的洞察力。社会剧与其说是治疗的，毋宁说是比较偏重于教育或再教育目的。

就程度上的差异而言，心理剧具有精神医学倾向，旨在企求患者相互关系的更深水平，被用来表示或探究个人的人格。社会剧多多少少与团体成员所经验、所预期的相互作用或冲突有关系。社会剧所探求的问题要比心理剧探求的问题关联更多的成员，或属于团体内全体成员共同的问题。换言之，它要阐明的是偏于社会方面，而不是社会人格方面的内容。

心理剧的表演方法有角色交换法、双重表演法、独白法、反映法、定期刺激法、隐藏主题法和哑剧法。

（10）游戏治疗：游戏治疗法是通过游戏情境，包括玩玩具、演木偶戏、做模型、雕塑、绘画等活动，使辅导人员明了抑制学生内心的情绪及人格特质，然后予以发泄涤除，从而达成治疗效果的方法。

（11）问题调查：通过观察、访问、问卷调查等方式，了解学生的各种状况，以作为研讨辅导策略时的依据。

（12）配合各科教学：是于各学科教学情境中，运用辅导原理与方法，从事团体辅导。

（13）说故事：故事本身往往很具吸引力和启发性，可用作活动的开始，从故事中针对儿童心理问题，引导他们接纳自己，启示今后努力的方向。

（14）即席演讲：主题必须新颖，并配合对象、时间和场合，音响效果要良好，说话技巧要高明。如果运用到集会中，可变成即席演讲，不但气氛热烈，而且可以彼此关心和激发。做法是用两个小箱，一个放姓名签，一个放题目，题目可由学生自定，范围包括希望、困难、意见等等，第一个上台的人的演讲主题由老师抽，以后就由上台者来抽，每次抽一个姓名和一个主题，各准备三分钟，即席讲三分钟，中间并不停顿。这种方法可训练口才，培养思维能力及机智，也等于是意见大会串，增进彼此的了解。

（15）唱歌：唱歌能引起情感的共鸣，可用作暖身活动，也可在结束时或气氛沉闷时运用。

（16）绘画：如先在纸上画几条线，然后发给学生，以集体创作的方式完成，结果每张内容均会不同。也可以绘画方式，要求每个儿童画出小时候生活的空间，然后加以叙述。

（17）参观访问：参观工厂、博物馆之类，访问农家、孤儿院等，扩大儿童的经验范围。

（18）工作：设计游园会、做壁报、打扫等诸多工作可培养合作精神与合作的能力。

（19）联想：例如故事接力，每人说一段，串联成一个故事，或把一幅幅无意义的画连成故事。既可训练创造性思维，又可投射出学生的心理感受和经验。

（20）其他：如利用运动会、游艺会、童子军活动、庆生会等活动，培养学生的团队精神和增进人际关系。

第五节　团体辅导技术

一、基本技术

以正式小团体而言，带领团体的基本技术可分为四方面：

（一）团体组成技术

（1）人数以6~8人为一组最恰当。一般而言，人数增多，个人参与的机会就减少，故人数不宜太多。

（2）成员的同质与异质组合问题涉及辅导的重点，如涉及人际关系欠佳或低成就，以小学生为例来说，异质组合较为理想，一则可免除成员心理上的不安和自然抗拒，再则也可以有好的模式作为模仿对象。但在中学阶段，异质组合有时会有壁垒分明的现象，妨碍团体凝聚力的产生。

（3）对象的来源有二。一为不作特定的选择，可自由报名参加，诸如用社团活动的方式来招兵买马。二为主动去寻找对象。可经班主任推荐，或经测验、观察挑选，为了免除学生的心理抗拒，在活动前应个别谈谈，以提高其参加的意愿。

（二）起始技术

在活动之初，增进彼此了解，拉近彼此距离，可用下列方法：

1. 暖身活动

座位采用圆桌形式，可产生团体动力，使每一成员都能面对面，平等交往。活动从唱唱跳跳等游戏开始，并设法把原来就座的位置打散，再请大家将座位靠拢一点，然后进行介绍。

2. 自我介绍活动

传统的自我介绍法，常会使介绍者不自然而有所保留，不如采取交互介绍方式。做法如下：

（1）先配对，两人一组，互相说出自己的基本资料，并说出三个“最”：最喜欢的、最得意的、最讨厌的。

（2）再回到团体介绍刚才配对的新朋友。再提供两种介绍方式：

A. 自问自答。每人自问自答10次，每次都以“我是谁？我是……”说出别人不知道的特点，此法看来简单，其实并不容易，可借此训练学生的自我了解。

B. 有问必答。由大家轮流向他人提出不重复的问题，被问者不能拒绝回答，这是一种坦诚的考验和机智的锻炼，很富有挑战性，并且可以从活动中找出许多话题。

（三）过程技术

过程中的技术很多，兹提出三种并加以说明。

1. 澄清目标

由辅导人员作简短的开场白，说明团体的性质和目标，辅导人员的角色从“此时此地”出发，以解除参与者的心理困惑。

2. 回馈

如同照镜子，帮助学生通过老师、同学了解自己，借别人的语句看到自己的形象。描述别人时，用词要具体，如果是希望对方有所改进的负面回馈，必须是对方可做到的。如果提出他人做不到的事就会变成伤害。

3. 连接

在活动中所出现的零碎资料，需要经过连接、归纳、总结等，整理成完整的资料，以使他们获得完整与系统的经验。

（四）结束技术

结束活动的方式可分为三种：

（1）回顾与检讨：回想做了什么，有哪些心得，哪些意见。

（2）祝福与道别：可用小卡片或小礼物彼此祝福、道别，增进并维持友谊。

（3）计划与展望：讨论今后应做些什么计划，对未来生活有些什么展望。

二、领导者（教师）的角色

（1）场面构成：从环境布置、时间安排到开场白、示范、游戏等来营造团体气氛。

（2）时间控制：将时间把握好，在预定时间内做完活动。

（3）主题掌握：当学生活动与主题有偏离时，能引导回来。

（4）欣赏：不是坐观好戏，而是以欣赏的态度看学生讨论、表演等，不时给予鼓励与引导。

（5）观察：在活动中注意学生行为表现的特殊之处，应深入了解问题，以作适当处理或追踪辅导。

（6）参与：和学生一起活动，同时观察学生，不以局外人自居。

（7）催化：做一个催化员，做一个好媒体，因为有了领导的老师，气氛更热烈，学生更愿参加，更有活力，潜力更易发挥。

第六节　小型团体辅导的设计与应用

一、小型团体辅导的方式

小型团体辅导通常以人际关系适应欠佳的学生为对象，小型团体分为结构性团体与非结构性团体，对于结构性团体，领导者依据团体所欲达到的学习目标，设计一系列循序渐进的活动，来引导学生在团体中参与学习。团体所学习的范围和方向，常受领导者所设计的活动及主题的影响。领导者在团体中引导的角色相当明显，需运用较多的引导技巧，来控制团体活动的进展及互动。结构性团体常被应用于教育性的成长团体。其优点是可增强团体初期的参与性及合作性，降低参与者的焦虑与不安，通过团体的互动回馈来影响个人。其缺点为过度依赖它常会削弱团体内自然互动的力量，使活动滞留于类似团体活动，或局限于肤浅的团体游戏层面，团体较难有深入的互动。

所谓非结构性团体，是不安排固定程序的活动，事先亦无预定的学习主题。团体的发展方向，视不同团体的性质而有不同，它的活动富弹性且互动多。领导者在团体的角色是潜入性的，不易被察觉，但仍具有潜在影响力。

非结构性团体常被应用于会心团体或咨商团体。由于团体初期目标不明显，易带给成员焦虑感，但团体若能由茫然状态转至目标寻觅的方向，则团体凝聚力的提高及团体气氛的改善，可促进团体进行较深入的活动。

结构性团体与非结构性团体之差别并非在于活动之有无，活动只是领导者可运用的一种工具而已。不要为活动而活动，活动结束后的讨论、回馈才是最重要的。在非结构性团体里，领导者可在活动过程中灵活运用某些策略来促进团体的互动与学习。事实上，二者之间，因“目标”设计和功能上的不同，被运用的情况也有所不同，因而二者优缺点互见，在运用上可以互补进行。大体言之，非结构性团体较适合年龄较大、表达能力较强及心智较成熟的青年及成年人团体。小学生心智尚未成熟、语言表达能力有限、生活经验欠丰富、认知层面狭小，宜采用结构性团体进行。

二、小型团体辅导的应用

（一）团体的形成

（1）确定范围：要做什么，目的是什么，要用哪些人来做？先要确定范围。

（2）选择成员：这些成员是由心理测验专家或老师发现问题推介而来。或是违规犯过的，或是心理困扰特别多的，或是参加不良帮派的。

（3）组织成员：利用分组活动或中午的时间，依照需要将这些成员编成同质团体或异质团体，以6~10人为宜。

（4）团体的结构：在团体建立初期大家互相还没熟悉，还有抗拒性的时候，用暖身活动让大家热络起来。不过，不论用结构性或非结构性的活动，都偏重于成员的感受与相互的回馈。

（二）团体辅导过程

（1）安全与信任阶段：刚开始的时候，谁也不敢讲话，有时要安排一些活动，如认识大家的复诵式活动，让大家互相信任。

（2）接纳阶段：在抗拒阶段，可以利用暖身活动，让大家互相认识，愿意彼此接纳，互相信任以后就会把问题讲出来。

（3）责任阶段：让成员了解自己扮演什么角色，而不一定是要负责任。有时，有问题的人会逃避，要让他了解在整个事件中自己应该承担的责任。

（4）工作阶段：就是事后自己去做，以行动来表现，试着去做，而不是止于知道而已。

（5）结束阶段：辅导有积极的效果，经过大家在一起的回馈，在团体动力互相影响之下，成员可能都会发生改变，只是有些人改变比较多，有些人改变比较少。

三、带领小型辅导团体的技巧

（一）反应技巧

（1）积极倾听：倾听不是不讲话，而是让受辅者知道你在听他讲话，所以要用眼睛专注地看他，有时还要给他一些回馈，如点头、微笑等。

（2）复述：复述受辅者所讲的一些重要的话，让他知道辅导人员了解这件事情，也让团体成员都知道辅导人员重视这件事情，这对受辅者是有帮助的。

（3）反映：有时受辅者把问题讲得很激烈，辅导人员要引导他把自己的想法、情绪表达出来，让他把压抑在心里的话发泄出来。例如："你对同学很生气，好像很恨他们。"

（4）澄清：遇到不了解的事，就要引导受辅者，利用澄清的技巧，让受辅者更清楚地陈述。

（5）接纳：不管受辅者的行为好不好，先听他讲，让他发泄情绪。所谓的接纳是接纳他的情绪，而不是赞同他的行为。

（6）摘述：就是在讨论结束时，将一些想法相互联系，如有时团体成员提了很多，都是有的同学专门偷吃别人餐盒里的饭的问题，辅导人员就说："我想谁也不愿意自己的饭被偷吃，可是肚子饿了的话，我想大家是不是不得不这样。"

（二）被动技巧

（1）折中：当彼此的意见很对立或太偏激时，可以作一个折中。

（2）解释：有些受辅者对某些问题有误解，需要解释时就给予解释，但不要有问必答，也不要故意不给予答案。

（3）连接：当团体成员谈的话题很松散时，让他们回到主题，把分歧的意见分析并整合，找出各个意见之间可以连接在一起的部分。

（4）阻止：对有时某位团体成员提出意见，而大家跟着起哄的行为是要阻止的。

（5）支持：有些团体成员很伤心，要给他安慰，有些团体成员没有信心，要给他鼓励。

（6）限制：在团体里成员都很好，可是有些成员的行为违反了规章制度或风俗等等，这些行为我们要限制。

（7）保护：有人因为骂人或打人而受到攻击的时候，我们要给予保护。

（8）听取众意：有时团体成员谈了许久之后，要把他们引导到同一个问题上，让大家提供意见，听听大家的看法。

（三）主动技巧

（1）发问：辅导人员要发问。发问要讲究时机与技巧，要多用开放式的问句，少用封闭式的问句。

（2）探究：有些成员需要追问，才肯把问题讲出来，但是这个时候要维护好关系，否则他的抗拒性会很强，那以后他就不来了。

(3) 改变话题：有些时候大家谈到题外话，此时要赶快引导大家改变话题。

(4) 面质：让受辅者面对现实，面对自己的问题以使问题获得解决。

(5) 经验分享：有时候和受辅者分享经验，使他觉得“噢！老师也会这样子”。

(6) 示范：有时辅导人员示范，有时受辅者示范，可得到某些效果。

四、小型团体辅导活动的方式

在成人团体中，活动的方式虽可通过一些团体游戏来进行，但最主要的还是以讲话方式为主。在团体之中，由于学生年纪小的缘故，所以采用活动与讲话并重的方式较佳。而活动的方式又以游戏治疗为主。在儿童的语言表达及独立思考能力尚未完全发展以前，游戏是儿童最自然的自我表现方式。儿童可以借着游戏将他的困难说出来，将他的情绪表露出来。辅导人员再利用游戏诱导儿童走向较有建设性的方向，或学习适当的新行为。活动的方法除了游戏以外，还可以使用说故事和集体讨论的方式。

1. 游戏

可分为攻击性（或破坏性）的游戏及建设性（积极性）的游戏。前者如双方打仗、丢沙包等，后者如篮球、排球、乒乓球、积木等。而扮木偶戏或玩家家酒以及美术等活动则是让儿童表现自己的最佳方式。这些活动都可投射儿童过去的经验和内在的感情世界。

2. 说故事

利用儿童喜欢听故事的心理，讲述一些故事，以此引出他们的问题。

(1) 历史战争故事能升华成员的攻击心理。

(2) 寓言故事有诱导儿童建立是非善恶观念的功效。

(3) 伟人故事能使儿童效法伟人，培养健全的“超我”或理想。

(4) 现代故事能提高儿童接受现实生活考验的能力。

3. 集体讨论

讨论的事项可以故事的内容为主，或以现实遭遇到的问题为主。如小明和小华打架。

(1) 为何会发生此事？

(2) 对这件事的反应如何？

(3) 怎样处理？

尽量找成员共同的问题，如此讨论才能深刻。

上述活动方式可与每次的聚会同时进行，例如上半段时间以游戏为主，下半段时间以集体讨论为主。

五、带领团体的条件

(一) 团体领导的条件

儿童团体比成人团体较具有结构性，因此它的领导者亦必须较费心力来指导整个活动的进行。作为一个团体领导者必须具备下列几个条件：

（1）熟悉儿童心理。

（2）对于一般的辅导原理要了解。

（3）对于团体动力学及心理治疗、精神病理学要有所了解。

（4）要有一般成人团体的经验。

（5）会使用辅导中的技术。如处理抗拒的技术，沉默技术的运用，援助技术、情感转移的处理技术等。这些问题同样会发生在儿童团体，所以作为儿童团体的领导者必须能熟练运用各种辅导技术。

（二）领导团体应注意事项

（1）客观地处理事物，不可存有偏心或持不公平的态度。

（2）要有不被接纳、被排斥、被批评的心理准备和容忍差异与批评的雅量。

（3）不能过分注意个别的个案而忽略个案谈话内容与整个团体的关系。

（4）不可言行不一致。

（5）对于团体中发生的事故，不要干涉太快而阻止了情感交流的发展。领导者应等问题明朗化，或团体成员对某一问题有共同的感受时，才让团体注意这些现象。

（6）不采取权威的态度，使成员能将真心话或感情表露出来。

（7）尽量用鼓励的方式来增强儿童的新行为。

（8）在团体活动进行中，不宜因指导太少而使团体感到急躁，也不宜有太多的指导而造成儿童的依赖心理。

第七节　团体辅导应遵守事项

（1）组成团体以前，领导者应实施成员甄选，以维护全体成员之利益。

（2）领导团体时，应明确告知团员有关团体的性质、目的、过程、使用的技术及预期效果和团体守则等，以帮助当事人自由决定其参与意愿。

（3）尊重团体成员的人格完整性是团体领导者的主要责任，领导团体时应采取一切必要及适当的安全措施。

（4）领导者不要为自我表现，选用具危险性或超越自己知能或经验的技术或活动，以免造成成员的身心伤害。倘若为成员之利益，需要采用某种具挑战性技术或活动时，应先熟悉该项技术或活动之操作技巧，并事先做好适当的安全措施。

（5）领导团体时，应会同成员制定团体行为原则，规范成员的行为，以免对团体生活造成不利影响或对成员造成身心伤害。

（6）领导者应具有适当的领导团体之专业知能和经验。

（7）领导开放性或非结构性团体，或以促进自我成长及自我了解为目的之团体时，宜采用协同领导，并应特别注意团体成员素质及所存在问题性质，慎重选择，以避免因某些成员的消极或破坏性行为影响团体效果。

（8）领导者应尊重成员参与或退出团体活动之权利，不得强制其参与或继续参与他不愿参与的活动，以免造成对成员身心的伤害。

（9）领导者应特别注意保密原则，经常提示成员保密的伦理责任，并预先告知成员重视自己的隐私权及表露个人内心隐秘之限度。

（10）若需要将团体活动过程录音或录像时，领导者应先告知成员录制的目的及用途，征求成员之同意，并严守保密原则。

（11）为实验研究目的而实施团体辅导时，研究者应预先声明研究的性质、目的、过程、技术与活动、研究结果资料之运用及安全措施等，并让成员自由决定是否参与。

第十一章 咨商与咨询

第一节　咨商与咨询的含义

一、概说

咨商一词，在今日社会各阶层使用甚广，只要遇上问题，对方协调沟通，就脱口而出咨商或咨询。按《辞源》的解释，“谘者，谋也。问也”。《后汉书·赵典传》：“朝廷有灾异义，辄谘问之。”“商者，度也。商略也。度配量度。反复酌度。”简言之，咨商是询问疑惑，审订策略，含咨询之义。

若按心理辅导而言，咨商一词，系译自英文“counseling”，1958 年中国台湾辅导学会成立，当时各学者专家为了推广辅导工作，翻译各种辅导名著，“counseling”一词即由宗亮东译为“咨商”。在中国台湾至今一直为心理学者及辅导界所沿用，中国大陆则译为“咨询”。目前社会各阶层所使用咨商、咨询一词，知其然而不知其所以然者颇多，正如泰勒（Tyler，1969）所说，咨商是一个词，似乎每个人都了解它，但是十分明显的，似乎没有两个人的解释完全一样。咨商专业成长迅速，但对咨商的定义有所混淆。混淆的部分原因可能是咨商起源于一些相关的学科，却是一个分离的领域。其实咨商、咨询二词在辅导概念上是不大相同的，本书另予介绍。

二、咨商专业化的发展

欲了解咨商意义，应从其发展进行探讨，咨商是应用社会科学的一种，它是基于心理学、社会学、文化人类学、教育学、经济学和哲学等构建而成。从心理学角度而言，人们可以学习成长与发展，由社会学知道社会结构与制度，从人类学人们领悟到文化的重要性，从经济学、哲学中学到人在经济世界中互动的情形，这些都为咨商的发展作出独特的贡献。当前的咨商概念是经过几个阶段发展而来，其分类如下：

（一）职业辅导

一般均认为职业辅导由美国弗兰克·帕森斯（Frank Parsons）奠基，此即为最原始的咨商。帕森斯最关心的是发展一套使个人能与合适的职业相配合的方法。在这一阶段，咨商注重的是搜集个人以及有关职业的资料并且加以配对。很多咨商学者均认为帕森斯对咨商的主要贡献在于强调收集个人的资料，同时率先运用心理学的技术来分析个别差异。虽然这样的发展在了解人类行为上有积极的影响，但是这期间（20 世纪 70 年代）也有两种结果限制了咨商的发展：第一，在这段时间以及后来的相当长的一段时间内，咨商常被知觉是为在进入职场之前进行的一两次的晤谈；第二，咨商被认为仅仅是从事职业辅导的一种专业。

（二）教育辅导

教育辅导强调的是咨商的教育性，此种看法最早由 Brewer 提出，他担心学校只关心教授知识，但这些知识与学生即将进入的社会无任何关系，故而他认为教育应该为年轻人提供辅导，使之能生存。Jesse B. Davis 也协助发展教育辅导的概念，诸如道德辅导与生活辅导。这样的发展扩大了咨商服务的范围，不再局限于职业辅导一隅，咨商从此包括了整个人的生活。基于此，咨商服务被视为是一种通过所有教育活动的一连串活动（Shertzer & Stone，1981）。此种说法有利于确定咨商的概念，每一儿童均有权利发展出独特的自己，同时接受教育调和个性。而此种说法的最大不利则在于使咨商成为教导的同义词。

（三）调适

咨商是为了调适。这种说法有两种起源，首先是那些关心心理卫生及教育的人注意到调试。1900 年，克里弗德·皮尔斯在其名著《自觉之公》中要求注意美国的心理疾病问题，当时也正好是心理分析理论萌芽之时，大家都在了解心理疾病的概念并找出治疗心理疾病患者的方法。这个运动导致精神医学与临床心理学的快速发展，此一领域中很多的从业人员均认为其所为者就是咨商，就像咨商发展的第一阶职业辅导时期的一些从业人员一样。那个时期认为咨商是教育辅导人，通常认为此过程即为“生活调适”（life adjustment），心理卫生运动也强调调适，并将之界定为良好的心理健康状态。两者均认为咨商是帮助人们适应自己与社会的方法。此种看法的最大贡献在于咨商应该帮助个人了解自己以及与所处世界，同时也倾向于增加咨商的重要性，亦即当人们发生困难时咨商是一种有效的处理方法。此种看法当然也有其缺失，因为过于强调咨商的危机角色而非发展角色。其次易使人误认为咨商的功能仅在于使人适应社会。

（四）发展性咨商

当咨商是调适这一说法盛行时，也产生另一种看法。发展性咨商早在 20 世纪 50 年代即已产生，这一阶段正符合心理学上所强调的发展任务的说法。

在此种过程中，咨商扮演的角色是促进个人沿着发展方向前进，从此咨商服务延续了一段相当长的时间，同时其重心在于发展个人的天赋能力，使之趋向成熟。这正好和将咨商视为调适时所扮演的危机处理角色形成强烈的对比。

发展性咨商强调咨商是帮助个人作决定，这种看法认为，只有在个人需要作决定时，咨商才有其必要性。因此咨商应该是关心且帮助人们学习作决定的过程，就如同帮助人们作出其个人之决定。虽然这个理由是正当的，社会中所有的个人都必须知道如何作决定，但是事实上，咨商仅仅是被用在某些时间内，而且通常与某些危机或问题连在一起。

（五）人力需求与社会重建

美国在20世纪60年代，认为人力需求与社会重建二者之间有时是冲突的。1958年通过的《国防教育法》，将咨商置于满足国家人力需求的压力之下，此法的目的在于引导年轻人进入科学研究的领域。咨商员被训练来引导学生朝向国家需要的方向发展。从某些层面来看，咨商似乎又回到帕森斯时代的老路，发现最好的人并配之以最适合他的工作，或者也可说又将咨商视为是生活调适，咨商只是在帮助人们适应其社会。就在此同一时间内，在一些其他压力之下，咨商又被发展成为社会改造的媒介，这种看法是基于很多个人的困难都起源于对社会的不适应，从而知觉咨商是改正此种错误的有效方法。此种说法最明显的优点是个人被认为是最重要的，而此种说法的缺点则在于无法满足《国防教育法》的任务。

生涯教育运动的发展给咨商专业又带来了强大的压力，故而又有所谓生涯发展咨商的说法。很少有像生涯教育的概念一样，一进入美国的教育界就立即受到大家的赞赏。而这一运动可以说是对迅速改变且复杂的社会所出现的问题的大规模反应，因此，生涯教育专家和咨商员都需要以建设性的方法去反映这些需求。

（六）小区心理卫生

20世纪70年代期间，小区心理卫生中心的心理健康工作小组对咨商员的依赖日渐增加。在这些工作小组中的咨商员，为各种当事人提供各式不同的治疗服务，诸如酗酒、物质滥用等问题，此外像婚姻、家庭、青少年、残障和职业安置等问题亦均在服务之列。而也正是如此形势促进新的咨商员培训方案，而这些新培训出的咨商员的表现较为急躁，同时也背离了传统教育所培养的咨商员。

综观咨商发展方向，其所导致的最重要的影响是咨商过分单纯化及分离化，帮助某一个人选择一项职业，或是适当的教育课程，显然是一项较为容易的工作，如果咨商被界定为关心个人适当发展与福利的过程，则包括个人以及其与社会的关系，如此的任务为一复杂的模式，包含了所有曾经讨论过的，故而评估如此的咨商定义当可发现，咨商的内容是有所增加而非代替其他领域，更重要的是咨商这门科学的成长并不仅仅单纯强调人数之增长，更包括了服务领域的扩展。

三、咨商与心理治疗

容易使人感到混淆的是咨商与心理治疗的差异问题，尤其是最近此一问题益发明显。当咨商员与心理治疗师在一起工作且小组具有相同或相似的功能时，更易使人混淆不清。大部分的咨商专家均认为咨商与心理治疗是一种连续性的服务。咨商处理的是正常的个人，这些人的问题具有发展性，而心理治疗是处理那些有某种缺陷的人。他们基于有不同种类问题的人且其服务工作有连接性；咨商关心的是正常的个人，其特征着重于意识的知觉、问题解决、教育、支持以及情境等；心理治疗则关心人格之重建，强调深入分析以及注重潜意识，特别是精神病患者和情绪问题。他们认为就一般而言，咨商与心理治疗是互相联系的。

美国心理协会（America Psychological Association，APA，1961）认为，咨商包括帮助个人建立计划，使其能在所处的社会环境中扮演积极角色，不管这个计划去帮助的人是健康的或是生病的，正常或不正常的，都无关紧要，重点在于其价值、技能、耐力以及进一步发展的可能性，人格的缺陷仅仅当其对个人的进步构成障碍时才加以处理。因此，依据 APA 的看法，连续性并不在于个人，而是在于咨商员与心理治疗者对各自的当事人提供的服务方法。研究者曾试图从三个方面区别咨商与心理治疗的不同，分别是支持（supportive）、顿悟再教育（insight-reeducation）以及顿悟重建（insight-reconstuction）。认为前面两种方法为咨商最常用，后一种方法则是心理治疗常用到的。因此，美国心理学会就像其他人一样，显然认为咨商与心理治疗具有连续性。亦有人认为通常在帮助正常的当事人时，咨商往往不知不觉地被并入心理治疗。

显然，咨商与心理治疗间的确存在着连续性，虽然它们分别是连续性的两端，但都是助人的相关方法。由于在复杂的工艺社会之中，很多人希望能在社会中成功扮演其角色，或希望从某个角色转变到另一个角色，从而导致个人内在冲突或更严重的经验内在价值冲突，还有的个案则是因其角色所具之特性而导致问题，例如个人很难担任某一特别角色，而咨商与心理治疗的连续性将可区别两者相关，但又有不同的问题领域。咨商解决的冲突是个人的内在冲突，心理治疗则针对其他之冲突，包括角色界定。

此外，台湾学者李东白等亦曾分别说明咨商与心理治疗之不同。兹分别介绍如下：

李东白认为咨商与心理治疗一般而言很难加以区分，通常咨商可能用来帮助当事人处理有关现实的问题（reality problems），克服成长过程中的种种障碍，以期使个人获得最适宜的发展。而心理治疗则注重内在的人格冲突（internal personality conflicts）或严重的心理失常（mental disorders），其主要步骤在于消除破坏性行为方式，建设并健全个人行为，同时使个人趋向自我坚强，从而能应付外界情况。

宋湘玲等则认为咨商与心理治疗同为助人之专业，但两者在处理对象、协助者的关系，以及处理重点与方式等方面有其不同之处如图 11－1 所示：

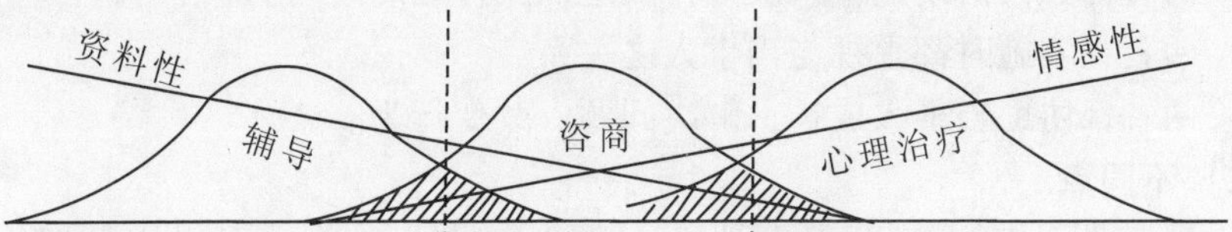

发展性	发展性	补救性
预防性	解决问题	再建性
强调资料提供与获得	强调咨商关系	强调协助者之“权威”与“专家”性
重视现在与未来	重视现在与未来	重视过去
以正常人为对象	以正常人为对象	以精神病患或严重性情绪困扰为对象
强调人为与环境因素	以意识内容为主	深入分析潜意识内容

图 11－1　咨商与心理治疗的不同之处

1. 就处理对象而言

咨商所处理的对象为正常人，亦即能对自己行为及发展负责任的人。所处理的问题亦属社会性的问题，诸如人际关系、职业选择等。心理治疗者则将当事人视为有心理疾病之人，处理的问题亦属个人内心的冲突问题。一般言之，咨商处理的是“人”，心理治疗处理的则为“症状”。

2. 就协助者与被协助者的关系而言

咨商员主要以催化者角色协助当事人。心理治疗者则以专家的姿态与当事人接触。

3. 就处理重点与方式而言

（1）咨商偏重发展性、教育性与预防性、适应性与治疗性；心理治疗则重补救。

（2）咨商重视当事人之现在与未来，以此时此地为主，处理的内容以当事人意识所能觉察到的问题为主；心理治疗则重视当事人的过去对其问题之影响，故处理方式以深入分析为主，触及当事人潜意识层面。

（3）咨商关系中强调平等地位；心理治疗者不要高高在上，从而造成权威者的印象。

（4）咨商员绝不将自己的价值观等强加在当事人身上；心理治疗则相反。

（5）咨商所用的技巧较富弹性；心理治疗则以一套既定之技术达成事先预定的目标。

四、咨商与心理治疗之异同

通过以上的说明，可以将咨商与心理治疗之异同点概括如下：

（一）相同点

（1）基本上两者的目标相同，均在协助当事人进行自我探索了解，促进其行为发生改变。

（2）两者都强调协助当事人发展作决定以及计划的技巧。

（3）两者在实施时都重视与当事人之关系。

（4）两者都协助当事人成长、解决问题、改变行为。

（二）不同点

（1）咨商所处理的问题不太涉及人格方面；心理治疗则往往是深度的人格分析。

（2）咨商中，当事人不被视为有心理疾病；心理治疗则相反。

（3）咨商中，咨商员不将自己的价值观强加在当事人身上，但也不加以隐藏；心理治疗则往往将社会认可的价值观加在当事人身上。

（4）咨商中，咨商员往往扮演老师或伙伴的角色；心理治疗则扮演专家或权威的角色。

（5）咨商员较注意改变行为，不注重内在之“顿悟”（insight）；心理治疗者不但要使当事人行为改变，而且更以当事人内在的“顿悟”为痊愈标志。

总之，可以说咨商的重点在于发展性、教育性及预防性；心理治疗的重点则在于补救性、调适性、治疗性。

五、咨商的特性

Pietrofesa（1978）、Hoffman（1978）等认为咨商包括下列特性：

（1）咨商是由具备法定资格的咨商员所提供的专业服务。

（2）咨商是咨商员与当事人互动的过程。

（3）咨商所关心的是作决定和问题解决的技巧。

（4）咨商是使当事人学习新的行为或态度。

（5）咨商必须是当事人与咨商员共同投入的过程。

（6）咨商不能明确地被界定，因为它是不断改变的实体，一些共同的技巧可催化此种关系。

（7）咨商是生活的方向。

六、咨商的要义

C. R. 罗杰斯（C. R. Rogers）曾说，咨商与心理治疗表明相同的基本方法，即与个人持续而直接的接触，目的在于给予个人改变态度和行为所需之援助。

E. G. 威廉逊（E. G. Williamson）认为，咨商是两个人面对面的情境。其中一个人受过训练，具有技能，被另一个所信赖，而就第二个人所面对的问题，如何知觉、解决、下决心等给予帮助。凡咨商员与当事人为了解并解决所面对问题所做的一切努力均包括在内。总而言之，咨商即援助某人的人格发展及整合的过程。

按罗杰斯与威廉逊的说法，咨商即辅导者与受辅者面对面研究解决问题的途径，辅导者为受辅者提供协助，使之更能适应与发展的过程。

经过前面的叙述，可以将咨商之定义归纳如下：

咨商是一个治疗与成长的过程，咨商员协助当事人界定目标，作出决定，解决关于社交、教育与职业方面的问题。专业化的咨商是为生理和社会的复健、雇用与受雇、心理健康、婚姻与家庭、性关系、宗教和价值的选择乃至生涯发展等问题提供协助。

第二节　咨商的实施

一、咨商的目的

咨商的目的在于通过与当事人直接的商谈，使当事人了解自己，并研拟解决问题的办法与计划，帮助与鼓励当事人达到目标，使其得到更大限度的适应与发展。但咨商并非替他们解决问题，而是帮助他们去解决问题。咨商的目的，如分开来说，具有下列各点（刘焜辉，1973）：

（1）使当事人获得成功所需的信息。

（2）获得解决当事人问题所需的个人资料。

（3）增进咨商员与当事人之间的相互了解。

（4）帮助当事人拟订解决其困难的计划。

（5）帮助当事人充分了解自己的兴趣、能力、性向、机会等。

（6）鼓励并发展特殊能力与正确的态度。

（7）鼓励当事人为达到目标而做有效的努力。

（8）帮助当事人拟订升学就业的计划。

二、咨商的原则

教师或辅导员于咨商的过程中，如何才能有效达成上述目标，必须讲求咨商的方法与技术，同时应遵守下列原则：

（1）每一当事人需视为可接受的个体，由他们自身作最后的决定。

（2）咨商是一种随意许可的关系，需尊重当事人的意见。

（3）咨商应与当事人共同思考，双方以客观与同情的态度共同分析问题，并设法解决。

（4）咨商应符合民主的思想与态度，咨商员应民主、客观，不可勉强当事人接受。

三、咨商的实施方法

咨商的实施，需视实际情况而拟定实施方法。

（一）咨商对象的来源（以学校为例）

1. 学生主动来访

如何使学生自动来找辅导教师为其解决困难，辅导教师可用下列方法：

（1）在校内公布辅导工作中咨商的任务、有关服务的项目，最好印发给学生以供参考。

（2）将咨商的意义、价值及内容向小区公布，使学生家长有所了解而鼓励其子女前来咨商。

（3）利用团体辅导的机会向学生解说咨商的性质。

（4）辅导教师本身必须要有良好的声誉及和善诚恳的态度，使学生有信心，而主动前来咨商。

2. 辅导教师主动咨商

辅导教师亦可采取主动的方式通知学生前来，选择对象的方式有三种：

（1）使用问题调查表：以发现有特殊问题的学生，而通知其前来咨商。

（2）检查累积记录：利用学生既有资料以发现有问题的学生，通知其前来接受咨商。

（3）观察：利用各种机会观察学生，发现有不良适应者即通知其前来接受咨商。

此外还可让校内外人士推荐，如教师、家长等的介绍。

（二）咨商的过程

（1）建立开始关系。要建立良好关系，辅导教师之态度需和善亲切，必须诚恳同情，取得学生的信任，从而建立良好关系。

（2）构成咨商的情境。咨商开始时，辅导教师必须设法安排咨商进行的程序，灵活运用情感反映技术及引导技术，引导学生表达其真正问题之所在。

（3）决定咨商的方法。就学生问题性质的繁简来决定咨商的方法。

（4）搜集并解释资料。辅导教师需运用各种方法，以搜集与学生问题有关的资料，与学生共同研究，并加以解释，使学生有客观的认识。

（5）考虑可能的实施方法。辅导教师需帮助学生认识社会环境，寻求可能解决问题的社会资源，以满足学生的需要。

（6）帮助推行计划。辅导教师需协助学生为其拟妥计划，可与家长、教师等会商决定。

（7）提示综合结论。辅导教师经过相互研讨后，对若干问题的解决已获可行的计划，此时辅导教师需综合多次个别谈话，提出共同的结论。

（8）延续辅导。辅导教师在咨商结束后，需继续追踪学生的行为表现，并需随时给予适当的协助。

四、咨商的基本技术

咨商是个别辅导的重心，咨商技术因学派理论不同而有差异，兹综合举出较为主要的咨商技术如下。

（一）建立友好关系（rapport）技术

辅导教师第一次和来访者会面，必须给予来访者一种值得信任的感觉，从而能相互了解、信任和慰藉，辅导教师通过接纳，以温和的态度和对来访者表现出的很大关心，与来访者建立友好关系。以下方法均有助于建立友好的关系：

（1）寒暄：辅导教师可以和来访者握手，亲切地叫其名字（唤名不冠姓，甚至呼小名），一般的礼貌均可给人深刻的印象。

（2）谈话主题：可先用来访者感兴趣的话题来引起共鸣。

（3）坐姿舒适：咨商室的物理环境均妥善安排，使来访者不会有焦虑感。

（4）态度：自然的态度使彼此很容易建立友好关系。

（5）告知双方会谈内容绝对保密，增进安全感。

例：

学生：（头上冒汗，气喘吁吁地走进咨商室）。

老师：小明，看你满身大汗，刚上体育课吗？

学生：不是，我是从教室跑到这里来的。

老师：嗯！原来如此，今天想跟老师谈些什么？

（或天气好热，你走这段路来很辛苦吧，要不要休息一下，喘口气再谈？）

学生：（有点紧张，坐立不安，眼睛盯着咨商室墙上的图画）。

老师：你觉得这张画怎么样？

学生：（低着头，手不停地搓着手帕，沉默）。

老师：事情很难说出来，是不是？

（或不知道怎说才好，是不是？）

学生：嗯！

老师：没关系！想说什么就说什么，慢慢来，没有关系。

（二）接纳（acceptance）技术

接纳技术是从简单的句子如“嗯”开始表示接纳，意味着来访者可就原主题继续下去。简单的接纳技术可包含三个因素：

（1）脸部的表情及点头。

（2）声调及音调的变化，可以“告诉”来访者，辅导教师是在接纳他。

（3）来访者的距离和姿势能拉近彼此的距离。合适的距离与姿势使接纳技术实施起来更为有效。

当来访者的谈话中涉及对家庭、社会、同学的不满或言论很幼稚时，辅导教师不可对此进行任何的价值批判或取笑其幼稚。辅导教师无条件的接纳，将使来访者感到亲切，有个诉说的对象，可将内心想说的一切合盘托出，而辅导员就可对来访者作更深入的了解。

例：

学生：我的父母根本就不了解我，我也没让他们知道这件事情。

老师：嗯！

学生：但是我想这是瞒不过他们的，如果他们知道这一次月考的成绩这么差，他们一定会骂我。

老师：你是说你父母会责备你，因为这一次考试的成绩不理想。

学生：那当然啰！他们只知道责备我，自己却在屋里打麻将，吵得我哪里能静下心来读书。

老师：我想在那种情境之下很难静下来念书。

（三）感情的反映（reflection of feeling）技术

感情的反映是把来访者所表明的感情由辅导教师加以把握，并反映给对方。感情的反映并不止于语言的反映，应该也包括非语言方面，比如当来访者在表情上或动作上都表现出他对生存到厌烦时，这时候辅导教师也会很沉重地好像觉得自己已经失去了生存的动力，必须在能够把握与对方感情的前提下回答问题。

例：

学生：在教室说话的不只我一个人，为什么只有我受处罚？

老师：你觉得处罚不公平？

※　　　※　　　※　　　※　　　※

学生：今天老师说我的成绩比他想象的还要好，我一直认为，只要我真的用功，一定会获得好成绩的，这学期我就想肯定自己的这个想法，终于有了收获。

老师：你下了一番工夫，终于达到自己的目标，一定会令你自己高兴、满意。

※　　　※　　　※　　　※　　　※

学生：同学们不喜欢我，现在我也不喜欢他们，为什么他们都这么恶劣，笑我穿的衣服，我家买不起像那些讨厌的家伙穿的衣服，他们不用喜欢我，可是我希望他们不要再笑我。

老师：你觉得愤恨不平，觉得同学不应该取笑你的穿着。

（四）沉默（silence）技术

咨商过程中所出现的现象，所谓沉默，即辅导教师的回答传达给来访者时，来访者的回答可能会有中断数十秒钟之久的情形。

在咨商关系中，到底现在的沉默代表怎样的意义，自己或来访者对此感受如何，必须在咨商关系中加以推敲，传递给对方。

有时沉默具有治疗意义。咨商初期，如果来访者陷于沉默，表示胆怯与抗拒，如双方皆沉默，表示冷淡与隔阂。但在咨商关系业已建立之后，短暂的沉默可能不是尴尬的事，相反地，来访者借此可以整理思绪，以便形于文辞，表达其情感。这便是一种肯定的、接纳的、积极的沉默。一般而言，沉默的意义约有下列几种：

（1）在晤谈时摸不清楚所提出的问题。

（2）整理自己的思绪或感情的沉默。

（3）等待辅导教师回答时的沉默。

（4）拒绝或抗拒表达自己时的沉默。

（5）话题已经谈尽时的沉默。

（6）觉得很厌倦时的沉默。

（7）不属于以上各项的“空白”，比如包括来访者陷于混乱而忘记自己所谈过的事情，想要回想它的情形。

例：

学生：唉！到底我要怎么办呢？

教师：……（沉默）

学生：我还是主动向我们的老师道歉吧！

处理沉默可采用以下方法：

（1）初期避免沉默。咨商有了进展之后才伺机使用。

（2）沉默时间不宜太长。

（3）沉默时要耐心等待，不可显现出焦躁或不耐烦的样子。

（4）借沉默之际可以喝茶，以保持自然愉快的气氛。

（五）场面构成（construction）技术

场面构成是咨商初期所要达成的，换言之，咨商要如何实施，可以期待些什么，来访者要做些什么，辅导教师的任务是什么？关于这些，都需要在咨询初期加以说明，以期咨询过程能顺利进行。这种程序在咨商的实际情景中马上会遇到。辅导教师与来访者之间的会面是否顺利，与咨商关系是否建立有关。

例：

学生：老师，这件事情我从来没有对任何人说过。

老师：你放心好了，我们在这里的谈话，老师绝对会保密的。

※　　　※　　　※　　　※　　　※

学生：老师，我要怎么办？请你告诉我。

老师：嗯，我们一起来看看问题出在哪里，相信只要你能够把事情说得更明白，我们可以共同找出几个解决的办法，至于选择哪一种方法，还得由你做最后的决定。

（六）观察（observation）技术

在咨商的过程中，辅导员要留神观察一些行为信号，以了解当来访者是否有神经质、羞愧、犹豫或紧张情绪。如不安地东张西望、眼皮频频跳动、脸上肌肉痉挛、频频搓手、手心冒汗、脸红、眼内含泪、口吃、眼神不敢正视对方、发抖、咬指甲、吮手指等。这些行为符号可能具有特殊意义，因而需设法使咨询情境更不具威胁性。

（七）引导（leading）技术

引导有两方面的含义：辅导教师的思想在来访者思想之前或之后，在前者指导来访者，在后者推动来访者。引导被解释为一种冲击（impact），辅导教师的问题具有高度的冲击（high impact），而“嗯嗯”的反应是低度的冲击或引导。使用引导技术需要遵循以下原则：

（1）引导必须是来访者现在的能力与理解程度所能理解的。

（2）引导必须富于变化。

（3）咨商关系未确立前，避免使用引导技术。

例：

学生：那样的家，我真不想回去。

老师：（1）为什么？（直接的引导）

（2）你能不能说得更清楚一点？（间接的引导）

引导语的运用很重要，下面是一些可供参考的引导语：

你觉得……	你的意思是……
你似乎……	我觉得你……
根据你的观点……	可能你觉得……
根据你的经验……	我不敢十分确定，你的意思是……
据你所知……	我得到的印象是……
你想……	我猜想你是……
你相信……	这是你的意思（感觉）吗？

（八）恢复信心（reassurance）技术

恢复信心技术又称为“再保证技术”，可以减轻来访者咨商时的焦虑，并针对其某种行为而给予鼓励。但恢复信心若用之不当，反而增加来访者对辅导教师的依赖。恢复信心的技术，是接近咨商终结时用得较多的技术。主要有以下三种：

（1）保证问题并非与生俱来，接受咨商是对的。

（2）保证来访者可以用与现在不同的方法来解决问题。

（3）保证可以凭自己的能力去解决问题，达到目标。

无论哪一种保证，辅导教师必须在来访者心目中是这一方面的权威。如果辅导教师作为保证的判断是真实的，而来访者能够相信，则咨商可以收效。如果来访者认为辅导教师的保证只是一种慰藉、一种虚构时，则容易引起与否认一样的不信任感或反感。

例：

学生：我想天天跟他闹意见也不是个办法，既然他是我的继父，既然要生活在一起，恐怕我得改变自己的态度。

老师：你认为改变自己的态度才有助于解决问题，这是很好的想法。

对于长期挫败的抑郁与自卑者，亟须重建信心、理想、期望与试探的勇气。可用言语鼓励的方法。以诸如“人生不如意十之八九”，“吾心信其可行，虽移山填海之难，终有成功之日……”，“精诚所至，金石为开”，“最后的成功归于不怕失败的人”，“失败乃成功之母”等励志心语激励其士气。

另外也可以事实印证：举一些来访者成功的故事加以称赞，如“那次抽考，你不是考得很好吗?”，“张三告诉我说你最诚实，好几次拾金不昧，并且不要报酬”。

（九）解释（interpretation）的技术

解释即对于来访者的发言或行为，由辅导教师加以推测，并告诉对方自己的想法。因此，解释的结果虽然未明确地意识到与来访者的想法或要求的方向一致，但将在不受抗拒之下促进了解，因而具有重要的意义。可是，如果解释的结果超过来访者的理解水平，或者对于来访者的自由产生威胁，则这种解释将不被采纳。因此，辅导教师必须给出让来访者可以接纳的解释。这一点是非常重要的，需要有相当的经验，有时候，将测验结果或研究结果赋予权威性解释，会更加有效。

例：

学生：我每次看到他（弟弟），就很生气，毫无理由地生气。

老师：这是因为他是你现在的妈妈（继母）生的，你既然觉得妈妈待你不公，自然而然把怨气发泄到弟弟身上。

（十）澄清（clarification）技术

有时来访者处在强烈的困扰中，他的言谈与思考常常不够清楚明确，此时辅导教师需采用澄清的技术，将来访者所说的或想说的破碎资料连贯起来，或把来访者模糊的、隐含的而且未能明白表达的想法与感觉说出来。澄清的目的可能是为来访者，亦可能是为辅导教师自己。总之，该项技术使两人间的沟通更顺利而深入。不过往往因为了解不够深入，辅导教师可能亦无法明确了解来访者的思想，所以辅导教师在做澄清时应使用有弹性的语气，使来访者有肯定或否定的余地。

例：

学生：我唯一清楚的是我现在一片混乱，我想试，可是又不能，我想坚强一点，可是又表现得软弱，我想要自己下决心，可是结果又让别人牵着鼻子走，真是一塌糊涂……

老师：你似乎很清楚自己的矛盾。

学生：我和王老师、杨小明处不来。

老师：杨小明是谁？

学生：坐在我前面的那个，你知道，就是王老师最喜欢的那个学生。所以我不想上学。

澄清与解释不同，辅导教师在澄清时仍以来访者的参考架构为依据，并没有添加自己的想法或立场，而解释则否。

（十一）面质（confrontation）技术

面质是辅导教师基于对来访者的感觉，经验与行为上深刻了解之后所作的反应，辅导教师协助来访者了解其行为中的矛盾、歪曲及逃避的部分及这些行为的破坏性和未善加利用的资源。辅导教师不接受来访者的任何借口，可用面质诘问，对于来访者习惯性的逃避或推卸责任的表现，面质颇为有效。

（十二）摘要（summary）技术

摘要技术是辅导员把来访者所说过的内容，所表达出来的凌乱、含糊的情感、想法或是很重要的数据，作一整理，把类似的信息合并，再以简单、明了、确定的方式表达出来。

（十三）终结（termination）技术

良好的“终结标准”即：

（1）从自我实现的观点而言，来访者的人格已经有良好的变化。

（2）来访者所说的症状或苦恼等外在问题，已经获得解决。

（3）内在人格变化与外在问题解决之关联性能够被充分了解。

（4）辅导教师与来访者就上列三点能够互相交谈，有所了解，从而确认咨商所达成的任务。

从事咨商的辅导教师，对于咨商已经告一段落，或者已经接近尾声，应该有所了解。譬如来访者已经恢复信心，已有沉着的态度，或感到有朝气，或者婉转地对辅导教师表示谢意等，这些都会表现在来访者整个言行之中，辅导教师不难感受到。如果来访者故意装作要结束，辅导教师也可以察觉其不自然。遇到第二种情形，辅导教师则与来访者对于虚伪的感觉，或者自己所感觉到的不自然的情形，应该充分交谈。终结咨商的方法如下：

（1）提示时间，如说："时间已经差不多了，下次什么时候再来？"

（2）归纳要点，如说："让我们回想一下，今天我们谈了什么呢？"

（3）谈论未来，如说："下周见面也在同一时间和地点好吗？"

（4）动作暗示，如看看手表或钟或窗外落日。

（5）简要记录，停止发问，开始伏案记录。

（6）提出课题，如说："在你回去之前，我想提出一个问题，回去后大家来想想。"

（7）在终结的数分钟前，逐渐减低刺激与反应的强度，使来访者的心境平静下来，平静而满足地离开。

五、咨商记录的方法

在咨商的过程中，辅导教师如果不停地的记笔记，将会引起当事人不安或分散其注意力，所以咨商进行时，不宜记录。但是咨商结束后，应该马上把要点记下来，这些记下来的要点，一方面可以促使辅导员记住自己所负的责任，同时也可以在下次咨商时，唤起记忆。

（一）咨商的记录方法

（1）尽量用脑记，事后笔记。

（2）必要时记关键词。

（3）最好在每次咨商结束后立刻记载，并且立即整理归类，存放资料柜。

（4）应避免口供式的记录。

（5）尽量避免偏重辅导教师的判断或解释，必须将事实及谈话、行为内容客观地写下来。

（6）咨商记录尽量避免冗长，最好作要点叙述，条理分明，方便阅读。

（7）录音或录像时最好取得当事人同意，以示尊重。

（二）咨商记录的表格

为了记录咨商活动及评鉴咨商效果，必须要有适当的记录表。咨商记录表格之设计应合乎简单、实用及方便记录的原则，各校可依实际需要自行设计使用，不一定拘泥于某一种格式，可采用医院病历记录方式，先写个人基本资料，包括姓名、性别、出生年月日、籍贯、班级、咨商日期。咨商事项可分学业、升学、家庭、交友、性格、行为、健康等。谈话内容摘要、处理方法、追踪辅导、约定下次再谈日期、时间、辅导教师签名。

第三节　咨　询

一、咨询（consultation）含义

在当前的辅导领域内，咨询被视为不可缺少的一项工作。因为有些时候咨商员发现在某些情况下，直接服务的方式不太适合，有必要寻求其他方法为个人或团体提供服务。

咨询和咨商一样都是提供协助的一种专业性服务，但是关于咨询的定义各家看法不一，兹举出下列五种：

（1）D. B. Keat（1974）：学校中咨询是咨询者（consultant）与需求咨询者（consultee）共同努力，帮助学生发展的过程。

（2）G. Caplan（1970）：咨询是两个专业人员的互动过程，一个是咨询者，也就是专家；另一个需求咨询者，寻求专家协助，以解决工作上所面临的非已能力所及的问题或困难。

（3）A. J. Bindman（1964）：咨询是介于两个专业工作者——咨询者与需求咨询者之间的一种互动过程或人际关系。咨询者以自己的专业知识为架构来解决需求咨询者的心理健康问题。咨询过程取决于彼此间的知识、技巧与态度。这种过程也具有教育的功能，需求咨询者可以借此学习到有效解决类似问题的方法。

（4）D. Brown 等（1979）：咨询是一个过程，建立在几个基础上，即互相信任，坦诚沟通，共同确定问题所在，运用彼此的人力资源以探讨可能解决问题的策略，共同负责履行并评估所拟的策略。

（5）Shertzer 和 Stone（1981）：在辅导计划中的咨询是向老师、家长、行政人员及其他咨商者提供技术性协助过程，以找出并解决他们无法有效处理的一些问题。

综上所述，可知咨询牵涉三类人：

（1）当事人：有困难的个人、组织或单位。

（2）需求咨询者：想要解决该问题或困难的人。

（3）咨询者：帮助需求咨询者以解决当事人的问题。

二、咨询与咨商、心理治疗的区别

海峡两岸一些教育工作者将咨询与咨商混为一谈，但站在辅导工作专业立场并根据国外学者的观点，两者是有差别的，如：

Brown（1979）等特别强调咨询不是咨商或心理治疗，因为后者是为当事人直

接提供服务，而咨询则是间接性的服务，同时他们也认为咨询并不是教育，因为教育是直接服务，不强调人际关系，而经常是由老师引导的。

咨询的目的大致说来，包括下列各项：

（1）增进或改善学生、家长及行政人员的学习环境。

（2）在提供数据给相关人员时，促进彼此沟通。

（3）为改善学习环境，将不同角色或功能的人聚在一起。

（4）扩大专家的服务。

（5）扩大教师、行政人员的在职教育。

（6）教导别人学习如何了解行为。

（7）创造一个包含所有好的学习气氛的环境。

（8）促进自我协助。

三、咨询的历史

工商业界和政府机构早就利用咨询者协助他们的员工解决工作上所面临的各种特殊困难，但在教育、辅导方面的发展却较为缓慢。自20世纪40年代末期到50年代初期的发展阶段，咨询只是一种直接服务。需求咨询者在延请专家（即所谓咨询者）处理许多他们深感困难的问题后，就放手不管了。但一段时间后发现如果让需求咨询者也加入工作的行列，将来他们面对类似的问题情境时，会更有能力去解决。因此到20世纪50年代末期，心理卫生与工商咨询方面有了重大突破，那就是使需求咨询者在咨询的过程中开始扮演积极主动的角色。

而促进咨询在临床心理学、教育领域发挥更大作用的是美国国会在1963年所通过的《小区心理卫生中心法案》。这个法案规定任何有关心理卫生的方案均须包含咨询部分。如此一来，咨询便从个别、小团体式的治疗性功能转变为更具发展性与预防性的作用。

四、咨询的步骤

咨商员从事咨询的基本要点是和别人一起工作，包括老师、家长、行政人员、督导、小区团体及其他社会机构中的工作者。咨商员在何时及如何去扮演咨询者的角色，必须视活动的目的、本身的能力、当时的情境和参与的人员而定。研究者列出如下九种咨询过程的步骤，相当完整且具有可操作性：

（1）进入前（pre-entry）阶段。针对的是咨询者本身。需先澄清自己的价值、需要和目标，同时也要评估自己担任咨询者所具备的技术如何。

（2）进入（entry）阶段。重点在于咨询者和需求咨询者之间关系的界定。此时和需求咨询者建立工作关系，同时也要了解其工作环境。

（3）搜集资料（gathering information）阶段。使用倾听、观察、问卷、晤谈、团体会议等方式搜集资料、澄清问题；同时由本阶段开始，咨询者和需求咨询者开始分担责任。

（4）界定问题（defining the problem）阶段。用评估的方式决定要达到的目标，将问题性陈述转化成咨询者及需求咨询者都同意的目标性陈述。

（5）决定解决方法（determining problem solution）阶段。咨询者和需求咨询者共同决定一个最好的方法以解决问题，最典型的方式是“脑力激荡”（brainstorming），即先写下所有的方法，再分析其中最具可行性的一个。

（6）叙述目标（stating objectives）阶段。先决定在预定期间内能够达成和测量出的结果。重点在于如何完成预定计划，所以目标要列得详细、清楚。

（7）施行计划（implementing the plan）阶段。设定目标后即开始实施，计划包括参与人员如何分工及分层负责，以及各项工作的进度、实施方式及预期的结果。

（8）评估（evaluation）阶段。施行的结果加以评估，以了解是否达到预定目标，但是施行的过程也需注意。换言之，需兼顾总结性与形成性评量。

（9）终止（termination）阶段。到本阶段必须重新衡量第五和第八两个阶段，再决定是放缓行动或重新修订计划或完全终止。不过即使终止和咨询者直接接触，在过程中所产生的效果仍应该持续下去。

咨询的过程并非一成不变，必须要经历这九个阶段，重要的是由一个阶段到另一个阶段时必须要取得有关人员的同意。

另外，也有学者提出五个步骤的咨询过程，包括：

（1）建立关系：特别是和需求咨询者建立工作关系。

（2）进行诊断：了解问题的成因。

（3）使需求咨询者察觉并引起动机，使其愿意去做。

（4）解决问题：需求咨询者展开行动。

（5）完成：选择其中有效的方法达成目的。

上述所提的不同咨询过程，可供咨询者在担任咨询角色时参考，咨询是可以视情况而作调整。

这是从理论研究上论述咨询与咨商的差异，但在实际辅导工作进行中，没有人会注意到哪些是咨询，哪些是咨商。

第四节　晤　谈

晤谈（interview）为个别辅导方式之一，目的在于使教师或辅导人员能充分获得学生的各项资料；教师或辅导人员并可提供学生所需的资料，让学生更深入了解自我，解决自身的困难问题，使其在生活及学习上获得更大的适应。

一、个别晤谈与咨商的异同

个别晤谈（Individual Interview）与咨商（Counseling）难以严格区分，尤其在我国，惯称咨商为晤谈，亦有部分文献认为个别晤谈为咨商方式之一，在文献中未见有人将其严格划分，盖咨商与个别晤谈之异同，仅能从两者之矫治性与教育性、发展性、专业性与普遍性去体会，方能窥其中之奥，兹分析如下：

就意义及目的而言，何谓咨商？综合辅导学家罗杰斯与威廉逊二人的说法，认为“咨商是辅导者与受辅者面对面研商解决问题的途径，为受辅者提供帮助，使其更能适应与发展的过程”。

其实个别晤谈，何尝不是老师与学生面对面研商解决问题的途径？老师提供协助，使学生更能适应与发展。就此而言，咨商与个别晤谈几乎没有什么差异，唯细加分析才能发现咨商所涉及的较为深入，以个体内在行为态度改变、人格发展与统一的过程居多。咨商较偏重于矫治性方面，而晤谈所涉及问题的层面较浅，多属教育性与发展性方面。

就方法技术而言，咨商所用的方法技术包括建立友好关系、接纳、情感反映、沉默、场面构成、引导、恢复信心、解释、澄清、终结。

以上技术在个别晤谈中都可应用，只是前者要求较为严格，咨商是受过此专业的训练人员，且其技术非常娴熟。后者在与学生晤谈中虽亦讲求方法，一般来说，皆非严格要求，事实上任何教师都时刻在进行着，只要达到目的便可。

就方式而言，咨商有个别咨商与团体咨商两种，晤谈亦有个别晤谈与团体晤谈之分，不过，咨商进行的场所较为固定，个别咨商多在咨商室进行，团体咨商多在教室进行，晤谈不一定在固定场所，只要时机许可走廊、教室、操场等可都以进行。

咨商与个别晤谈之异同，实难以截然划分，有重叠部分：

教育性、发展性	↑	矫治性
层次较浅	重	层次较深
普通性	叠	专业性
场所不甚固定	部	场所较为固定
（学校操场走廊亦可进行）	分	（通常在咨商室或教室进行）

图 11－2　咨商与个别晤谈的重叠部分

个别晤谈的步骤与过程并无严格规定，可依对象及问题性质与内容加以调整。

二、晤谈前的准备事项

（一）搜集学生资料

在谈话前教师应先对学生有充分的了解，故首先需要搜集学生各方面的有关资料，包括个人资料，如各种测验结果、特殊行为记录、特殊习惯、个人健康状况等资料。还应包含家庭方面的资料，如家长职业、家庭成员及文化程度、学生在家中的地位及邻居情况等。另外也需搜集学校方面的资料，如学生的学业成绩、课外活动情况、特别喜恶的学科、教师及在校的人际关系与地位等。最后要搜集学生过去接受辅导的情况，如辅导事项的来由、经过及结果。

（二）布置谈话的环境

个别会谈的进行必须不受外界干扰，如需在室内进行，室内光线及温度需调节适当，使学生感到安全舒适。同时，室内除了放置适于交谈的桌椅外，应布置一些装饰品点缀，以免室内气氛过于严肃。

（三）准备应用器材

凡谈话中可能用到的器物均需事先准备妥当，如各项资料、测验、记录表等。

三、晤谈应把握的原则

（1）建立融洽的情感。

（2）选择对方最关心的话题。

（3）要使对方有充分表达意见的机会。

（4）教师要听对方的意见，而不是要对方听教师的意见。

（5）对对方说话，态度要保持镇静，以示真诚，不可有蔑视的表现，应具有共鸣与同情的态度。

（6）教师亦要求对方态度保持冷静客观，才能正确描述问题。

（7）要使对方对于自己的想法、态度、能力、兴趣、动机等有所认识。

（8）对对方避免谈及的秘密私事，不要追根究底加以询问。

（9）对对方的谈话，不要加以批评，要避免主观臆断，应易地而处。

（10）即使知道对方在撒谎，也不可立即加以拆穿。

（11）晤谈所发现的问题，要实施辅导及设法解决。

（12）晤谈用字措辞，要适合对方的受教育程度。

（13）晤谈避免形式化。

（14）晤谈时避免一面谈一面记录。

四、晤谈中的技巧

（一）建立良好的关系

良好关系的建立可由下述三点构成：

（1）友好的态度，给予充分的注意与关怀。

（2）采用能使气氛融洽的话题。

（3）显示对其叙述很感兴趣。

（二）观察

晤谈对象的所言所为皆应加以观察，此等观察应包括身体的反应，例如脸红，激动紧张以及沮丧等，敏锐的观察有助于更正错误的判断及不合适的建议。例如：一个男生可能为了晤谈而来看教师，可是当他坐下时，却耸耸肩，一再强调他没有问题。可能他的耸肩比他的话更有意义，即使谈话中指出相反的事实，但耸肩可能表明失望与无助。优秀的晤谈主持者会将下列事实铭记于心中，那就是人们并不常是心口一致或言行一致的。

（三）倾听

优秀的晤谈主持者必须具有倾听他人谈话的能力，如他是一位富有同情心的倾听者或朋友，他将容许对方“倚肩痛哭”，显然这是减少紧张的良好途径，不要打断叙述，进行不必要劝告。

（四）发问

晤谈的重心在于发问的艺术，良好发问的特征由下列因素组成：友善、助人的意愿、陈述合适、声调恰当，话题属于用“是”与“否”作答的问题，应避免。

通常问话中的态度与声调远较措辞重要，晤谈中不应像问询证人或犯人一样，问题像连珠炮似的发出来。一般说来，询问应基于下述目的：

（1）得到特别需要的资料。

（2）将对方漫无目的的谈话引导为有效果的谈话。主持晤谈的人应研究自己是否有发问过多或过少的倾向，问题太多易于引起混乱，太少则无法探求和解决问题。

（五）交谈

与晤谈主持者的发问有密切关联的是他的谈论，下述几点是直接或间接与晤谈主持者“如何谈论”有关的建议。

（1）不能比对方谈得更多，应以对方为表达的主体。

（2）接纳对方的态度与感受。

（3）知之为知之，不知为不知，不应强以不知为知。

（4）控制并分配谈话的时间。

（5）用字遣词应配合对方的受教育程度与经验。

（6）避免主观，应设身处地从对方立场去考虑。

（7）避免一面谈一面作记录而引起的不安。

五、结束晤谈的技术

晤谈的终止应是整个过程中的自然阶段，而不是突然的中断，当学生表示不感兴趣时，晤谈即应结束，又晤谈主持者认为应告一段落时可起立走向门口以示结束晤谈。晤谈的结束应是有计划的，非拖泥带水、含糊不清。

六、个别晤谈后的处理

（1）填写谈话记录以备随时查考。填写谈话记录是个别谈话后应立即处理的一项重要工作，谈话如无记录，不但日后无法查考，且日常的辅导也失去依据，有时候会影响到自己一贯的态度，失去学生的信心，以致妨碍辅导工作的效果。谈话的记录不宜在谈话时当着学生面做，但谈话结束后，应即刻记录，以免时间太久而有遗忘或失实，以致失去参考价值。

（2）研究学生困难的原因，并谋求解决办法，必要时举行访问。个别谈话应根据所得结果，以及学生当时的各种反应，来研究其困难原因所在，若是家庭环境的原因，晤谈主持者需联络学生父母，提出适当的辅导办法，如是学校环境中的各种原因，应协调校内相关部门改进，若属学生自己方面的原因则应提出有效解决办法，予以适当的辅导。

(3) 约定的工作要随时辅导，切实查考。必要时，在谈话结束前可约定一些谈话后的工作，随时注意学生是否在做这些工作，并需切实考查工作成效，分别给予协助和奖励，能力较差者，应帮助其制定工作实施的进度，按各项工作的性质予以辅导。

(4) 保存谈话资料。个别谈话记录表填妥后，需并入学生全部资料中，妥善保存，不可遗失。

(5) 保密。教师于个别谈话中所探知的学生秘密，只用于研究解决学生困难，切不可当茶余饭后的谈话资料。

(6) 继续研究。个别谈话后，学生困难问题及适应能力是否解决，行为是否正常，应随时注意。一方面可检验谈话的效果，另一方面也可启示以后的谈话与问题处理方法。

第五节　咨商人员的专业伦理责任

世界上实施辅导工作的国家所制定的咨商人员的专业伦理与责任，内容大同小异，今举中国台湾地区所制定的《中国辅导学会咨商人员的专业伦理责任》以供参考。

(1) 确信辅导为教育整体之主要部分，其目的在于促进个人完整人格之发展。

(2) 咨商员应重视个人之专业辅导工作，不断充实专业知能，以促进其专业能力发展，提升服务品质。

(3) 从事专业咨商实务之人员，应接受适当的咨商专业教育或训练，以取得正式的专业资格。

(4) 咨商员应认清及恪遵服务机构之政策、目标和规定，表现出高度的合作精神。若发现服务机构之政策、目标和规定有违专业目的，又无法达成协议时，应考虑本身之去留，以维护其专业精神。

(5) 咨商员的首要责任在于帮助当事人学习解决问题的知识和技巧，并提供完整、客观、正确的信息。

(6) 咨商员对国家、社会及第三者负责任。

(7) 若当事人之行为可能危及个人或他人或团体之生命、财产安全时，应审慎研究，并立即采取适当措施，向相关个人或机关提出预警，唯应避免透露当事人之身份。

(8) 要以公正、公平的态度对待当事人，不得有歧视、利用及诱惑之行为。

(9) 咨商员应保持价值中立（neutral value），避免对当事人作价值判断，虽然咨商员有义务表现自己的价值，亦应避免将这些价值强加在当事人身上。

(10) 咨商员有责任向当事人说明自己的专业资格、辅导或咨商目标、过程和技术运用等，以便当事人自己决定是否接受。

(11) 咨商员应了解自己专业知能之限制，避免接受超越专业能力之个案，必要时给予转介。

（12）提供咨商服务，应认清自己的专业经验及价值观，不得强制当事人接受。

（13）咨商员应该根据当事人或团体、机构或组织的实际能力和现有资源，提供解决问题的策略方法或技术，切实解决问题，以满足其需要。

（14）提供咨商服务前，应与当事人就事情真相、主要问题及预期目标达成一致，然后再提供解决问题的策略方法，并预测可能产生的结果。

（15）在开始咨商关系之前，应向当事人说明可能影响咨商关系的各种因素，诸如互相信任、自我表露、积极参与、角色冲突等以帮助当事人决定是否建立咨商关系。

（16）开始咨商时，应向当事人说明双方对咨商机密的权利与责任，以及保密行为的性质、目的、范围及限制。

（17）实施辅导或咨商服务时，应知悉自己对当事人生活的影响及对社会的责任，谨言慎行，以免贻害社会及当事人。

（18）实施咨商工作时，应认清自己的咨商角色与功能，只在帮助当事人成长，并培养其处理问题的能力和技巧，而非代替他解决问题或作决定，以避免其养成依赖咨商员的习惯。

（19）咨商员亦应尊重当事人的隐私权，谨守保密原则，唯因其为未成年之当事人，应向他详细说明咨商机密的性质、保密的内容、原则和限制；尤其需说明父母对他的合法监护权，以及为保护他的安全和福祉，父母及师长应尽的责任及义务，以增强他对咨商关系的信任感。

（20）对未成年当事人之咨商，宜事先征得其家长或监护人之同意，以示对合法监护权之尊重。

（21）在学校或其他机构服务，宜把辅导与行政角色划清界限，把行政资料与咨商资料分开处理，不得随意将咨商资料公开。

（22）在咨商关系中，咨商员应谨言慎行，避免损伤未成年当事人之身心，凡事以其福祉为重。若为帮助他改变不良行为，并确知此不良行为后果堪虞，而他又缺乏适当的抉择能力，必须采用含有危险性之技术予以矫正时，应预先做好适当之安全措施，以避免或降低可能之伤害。

（23）未成年当事人的自由决定权利亦应受到尊重。在咨商关系中，应审慎量度当事人的自由抉择能力，并对其抉择之后果的利弊予以衡量比较。必要时，应做适当的价值澄清，帮助他建立较正确的价值观，并作出较明智的决定。

（24）保守咨商机密是咨商员的伦理责任，未征得当事人之同意，不得对外泄露任何晤谈内容或其他咨商资料。不得强迫、诱导或规劝当事人表露其隐私。

（25）咨商机密旨在保障当事人的隐私权，保护咨商专业人格之完整，维护专业辅导工作的形象，并征信于社会大众。咨商员应切实遵守咨商保密原则。

（26）在团体咨商中，咨商员必须为团体参与者所表露的一切制定保密规范。

（27）若必须提供咨商资料时，应以当事人之权益为优先考虑。以不透露当事人身份为原则，尽可能提供客观正确的事实。

（28）咨商过程中，决定录音或录像之前，必须获得当事人的许可。凡是咨商记录、录音、录像以及往来信函、有关文件、测验结果及解释等资料，均属机密，应妥为保管，严禁外泄。因故必须提供有关人员参考时，需先征得当事人之同意，提阅资料者亦有保密责任。

（29）若为专业教育、训练、研究之目的，需要利用咨商及相关机密资料时，除需先征得当事人之同意及避免透露当事人之真实姓名外，使用资料者亦应有保密责任。

（30）当事人之父母、合法监护人或对当事人负有行为责任之非辅导专业人员，要求提供咨商资料时，咨商员应向当事人说明要求提供资料者之合法性，征得同意后，方可提供资料。

（31）在咨商关系中，咨商员的主要责任是促进当事人的福祉及人格之完整，应避免可能造成当事人身心伤害的任何不道德行为。

（32）从事辅导或咨商工作时，不得利用当事人满足自己的需要或图利他人。

（33）由于咨商服务关系着当事人或团体机构的福祉，咨商员应先确定提供咨商服务的真实需要，切勿为人情所困，介入当事人利益之纷争。

（34）应确认咨商关系为一种特殊的专业关系，咨商员与当事人之间不得介入某种名分或感情。

（35）为保持咨商关系的超然立场，咨商员不得利用咨商关系，建立其他与咨商无关之关系，以满足自己的需要或顺从当事人的要求，诸如领养、干亲、交易或亲密关系等，以免产生角色冲突或影响判断的客观性及专业行为。

（36）咨商员若遇有行政、督导或评鉴等，与咨商发生角色冲突时，宜避免与当事人建立咨商关系。

（37）接受个案前或处理个案时，若发现当事人正在接受其他辅导人员咨商，应征得原咨商员之同意，并要求取得其资料，否则应拒绝给予咨商或即刻停止咨商。

第十二章
家庭咨商

第一节　家庭咨商的含义与功能

一、家庭咨商的含义

家庭咨商（family counseling）又称家族治疗（family therapy），是心理辅导人员与当事人家庭间的一种人性接触，它是处理家庭社会心理问题的一种技术，处理的问题包括个人的问题如沮丧、焦虑等及家庭的问题，如婚姻、亲子关系冲突等。家庭咨商也可以和个别咨商或精神药物学治疗联合使用。

二、家庭咨商的功能

（一）教学功能

（1）扮演教师与示范者的角色，教育家长或全体家庭成员对家庭问题认识一致。

（2）使咨商员认识该家庭的家庭动力，子女生涯发展压力及心理与生理疾病。

（3）示范、教导家庭适当的行为。

（二）预防功能

家庭咨商的预防功能主要在于帮助家庭在其生活中免于遭遇如下问题：

（1）家庭婚姻生活的调适。

（2）子女出生、抚养与管教。

（3）青少年子女问题。

（4）年老双亲对成年子女的依赖。

（三）支持功能

家庭咨商的支持功能主要在于帮助家庭克服困难，常用如下方法：

（1）专注与倾听。

（2）协助家庭成员表达感受。

（3）关怀。

（4）让家庭成员负责解决自己的困难。

咨商员在支持性的家庭咨商期间要作为稍微消极性的角色出现，而不是积极地从事家庭教育与解决家庭问题。

（四）挑战（或激励）功能

（1）安抚苦难者，相当于支持。

（2）扰动安逸者，唤醒对自己具有幻觉或对自己的问题毫无知觉者。

（3）免于咨商员长期无结果的咨商。

第二节　家庭咨商理论

家庭咨商（治疗）的理论假设是基于有害的家庭关系所引发的子女情绪问题。家庭关系的问题也决定家庭成员的情绪问题，因此，父母与子女乃至整个家庭必须一起接受咨商（治疗）。有家庭系统论与临床结构式家庭动力论为依据。

一、家庭系统论

1950 年，家庭治疗先驱者，为了解家庭环境的个体症候，借用一般理论系统观点：

（1）家庭不只是个体集合，是整体大于部分的总和。

认识一个家庭，不只是认识家庭中每一个成员，更要认识家庭成员间的互动关系，因为家庭中某一成员的压力或改变都会影响整个家庭。

（2）治疗的主要评估工具及分析家庭的互动模式。

家庭不断地重复其互动模式，以此来节制家庭成员的行为。每一家庭均有家庭常规或称为家庭仪式典范，虽然一般并不明显，却提供了家庭生活的规则模式，如家中谁该做家务，谁作决定等。

（3）个人的特征可能具有家庭功能。

一种生理的或心理社会的症候，可能因其并入家庭的互动模式中而成为家庭和谐与有序的要件。

例如，婚姻基础建立在看护者—病患者角色上，其中患者视对方过度保护，并伴较低自我胜任感，这种家庭并非常态。家庭咨商应帮助其改变这种功能失调的互动模式，为预防这种症候的发生，咨商员最好在其初期即能实施咨商，免于其日后恶化，而难以治疗。

（4）适应改变的能力是家庭功能健全的明证。

改变永远是家庭要不断面对的挑战。例如：家庭成员的生老病死以及社会政治与自然环境的变迁。家庭咨商员应强调家庭面对“改变”的弹性与适应力的重要。例如：新婚夫妇生育小孩，初为人父母时，如何调整婚姻的角色和善尽亲职；当青年子女争取独立自主时，父母必须学习新的角色；当子女婚嫁时，父母必须学习姻亲的角色扮演。

（5）在家庭中没有受害者和加害者。

家庭成员对家庭问题要共同分担责任，咨商员要避免盲点（blind spot）现象，不以“好人与坏人”的二分法来看待家庭问题。家庭中没有坏人、恶棍，因为在维持长期或慢性的家庭问题上，家庭成员每一个人都是行动者，也是反应者。

总之，家庭体系理论的精义在于强调人类在其亲密环境中的相互关联及人类行为与人类问题的互动情况，家庭成员与家庭整体通过相互依赖的运作方式进行，因而导致家庭成员与家庭整体健康的或有害的后果。

二、临床结构式家庭动力学理论

（一）理论精义

（1）用来评估身心性家庭问题。

（2）不需要搜集大量的资料或家庭史。

（3）提供足够的基本资料，以对问题进行处理。

（4）问题取向是处理家庭问题的重点，但不忽略根本的家庭动力。

（二）基本概念

家庭动力学（The Theory of Family Dynamics）具有下列四项基本观念：

（1）互动形式（transactional patterns）：指家庭互动的循环顺序，具有维持家庭稳定的功能。例如：家庭成员之间彼此关联的对象、方式与时间。

（2）适应（adjustment）。家庭功能失调往往是适应偏差结果，适应力可协助家庭改变，以应对外来的与内在的压力。方法是应用互动。

（3）家庭次级体系：指家中较小单位，如夫妻、兄弟、姐妹，都可视为次级体系，相互支持、养育、学习规范以及社会化功能。

（4）界限（boundaries）。界限是维护次级体系的独特要件。次级体系必须不同于父母与子女（亲子），界限必须清晰，以免相互干扰，但必须具有弹性，容许彼此接触。

界限明确是结构式家庭治疗的重点，但界限不能太僵硬，例如母子关系太亲密而排斥父亲，也不可太松散，例如夫妻生活易受子女干扰而没有隐私。

（三）结构家庭咨商（治疗）方法

（1）介入家庭。咨商员展开初次会谈，要以亲切和友善的态度，暂时接纳家庭结构形式。

（2）重建家庭。帮助父母改进其对于女的管教方式，要父母并肩而坐，共同参与治疗。使家庭成员都知道家中的共同事务，要求成员直接处理冲突。例如帮助夫妻面质彼此不满，而不是把责任全推到子女身上。

第三节　家庭咨商（治疗）模式

家庭咨商（治疗）的模式，因不同派别而异，有共性也有差异性。

一、家庭咨商模式的共性

(1) 多数咨商员把整个家庭视为一个整体而加以评估，然后与家庭个别成员会谈，最后仍回到整个家庭体制的互动关系中。

(2) 咨商员均设法协助家庭改善其功能失调的互动过程，例如家中共同事务决定的方式，较不重视特定冲突的内涵（如金钱争执）。

(3) 咨商员重视家庭互动模式，免于与家庭某一成员结盟或被利用来对抗其他成员，要求成员只讨论自己而不指责别人。

(4) 咨商员以晤谈来澄清家庭成员间的困惑并就此进行沟通。

二、家庭咨商模式的差异性

家庭成员的心理发展注意程度不同。有些学派如 Muray Bowen（1978）强调家庭功能发挥的水平决定父母的心理发展，因此，家庭治疗师要长期从事协助父母以更明智的方式处理自己的情绪；有些学派如 Minuhin（1974）等，重视协助家庭改变其行为或互动模式；也有些学派强调家庭功能失调的历史根源以及三代家庭体制的处理，有些学派强调“此时此地”互动形式的角色。有些学派搜集大量的家庭背景资料；有些学派则建立简单的家庭史。有些强调广泛的家庭问题；有些则处理较具体的问题，如婚姻失调或亲子问题等，不一而足。

家庭咨商是一门科学，也是一门艺术，运用之妙，存乎一心；它也是一系列的行为技术，以及一连串的互动与交流的过程。以下是家庭咨商的基本技术与过程。

（一）参与家庭技术

(1) 先使家庭成员认识咨商员的角色。

(2) 最先了解最具影响力的成员，与其进行特别沟通。

(3) 交谈内容可以是随意的和非正式的。

(4) 先与成员中离问题最远的人建立互动桥梁。

(5) 适应该家庭的特别风格。

（二）起始技术

(1) 避免采用直接的开始，宜用开放性的问句。如避免：“我能帮助你们处理什么问题?”宜用“告诉我，这些日子家中的情形如何?”

(2) 如果是子女问题，宜先与其双亲讨论。

(3) 如果家庭遭遇重大变故，可用预防或支持式咨商。如“我知道你们已面临家庭生活的重大改变，我愿意尽我的力量协助你们。”或“家中正遭遇问题，我愿意坐下来和大家讨论，看看我们能做些什么?”应先询问最想解决问题的人，如“你今天过得怎样?”再询问其他成员。

（三）建构咨商过程

(1) 需要每一成员都有发言权且不受干扰。

(2) 询问每一个成员意见时，不可让其他成员争吵，别让自己被其他成员引往岔路。

（3）当讨论偏离主题时，应适时引回正题或转换话题。

（4）如果被要求讨论时机尚未成熟或问题不适当时要婉拒。

例："我们该怎么办?"可回答："我想，我们首先需要进一步了解事情的真相。"或"我只有在你们都知道自己需要什么样的家庭的时候，才能提供你们一些办法。"

（5）咨商环境的安排，最好让全体围成圆形坐下，可从他们的座位诊断其家庭关系。可以要求改变位置，选择决定参与咨商的对象，不可以让他们随性参加或不参加。

（四）界定问题

方法是要求成员表明其所希望的家庭改变，咨商员界定问题时要具体、清楚。如成员表明："我希望他多待在家里，多陪我几天，跟我谈天，而不是看电视。"而不是笼统的，如"我希望他多关心我。"当问题界定后，咨商员要做摘要，在终结时要求家庭成员执行改变的计划。

（五）搜集资料

家庭发生问题时，不是因为问题本身，例如沮丧或其他外显行为，而是家庭如何处理这个问题。因此，在第一次咨商时，对当前的问题只取简要的资料，知道问题的原因及发展过程即可。

（六）保持中立

咨商员必须确信，家庭中没有坏人，也没有无辜的受害者，方法是尽可能了解每一个成员的问题或提供解决方法；并列出每一个成员在问题上的立场，指出其相似之处，将双方的立场都表明。咨商员在家庭成员的冲突中保持中立。

（七）鼓励共同合作

（1）帮助成员知道如何支持家庭。

（2）帮助成员改变互动方式。

（3）培养成员归属感、甘苦与共的情愫。

（八）促进家庭讨论

第一次咨商是个别晤谈，然后让家庭成员彼此直接交谈，可用下列方法：

（1）经由座位安排，使特定成员直接互动。

（2）使成员彼此注视。

（3）若遇成员过于冷漠严肃，咨商员可加入讨论，提供意见后退出。

（九）提供支持

（1）保持安静，多听少说。

（2）适时作情感反应，把成员的情绪与感受表达出来。

（3）先接纳成员的感受。

（4）运用社会资源支持。

（十）教导

（1）提供成员需要的信息，如危机中的家庭需要充分的信息解决问题。

(2) 教导与帮助家长解决青少年问题。

(十一) 促使改变

先与家庭中最想改变的人进行咨商，使其领导改变，咨商员扮一个“触酶”角色，而不是道德批判，如说“你对不起你的家庭”。

(十二) 处理抗拒

常见有下列两种抗拒：成员无法配合咨商结构，如缺席、迟到、不合理的时间要求等等，成员与咨商员争吵，如当事人说：“是的，但是……”

处理抗拒常用以下方法：

(1) 建议成员思考咨商员的意见。

(2) 鼓励成员充分表达对问题的看法以及愿意改变的方式。

(3) 注意成员不同意咨商员的意见，不一定是抗拒，也许他们有更好的方法处理问题，所以不妨先跟着成员的意见走，寻找双方一致意见的空间。

(十三) 帮助家庭订立行为契约

(1) 行为契约应在冷静的气氛、积极的情绪下订立。

(2) 诚意履行契约。

(3) 参与者均明确同意对特定的行为进行改变。

(4) 不宜订立补偿契约。因补偿契约是条件交换，例如“如果你不改变，我就不改变”。

第十三章 个案研究技术

第一节 个案研究的基本认识

一、个案研究的意义

个案研究是个别辅导中极重要的专门技术，它针对学生特殊问题行为（较严重者）作研究。汇集并研究其有关情况，说明需要处理的困难问题周详方法，进而了解学生，帮助学生，以达到适应个性，因材施教之目的，所以，个案研究是辅导工作中重要的一环。

个案研究多以一个学生为对象，详尽调查其有关身体、智力、学业、情感、社交、态度、家庭及社会等资料，详细加以分析研究，以期彻底了解真相及困难问题，然后针对问题的原因与困难之所在，提出适当的处置方法，使其在行为上有所改善，从而获得有效的发展。

早期将个案研究应用在行为有问题的儿童身上，如顽劣或有反常变态的行为，这种研究方法现在仍受重视。不过近几十年来，教育工作者也将这个方法施于无特殊问题的学生，从他们的生活中去发现问题，如学习上的、性向或兴趣上的或特殊才能上的，使老师或家长对他们有充分了解，从而予以更适宜的辅导，以增进他们的身心健康、学业进步或发展潜能。

二、个案研究的功用

个案研究在教育上应用得已经很广，教育上许多问题的解决，尤其在心理辅导方面，有赖于个案研究的帮助，个案研究在辅导上至少有下列几种功用：

（1）了解学生的困难所在。

如以违规犯过，行为反常变态的学生为例，这些违规行为绝不是由单纯或同一原因所造成。其中有许多可能的因素。个案研究则从如个性、智力、身心状况、家庭环境、学校同侪交往情形等多方面去了解，对各种因素作一番详尽的考察，然后才能了解行为的真正症结所在，也才能够真正帮助学生改善行为。

（2）了解行为的动机。

人类的行为都有其基本原因，对于学生的不良行为，不是仅加以惩罚就算尽了责任。譬如学生有偷窃行为，要从根本上纠正这种恶习，不能只消灭表面上的偷窃行为，而必须对其个性、环境以及该生生活近况等有详尽的了解，对于行为的动机予以切实的诊断，然后设法从根本上去消除其偷窃行为。不同的学生发生同样的偷窃行为，其根本的动机和原因却有异，处置的方法也就不同。个案研究就是寻求行为动机的重要技术。

（3）了解情绪发展的过程。

对于情绪反常的学生，如无事发愁、过分焦虑、不必要的羞怯或喜怒无常等现象自然不是一朝一夕所造成的，而是逐渐发展而成的。通过个案研究，可帮助学生了解这种现象发展的过程，以对学生改善行为有所帮助。

（4）了解个人的特质。

每个学生都应被视作一个个体，故其行为自有其特殊的历史背景。个案研究是以个体在其生活背景中的发展活动为对象，因此对每个学生的行为特性，便不能一律以呆板机械方式，而不顾及个别情形来概括，个案研究的功用便是对每个人特殊性质的了解，以便帮助个人改善其行为或解决其适应问题。

三、个案研究的对象

辅导工作实施个案研究时，并不是将全体学生一一列入研究范围，列入建立个案的学生有其标准，以下四种情形在辅导上有建立个案的必要：

（1）情绪不稳定，表现反常。

有些学生，在情绪上的表现相当不稳定，在情绪发展过程中有反常现象。如出现过分紧张、孤僻、冷漠、喜怒无常、自卑，甚至精神错乱、行为失常，近乎变态等现象的学生，均应作为个案研究的对象。

（2）品行不端，行为乖张。

学生品行不端的情形很多，如偷窃、打架、逃学、赌博、欺侮弱小、参加不良帮派等，或在学校破坏公物、侮辱师长等，此类学生令学校最感困惑，应作为个案研究的对象。

（3）身体缺陷的学生。

学生身体如有缺陷，影响学习效率，而且在生活上亦常发生困难，重则伤害其人格发展，对此类学生可进行个案研究，为其检查诊断，提供治疗方法。

（4）学业成就低劣的学生。

学业成绩不良有多种因素，教师宜从根本原因着手，方能改进其现状，个案研究从多方面予以查明真相，针对影响学业成绩的症结，设法诊治以求改善。

（5）特殊才能学生。

A. 特殊才能学生包括高智商学生如理解力强、学习能力高的学生。

B. 也包括具有某项特殊才能的学生，如具有科学、文学、音乐、艺术、体育等特殊才能的学生。

四、个案研究的主要困难

（1）资料选择不易周全。

个案研究的目标在于对学生的性格、心理属性及生活的全部获得一个完备的印象，这“全部事实”实际上并不能全部记载下来，所以收集资料时，只好选取相关以及一些较为重要的部分，这样就容易有挂一漏万、资料不易周全的问题。

（2）资料的真实性不易判定。

个案研究必须依据资料，个案研究所需资料有很大部分来自父母、亲属、老师。这些资料不但要有客观的事实，还要有一些他方意见或判断。而提供资料者的合作态度、判断能力、记忆是否无讹，有无感情用事等，均因难以确定而产生个案研究的困难。

（3）问题的观点不易一致。

在访问或在个案会议中，对一些关键性问题和观点，常有不一致的情况出现，以致对问题所采取的态度及解决方案出现分歧，这也使个案研究发生困难。

（4）判断与处置需要科学工具与专业知能，广泛应用有困难。

在所收集的许多事实当中，研究还得辨别哪些是重要的部分，然后决定取舍，再将所采取的资料综合分析，以分析结果作为处置的依据，这一点需要借助于科学工具，而且常受制于研究者的个人财力。

以上所言的主要内容是个案研究方法，并不是可以向任何人无条件实施的，也不是任何人可以无条件从事的，而是研究者一方面要有相当的训练，另一方面要得到家长、老师各方面的支持，这样才能产生良好的效果。

五、从事个案研究人员的素养

从事个案研究者，必须了解的一点是个案研究既然是从辅导的观点来研究个体行为，则对于近代心理、人格心理、测验与统计、辅导原理与方法等，要有充分的了解。对普通心理学、儿童心理学、变态心理学等的基本知识也应掌握。有了这些基础，方足以进行个案研究，以减少偏颇错误。

第二节　个案研究的实施方法

一、个案研究的原则

（1）选择个案时，不宜只看表面现象，没有明显行为问题的学生，也应注意观察，在问题行为未表面化之前知所防范。

（2）个案研究的目的，在于对一个学生的人格和生活的全部进行研究，故必须对其人格的形成、生活的历史与现状等有所了解。在叙述其历史背景时，不可受当前问题影响，也不可以片断往事来附会当前的现象。

（3）进行个案访问时，要能把握访问的目的与原则，力求发现真相，并能鉴别其客观性。

（4）参与个案研究的人员，必须就各自负责的部分作客观的分析。个案会议时所提出的部分资料应互相印证。各工作人员应有一致的观点，淘汰不重要的或不可靠的，然后再对剩下的资料进行综合观察与分析。

（5）对所搜集的一切个人事实资料，应负保密之责。

（6）有关精神医学上的诊断、治疗，非辅导人员所能胜任者，在个案研究进行中可转介专家处理，不可贸然行事。

二、个案研究的方法

（一）确定合适的工作人员

根据个案问题的性质来确定主持该个案的工作人员。工作人员的确定，除考虑对个案的接近情形外，尤应注意的是个案研究工作者需要有各有关学科的基本素养与训练，方能胜任。某一个案的主持人是该个案的主要负责者，他将集合相关的工作人员共同处理该个案，而非由一个人总揽该个案的全部资料。

（二）邀约其他专家的协助

因个案研究对象涉及各方面的研究工作，因此有赖各方面人才的通力合作，故学校首先应从对社会工作、心理测验、咨商方面有研究的校内教师中遴定，并邀请校外人士，如心理学、教育学、医学、精神病学、社会工作者、心理测验等方面的人才支持，他们专长不同，所提供的意见可作为处理个案问题的依据。

（三）举行个案会议

个案研究不是仅由一个工作人员独立进行，而是要用协同工作（team work）的方式，邀请有关人员共同进行。因此，举行个案会议便成为个案研究的重要部分。

1. 个案研究会议应持的态度

重点应放在“今后如何”。个案会议应以参与会议成员对个案的了解及处理意见为主，使个案的问题具体化。参与个案会议的人数以 4 ~ 7 人为宜（人数非严格规定，视情况而定）。每个成员应有各自的任务。

2. 个案会议的进行

（1）个案的报告。由担任个案之个别辅导者以 1/4 的会议时间，就个案的要点作简单报告。

（2）研究协商。以报告的事项为中心，进行研究协商，大多采用自由讨论的形式。

（3）确认协商后的处置方针。协调决定今后的负责人及助理人员，当前的辅导策略及今后的工作方针等。

三、个案研究的步骤

个案研究进行的步骤，概括地说可以分为三方面：第一是原因的调查，第二是现象的诊断，第三是补救的措施。当实地从事研究时，这三方面的工作可从以下五个步骤来进行：

（1）确定研究对象的症状。

发现学生有异常状况以后，首先要确定症状的性质，了解症状的全部表现。例如，研究有偷窃行为的学生，不但要了解偷窃的事实，更要了解这个学生“偷窃”行为的特殊意义，所以要先调查个案的学生资料、家庭资料，或以心理测验了解其情绪状态，了解其社交情形等，以确定其偷窃行为的特殊意义。

（2）收集并研究与现象有关的资料。

对个案不但要尽量搜集丰富的材料，而且要从各种资料中，加以研究与鉴别，如此得到的数据才有参考价值，搜集方法不外乎以下六种：

A. 访问法：访问当事人的父母、亲友、师长等。

B. 问卷法：调查其生活情形及社交等。

C. 观察法：观察其本人在各种情境中的反应。

D. 测量法：用心理测验或标准测验考查当事人的智力、性格、兴趣、学业成绩等。

E. 评估法：由父母、师长分析其思想、行为动机、性格等。

F. 文献分析法：对其本人的日记、作品、信件加以分析，以增进对个案的了解。

（3）分析资料，诊断原因。

这一步骤是个案研究的中心工作，个案会议多在此阶段举行。要对不同角度所获取的资料作综合分析，观察某种假定的前因或条件是否存在，以判断其根源及困难根源所在。不过诊断的工作是很困难的，工作人员的素养与经验至关重要。个案会议的运用占颇为重要的地位。

（4）提示处理方法。

根据前项诊断原因，拟定处理或补救的方法，运用个案会议分配辅导职责，谋求个案研究目标的达成。

（5）追踪研究与补救教育。

前项的诊断有时未必正确，拟定的辅导补救方法亦未必有效，因此，需用跟踪研究，必要时应重新调整处理办法。

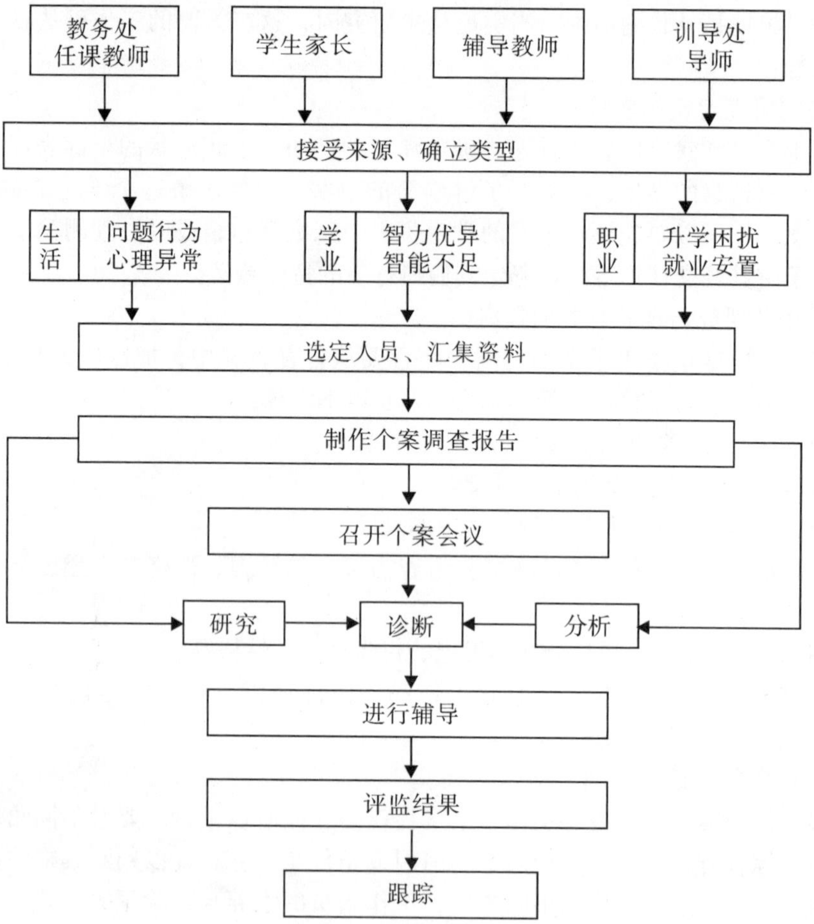

图 13－1 个案研究作业程序

第三节 个案研究报告撰写方法

一、撰写研究报告的注意事项

首先需根据个案研究的对象、问题的性质与研究的步骤、计划必须表格化，使所搜集的资料可以有条理且有效地表现出来。然后要注意内容的客观性，叙写力求正确，尽量避免个人偏见，根据发现的事实作解释或判断。报告中除一般的陈述以外，关于学生的智慧、成就、人格特质以及各种测验资料、调查结果，都要说明确切的来源。整个报告反映的是一个完整的辅导过程。

二、个案研究报告格式

为使个案研究周全而系统，所以应先按照个案的性质，预先计划表格。但是表格并非一成不变，在运用时也不应机械填答了事。研究者应凭着专业知识和训练，充分了解表格中每一问题的目标、含义与作用，使表格成为研究的指针。表格的设计，应避免冗长，并讲求系统化。兹举两例参考。

表 13－1　个案研究报告示例一

姓名（性别、年龄、年级）	
问题行为描述	
问题原因	（1）当事人的生活史：含医学、社交、情绪、智商、教育与经济方面的情况。 （2）当事人家庭史：（同前）。 （3）当事人的现状：生理的状况、社交与情绪的顺应、智力发展、教育的顺应。 （4）其他。
原因诊断	
辅导方法	
辅导结果	
继续调查、诊断与辅导	

表 13－2　个案研究报告示例二

姓名	
性别	
出生日期	年　月　日
年龄	岁　个月
IQ	（测验日期　年　月　日）
班级	
籍贯	
住址	
电话	
家长姓名	父
	母
教育程度	父
	母
职业	父
	母
经济状况	上　中　下
兄弟姐妹	兄　人、弟　人、姐　人、妹　人
辅导教师	
个案来源	

（1）问题概况。问题包括主要问题、附带问题、问题的开始及演变经过、历任老师对问题的看法。历任老师包括前任班主任（包括过去的班主任的评述）、科任教师（包括过去曾任课程科任老师分别的评述）和现任班主任。父母对问题的看法。

（2）当事人的基本需要。要判断当事人是否缺乏生理上的基本需要及心理上的基本需要。其中心理需要包括有无获得适度的爱护和温暖、自尊心的维持、归属感、成就感、在适当的时期有无得到适当的训练。

（3）智力因素。智力因素首先要考虑是否为智力低下，是先天性的还是出生后有无患病所导致的。其次考虑是否缺乏学习动机？原因何在？最后得出智能测验的结果：最近考试成绩（逐科填写）各科实际能力如何？

（4）生理因素。生理因素需要考虑有无视力障碍、有无听力障碍、有无语言障碍、内分泌腺功能是否异常、有无癫痫病、有无慢性大脑证候群、肢体残障情形、慢性疲劳情形、有无心因性疾病（即由心理原因引起的生理疾病）。

（5）家庭因素。家庭因素包括物质生活与精神生活。后者需要考虑与家人相处的情形（包括休闲生活）、父母的管教态度、父母对当事人个性的评价、父母对当事人的期望、家长对学校的建议、当事人对家人的看法。

（6）学校因素。学校因素要考虑如下问题：①前一阶段（幼儿园、小学或中学时期）的表现如何（父母及师长评述）？②有无转学、休学、长期缺课情形？③学习方面及活动方面是否有兴趣或具有某种专长（自前一个年级到目前为止）。④师生关系如何？⑤与同学的关系如何？⑥当事人与家长怎样计划升学或就业？

（7）社会因素。社会因素要考虑：①课外生活与邻居朋友的关系。②喜欢哪些课外读物？每天阅读时间多长？是先做作业还是先看课外读物？③喜欢看哪些电视节目？有何影响（包括睡眠时间、作业时间以及行为的影响）？

（8）综合分析。

（9）辅导策略。

（10）辅导结果。

第十四章 适应欠佳行为的诊断与辅导

第一节　适应欠佳的含义与行为分类

一、适应欠佳的含义

适应欠佳，又称不良适应或适应障碍，指个体在学业上、生活上、人际关系及情绪上有了困难，进而影响到他的生活适应。各级学校中，有部分的学生适应欠佳，他们本身不快乐，又不能把精力投入到学业上或交友上，结果功课不好，和同伴也相处不来，更引起续发性的适应困难。当无法以社会允许的方式来解决困难时，这些学生就变得情绪紧张、焦虑、害怕或忧郁，有的变得退缩、害羞、不合群、拒绝上学或有一些生理上的病痛，如头痛、头晕、肚子痛或晕倒。另外一些学生，甚至用反抗、逃学、说谎、打架、扰乱秩序等方式表现出来。其实可以把所有明显异于常态且妨碍其正常生活适应的行为，统称为适应欠佳行为或不良适应行为或偏畸行为。

二、适应欠佳行为的分类

适应欠佳行为迄今仍无理想的分类系统。最通用也最概括的分类是反社会行为与非社会行为两类。杨国枢（1978）研究初中学生的问题行为时，将其分为三类：

第一类是逃避性的问题行为，包括偷窃行为、吸食药物、不当娱乐、异性行为、逃避家庭、逃避学校等六项。

第二类是违抗性的问题行为，包括攻击行为、课堂违规、违抗权威、其他违规犯过行为等四项。

第三类是情绪性的问题行为，包括疑心妄想、忧郁悲观、焦虑紧张、敌意情结、心身症候、学习困扰等六项。

台湾大学附属医院儿童心理卫生中心主任徐澄清（1963），根据多年处理儿童偏畸行为的临床经验，认为下列的分类法比较实用：

（1）精神病行为。儿童精神分裂症（包括幼儿自闭症），其出现率虽然远不如成人那样高，却是儿童偏畸行为中最严重的一种。

（2）外向性的问题行为。逃学、离家出走、不合作、反抗、不守规矩、发脾气、撒谎、偷窃、打架、伤害别人、捣乱、破坏行为、欺负弱小、粗语辱骂等。

（3）内向性的问题行为。畏缩、消极、不合群、不敢表达自己意见、过分依赖、做白日梦等。

（4）学业生活上的问题。考试作弊、不做功课、投机取巧、粗心大意、偷懒、偏爱某些功课而偏恶某些功课、学业成绩不稳定、不专心、注意力不集中等。

（5）焦虑症候群。

A. 遭遇困难时，有坐立不安、发抖、表情紧张等表现。

B. 由焦虑引发消化系统与循环系统的机能障碍，如呕吐、腹痛、头痛、头昏、心胸不适、全身无力等。

C. 由焦虑引起强迫性思考、强迫性动作。

D. 遭遇困难时，表现得歇斯底里，即身体器官忽然产生感觉或运动机能的障碍，如手足麻痹、目不能视、耳不能听、口不能言、身体痉挛，或忽然如产生双重人格般，变成另一个人，乱叫乱跳，但事后一点也不知道发作中的情景。

（6）偏畸习癖行为。例如，吸吮拇指、咬指甲、肌肉抽搐、口吃、偏食、尿床等。

第二节　各种适应欠佳行为的诊断与辅导

各类儿童、青少年不良适应行为不胜枚举，兹综合学校辅导工作者日常接触的个案列举一二如下：

一、逃学行为的诊断与辅导

（一）学生逃学原因分析

西谚有云逃学是“不良行为之母”。逃学行为与成绩不佳形成恶性循环。逃学是学生对学校环境不能适应的具体表现，如果一个孩子视学校为天堂，为乐园，则逃学的行为就不会发生。大多数的个案皆可证明逃学是学生情绪不适应的表征，老师如能细心分析其原因，不难予以有效矫治，学生逃学的原因约有下列数种：

（1）由某种心理上的诱因所造成，如功课未完成，迟到，与同学打架、逃学之后，成绩跟不上，或其他校外诱惑力等。

（2）父母对子女的学习前途漠不关心或管教过于放任。

（3）父母态度消极，无进取心或缺乏责任感。

（4）中间子女或收养子女、破碎家庭的子女等被冷落。

（5）过分外向、活泼、好奇甚至已有撒谎、偷窃、结群游荡兼偷窃等反社会行为的趋向。

（6）父母感情不睦，生活不安定。

（7）兄弟姐妹关系紧张，有被孤立的状况。

(8) 对父母表示反抗的行为。

(9) 学习材料枯燥，教法不当，不能引起学生的学习兴趣。

(10) 教师过严，怕受责罚。

(11) 考试失败，灰心绝望。

(12) 缺课太多，对功课极感生疏而心生惧怕。

(13) 同学感情不和，学校生活没有乐趣。

(14) 触犯校规，怕遭受严厉惩罚。

(15) 学校生活太单调，想脱离旧环境另觅新天地，故常见有结伴“访仙”或探险之举。

(16) 校外不良友伴的引诱。

(17) 其他。

(二) 逃学行为辅导

(1) 改善学校环境，充实学校设备，加强课外活动，天气良好时，老师不妨带着全班学生到学校附近参观，以扩大学习的范围，减少离校的冲动。老师改进教材教法，接近学生，增进学生对学校生活的乐趣和信心，使学校真正成为学生心目中的乐园。

(2) 加强家庭与学校间的联络：例如定期进行家庭访问、家长会，使家庭与学校保持密切联系，增进家庭与学校间的了解及合作；一旦有无故缺席或请假日期太长的事情发生，可及早补救。

(3) 父母不论多忙碌也得抽点时间关注子女，以便了解子女在校的生活情形，发现子女功课退步时，应能找出原因，及时设法改善。

(4) 平时上学，除非因病或其他特殊事故，不可有例外，父母千万不可迁就子女不上学，甚或帮子女找理由随便向学校请假，这种态度很容易使其感觉上学并不是一件重要的事，等于间接鼓励子女假借理由不上学，也往往因此而埋下了日后逃学的隐患。

(5) 父母不可当着子女面，批评学校与老师不好，以免造成子女仇视学校的心理，因而增加子女适应学校的困难。

(6) 有逃学行为，应及早发现，及时矫治，逃学容易导致不良的行为，不良行为又会促使学生再次逃学。再者，如果逃学时间一久，变成了惯性，就越难使学生回学校过正常的生活。

(7) 父母或老师对于逃学的学生，不可加以恐吓或责罚。因为恐吓与责罚的结果，只会使学生对学校的恶感更加深刻，从而使逃学的动机就更为强烈，问题也日益严重。

(8) 处理逃学妥善有效的方法，是考察逃学的原因，然后针对原因，给予合理的解决，逃学的因素消除后，学生自然能够安于学校生活。

(9) 父母护送子女回校上课，在初始阶段，教师要特别注意引导其适应学校生活，设法平静其恐惧的情绪，鼓励其勇敢克服困难，并以“爱”培养安全感，满足正当合理的需要。这一切方法的目的，都在增加学校对学生的吸引力。

（10）举行个别谈话，以诚恳的态度了解难题之所在，探讨逃学原因，增强学生对学校的适应力。

（11）与学生谈论其怎样消磨逃学的时间，衣食住行如何解决等，以便了解逃学行为是否与其他不良行为相关。

（12）疏导学生的兴趣于建设性的体育、音乐或社团活动，并使学生觉得团体中其他人需要他。

（13）如果经常逃学，应与少年队或少年法庭联系，请求学生们协助或配合。

（14）使学校的学习活动能够配合学生的能力，让家长知道学校对学生的辅导措施，并配合学校奖励学生出席。

（15）给学生多一点选择课程或活动的机会，如有人抱怨这种不公平待遇，便坦白地说这个学生需要协助，而他们则不必。

（16）必要时实施“改变环境”措施，如换班或转校，以使新环境配合他的需要。

（17）从“正增强法”维持其上学努力，以“合同法”鼓励其自我控制。

（18）加强家长辅导，列举问题恶化后的不良结果和严重性，激发家长配合，以积极态度参与辅导。

（19）鼓励逃学学生天天上学，老师先表示只要看到他能上学就是最高兴的一件事。

（20）作业质量应与学生的实际能力配合。

（21）赞扬学生的长处，增强其自尊心，从而使其乐于上学。

（22）给逃学学生安排一份班级工作，鼓励他天天上学并完成任务以提高荣誉感。

（23）如已出现严重的结群、游荡、偷窃、离家出走等行为，应迅速联系心理卫生机构等社会机构共同辅导。

二、离家出走行为的诊断与辅导

（一）离家出走原因分析

离家出走的行为在青少年时期相当普遍，原因不一而足，常见的有下列几种情况：

（1）犯罪家庭：父母亲系从事不道德职业等，以致子女因看不起父母的行为而离家以求解脱。

（2）父母离异：此种家庭的孩子在家精神感到空虚，在外易遭同学背后讥笑。

（3）家庭不和：孩子在这种家庭中没有安全感，只有向外寻求。

（4）家境贫穷：一心想在外闯天下。

（5）兄弟姐妹众多，父母照顾不过来。

（6）在家遭受责打或感到不如意和家人怄气。

（7）不良帮派引诱或挟持。

（8）智能不足。

（二）离家出走行为辅导

（1）离家出走与逃学一样，往往是更严重行为问题的信号。首先应先调查原因，如果情况严重而无法改进，则请求专门咨商机构的协助，以了解和处理其问题。

（2）孩子离家出走最可能的一个原因是亲子关系不佳，孩子借着离家出走来逃避打骂或被拒绝。父母应与所有亲友保持联系，应寻求各种可能的人员和机构的帮助，把孩子找回来。如果这是一种持续性的问题，孩子便需要接受心理治疗。

（3）当孩子回家以后，勿立即责备，应由辅导人员与孩子谈谈，让孩子说出自己离家出走的原因。

（4）如果是孩子家境不佳（如家庭破裂），在家里实在无法获得基本生活需求的满足与温暖，辅导人员或教师应与他建立良好关系，以弥补这方面的缺憾。

（5）改变环境（如转学等）并提供一些适当的教育计划，由孩子、家长和学校人员共同设计。

（6）进行个别咨商，让孩子了解出走实际上对自己不利。

（7）进行父母咨商，使父母了解应让孩子有适度的自由，讨论父母如何关心子女。父母应帮助孩子建立责任范围与限度，并了解违反这些规则的可能后果。

（8）孩子若一直表示要出走并以此威胁父母，父母就要提高警觉，并努力设法了解孩子抱怨什么（或许是事实，或许是幻想）。除非诱因解除，否则有一天孩子很可能会真的离家而去。

（9）一旦孩子回家，无论出于自愿或被找回，老师应立即由有关人员会同家长举行会谈，以确定在出走中是否有其他问题发生，同时讨论可能涉及的法律问题。

三、说谎行为的诊断与辅导

（一）说谎行为原因分析

1. 无意的说谎

（1）幻想。儿童善幻想，尤其年幼儿童心理发展尚未成熟，他常自己编织许多美丽的故事，向人述说，说他到过什么地方，看过什么，其实并无其事，此种现象出现是因为儿童期的幻想生活与实际生活难以分清。

（2）记忆上的混淆。年幼的孩子多数缺乏时空观念，以致有些经历过的事情未必能回忆清楚，于是说出的话就成了谎言。

（3）语言发展不够成熟。年幼孩子的语言表达能力不够，无法把所想所见说得明白，以致有张冠李戴的不实陈述。

2. 有意的说谎

（1）惩罚的结果。孩子做错事，说了实话，反遭父母责罚，例如小孩子打破爸爸心爱的花瓶，爸爸气冲冲地查问是谁干的，坦白承认后，父亲给了他一顿毒打，孩子以后因恐惧受惩罚，不得不以欺骗来逃避责任。

（2）成人的暗示。裴斯泰洛齐说过："儿童的谎话是父母的作品。"成人常言行不慎，使儿童受到感染，从而模仿，此种例子甚多。例如，别家孩子来访，当着其家长面夸他孩子如何聪明、漂亮，等客人走后，背后又骂这些孩子肮脏讨厌。又如，有客人来访，妻子明知丈夫在家，却教孩子说："我爸爸出去了"。

（3）求取注意。有些学生在团体中常被人轻视忽略，于是花言巧语，以引起别人的注意和同情。例如为夸耀自己的成绩而说谎，为掩蔽自己的弱点而说谎，借此提高自己的地位，满足其虚荣心理。

（4）逢场作戏。有些学生故意说谎，以愚弄他人为乐，有的是出于恶作剧的心理，有的想借此显示自己聪明。

（5）报复心理。有些孩子出于仇恨心理有意说谎、造谣，以破坏对方名誉，以泄心头愤恨。

（6）英雄主义。教室内有时发生一件令人惊讶的事，教师查惩祸首，为首承担罪名者未必是真正闯祸者，他只是想充英雄好汉，甘愿受罚并以此为荣。

（7）为了逞强，"打肿脸充胖子"。例如，为显示自己体格好，挨得住饥饿，明明三天不吃饭已饿得头昏眼花，硬说自己不饿。

（二）说谎行为辅导

（1）注意积极的诱导。例如说些诚实的故事，让孩子知道诚实是美德，说谎是不可取的行为，并更进一步使他知道不用说谎的方法也能更圆满、更有效地解决问题，而且在平时生活实践中随时辅导，积极培养诚实的态度。

（2）成人要先了解说谎的动机是什么，然后再因势利导。例如，因仇恨心理而说谎，应设法增进彼此间的了解，疏导其情绪，勿使用说谎的卑鄙手段。如确因能力薄弱，受人忽视而说谎，应加强其本身能力的训练，用实际表现求取他人的注意。

（3）发现有说谎的迹象，在未明了事实真相之前不可立加审判拷问，尤应禁止体罚。要取口供时，宜用暗示或其他间接的方法，让孩子知道认错，如果把自己做错的事说出来则是诚实的表现，此行为应该予以赞扬。然后再具体辅导如何改错。

（4）处理说谎行为时，父母或教师应先获得孩子的信任，并且带他到僻静的地方单独谈话，不要当着他人的面伤孩子的自尊心，使他难堪。

（5）对于无意的谎言，不必介意，但成人要了解这是发展过程中的自然现象，进而给予必要的协助。

（6）对孩子采取信任的态度，对待说谎行为已有改善的尤应如此，勿用怀疑的眼光逼迫他说谎，培养其自尊心是破除谎言的最有效武器。

（7）父母或教师需以身作则，踏实务实，不可有虚伪的行为，对孩子说的话一定要做到，不作欺骗的恐吓，不许下不能兑现的诺言。

（8）辅导孩子择友。勿与有不良行为的孩子为伍，介绍良好的伙伴。

（9）实施诚实的训练，制造必须诚实的环境，训练学生养成诚实的态度。

（10）灌输通俗的伦理观念，使孩子知道诚实的价值，勿用说谎或恶作剧来愚弄他人，勿以谎言表现英雄气概，说谎是可耻的行为，成人应循循善诱，为孩子树立正确坚定的信念。

（11）老师如已明白事情的动机和演变时，少去追究理由，多用积极方法开导学生，并从根本上帮助学生解决心理问题。

（12）老师对班上学生的诚实行为不论质与量，应多予表扬和鼓励，培养诚实的班风。

(13) 通过家庭访问，了解问题的实况，并与家长保持密切的联系，旨在预防孩子利用家长与学校老师间的距离捏造更多的谎言，目前许多老师采用家庭联系方法，其效果颇佳。

四、偷窃行为的诊断与辅导

(一) 偷窃行为原因分析

(1) 满足物质的欲望。有些儿童缺乏某物，基于需要或喜爱，但又无法用正当手段得到，于是通过偷窃据为己有。

(2) 嫉妒心驱使。例如，见人家衣着光鲜，顿时心生嫉妒，于是把人家的衣服偷来烧掉；又如班上优秀学生的练习本，常被人偷走，这也是别人嫉妒他功课好的原因。

(3) 求人欢心或受友人的教唆。平时得不到别人的爱而感到寂寞，送人东西旨在买友情，或者受大孩子的威胁引诱而去偷窃。

(4) 复仇心理。弱者受强者的欺侮，表面不敢有所行动，但心有未甘，于是偷强者的东西作为报复。

(5) 潜意识的欲念。有些孩子家里很有钱，样样不缺，但仍偷窃，甚至不论有用无用的东西都偷，这是因其许多欲望不能得到满足，此种潜伏的欲望，乃以偷窃作为发泄。

(6) 家长教子无方。穷而无品的家长，见孩子得了不义之财，即表示赞许，如此是鼓励孩子有计划地偷窃。有的不是家里穷，而是喜欢护短，明知是偷窃却不矫正孩子的不良行为。

(7) 父母吝啬造成孩子偷窃。孩子常因父母不给零花钱就去偷东西或去偷钱买东西及偿还债务。

(8) 父母不尊重孩子的所有权。父母有时把送给孩子的东西要回来，或慷孩子之慨，把孩子的玩具当其面送给别的孩子，混淆了所有权。

(9) 父母溺爱子女造成孩子偷窃。有钱而不求子女长进的父母，对孩子有求必应，或随其欲求而不加过问，此易养成孩子骄奢而不检点的行为。

(10) 侠义作风。有许多孩子常劫富济贫，偷富家孩子的东西送给穷朋友。这种孩子多是受武侠小说影响，想小试身手，以示侠义。

(11) 有少数的孩子偷东西是天性使然，偷窃的行为时常发现，但所偷之物他并不爱惜，更有冲动偷窃的现象。

(12) 与手淫习惯相连。据汤姆（D. A. Thom）的研究，偷窃行为有时与手淫习惯相连，因手淫习惯可引起青少年忧郁及羞耻感，于是通过偷窃以求安慰。

(13) 偷窃与DNA突变、家族史有关。偷窃在一些孩子身上已发展为一种强迫性行为，常有偷窃犯是一些家族富裕者，并不需要偷窃物品，只是偷后可解除紧张情绪。

（二）偷窃行为辅导

（1）处理孩子偷窃的问题要十分小心，应先研究偷窃动机，然后再进行辅导，看孩子是不是常偷，常偷何物，为什么偷，偷了做什么？

（2）发现孩子偷窃时要有耐性，严密监视，如断定是过渡时期的现象，则更要有耐性，同时要准备几种孩子喜爱的东西，转移他的目标，满足他的要求。

（3）发现孩子的偷窃行为后，不可公之于众，保护孩子的自尊心，使其知过改过。

（4）处理有偷窃行为的孩子要设法和他亲近，取得其信任，然后再平心静气开导，使其知道从前的行为不对，以后不要再偷，再将所窃之物秘密送回原处，如已用过或损坏，应设法赔偿。此后也应常常夸奖他做过的好事，讲正直人物的故事给他听，引导其向积极的方向发展。

（5）对于幼小的孩子，几次警告仍无效时，可将他的所爱之物拿走，使其感受失去后的痛苦，然后再将物品交还他，再乘机加以开导。

（6）如断定孩子偷窃是助人之举，即应暗示他动机是好的，但可惜方法不对，因为偷窃是反社会的、非道德的，要以社会所允许的行为来达到其目的。

（7）平时注重培养孩子的所有权观念，让孩子想象失窃者可能的感受或遭遇。

（8）让孩子了解他的偷窃行为已经被发现或一定会被发现，如果长此以往，他必将丧失在家里或在学校的某些权利。

（9）在学校里，如果证据确凿而且偷窃行为继续发生，应通知家长，请其加强管教。

（10）有时孩子将偷窃作为一种恶作剧，以表示对于过严的父母或老师的反对。此种孩子往往是沉默寡言者，借此获得老师的特别注意。因此，老师平日应多加注意，以防止偷窃行为的继续发生。

（11）适当满足孩子的物欲，如每日给予适量的零用钱，或给孩子提供工作使其获得物质上的报酬。

（12）平时告诫孩子要好好看管自己的东西，不要带贵重的物品去学校。

（13）平时凡是拾得的东西，无论是物还是钱，应叫孩子送回原处，不可令其享受未付相应代价的东西。

（14）平时让孩子养成正确对待金钱的态度，不可用金钱惯坏了他们，更不可过于吝啬，应给孩子必需的零用钱。

（15）近朱者赤，近墨者黑，父母与教师应设法使孩子远离坏朋友。

（16）平时要使孩子每天愉快，有条理地生活，注意其心理变化，如此便不至于使孩子养成不良的偷窃行为。

（17）对孩子的读物，父母及教师应加以选择，有些读物专门暴露某些社会的罪恶、人的弱点，例如赌博、贪赃、抢劫等内容，易使孩子堕落。

（18）对孩子的欲望，应使他在被认可的行为中取得满足，如对家贫买不起图书仪器的学生，学校应有所帮助。

五、反抗行为的诊断与辅导

（一）反抗行为原因分析

（1）强其所难。有些事孩子力不从心或不易办到，例如：超过他能力所能负担的作业，或父母和客人谈话，要他安静坐在一旁，这些事情孩子无法做到，而父母又逼迫过甚，遂引起反抗。

（2）没有调整情绪的机会。当孩子正玩木马玩得兴致勃勃的时候，父母忽然命令他睡觉，要他马上把紧张兴奋的情绪停下来，他自然感觉不舒服，有时也会反抗。

（3）是非标准不一致。父母的管教多半没有固定的标准，使孩子无所适从。当父母高兴的时候，他怎样胡闹也不管，父母不高兴的时候，小孩半句话有错，便痛斥一顿。有时父亲太严厉，而母亲太宽容，使孩子无法捉摸，只好消极反抗，事事不理。

（4）管束过严。有些父母对孩子管教过严，且太啰嗦，使孩子对家庭产生极度的厌恶感，比如每逢吃饭时，母亲指责他的过失，父亲继以呵斥或惩罚，使他无法好好吃饭，遂致心生反感。

（5）毫无理由的斥责。许多场合，孩子所采取的行动和态度，往往都有适当的理由，但是做父母的，通常不问原因，只看结果，只要是与自己意思不合，就滥加申斥，这种毫无理由的斥责必然引起孩子的反抗。

（6）父母偏爱。父母偏爱其他兄弟姐妹，对其冷淡，使其陷入丧失亲情的极度不安中，接着由不安产生不满，以至愤怒甚至敌意。

（7）心智未臻成熟。孩子的世界观、人生观尚未成熟，对父母或教师的所作所为不尽理解，由迷惑而渐生不满。

（8）校规太多，应接不暇。学校中制定的规则太多，难以完全了解和记忆，所以容易触犯。这种触犯并不是故意反抗，而是一种无意错误。

（9）老师处理不当。老师对待学生的态度欠公正、欠正直，刺痛学生的心，因而反抗老师。

（10）老师言行失慎。例如老师不履行诺言，说话失慎，随意取笑或太亲近某些学生，因而另外一些学生对老师采取敌视的态度。

（二）反抗行为辅导

反抗情绪的产生，不是以堵塞或抑制的办法可以解决的，必须找到其产生的根源，做适度的疏导，才能防患于未然，控制于已然，才能使孩子的心理入于正常轨道，处理反抗行为应注意事项：

（1）做父母和老师的，应当顺应孩子反抗行为的一般发展规律，并给予适当的辅导与处理。

（2）做父母和老师的，对于儿童，应当适度表露爱心且绝对不可偏私。

（3）孩子玩得兴高采烈、情绪高涨时，不可立刻要求其停止，若要他停止，应事先告知，给孩子调整情绪的时间。

（4）父母对子女不可过分溺爱，应该趁早培养他们自立的习惯。他们自己能够做的事情，让他们自己去做，切不可越俎代庖。他们合理的要求，固然要予以满足；不合理的要求，也要说明理由，予以拒绝，不可被他们要挟。

(5) 父母对子女不可过于严厉，不要疾言厉色，动辄打骂。

(6) 为了防止孩子反抗，做父母和老师的，应当避免做不必要的约束和限制，避免重复令孩子厌烦的活动，避免做前后矛盾的要求，不指定孩子做不能胜任的工作等。

(7) 做父母和老师的，要谨慎约束自己的情绪，不要向孩子滥发脾气，不要拿他们出气，不要当面讥笑他们，更不要当着孩子的面对别人谈及他们的弱点。

(8) 父母和老师在管教孩子方面要有一致的态度和方法，不要把自己一时的好恶作为奖惩孩子的标准，以免孩子无所适从。

(9) 不要威胁孩子，有些父母，当孩子不服从时，常喜假造各种事物去恐吓，企图借此使孩子就范，但当孩子发觉这是欺骗的时候，以后对父母的话就会当作耳边风了。

(10) 要以身作则，要让孩子养成好的生活习惯，父母必须为孩子起到良好的示范作用，使他耳濡目染，潜移默化，心悦诚服，凡事自然乐于遵从。

(11) 勿用高压手段，当孩子反抗父母或教师时，勿因维护大人尊严而施压力，即使当时表面收到效果，但孩子怨愤之情，压抑于心底，更加深隔阂，宜于孩子情绪平静时，对他晓之以理，导之以情，才合乎教育之道。

(12) 对孩子的规定项目不可太多，功课作业应适合其能力及时间。

(13) 规定要合理，不可朝令夕改。

六、不安静行为的诊断与辅导

不安静行为是一种缺乏自制的冲动表现，譬如上课时随意离座走动，大声讲话，轻易动手打人，容易发脾气等。虽然不安静行为对社会的破坏性不是很大，却令人讨厌，妨碍人际关系的建立，也因容易分心而妨碍自己的功课。

(一) 不安静行为原因分析

(1) 引起注意：目的在于引起老师与同学们的重视，从而满足自己的需要。

(2) 对教材缺乏兴趣或无法吸收。

(3) 与父母、老师的训练方法失败有关。

(4) 与所学习的科目有关，常见于一些需费力思考或呆板的学科（如数学或其他社会学科），但上技能课时此种行为则较罕见。

(5) 与生理健康状况有关，尤其是脑部损伤，如曾因发高烧损伤脑部或由意外而引起脑损伤的孩子。

(6) 精力过剩而无适当的发泄方式。

(7) 课余时间在家庭中缺乏成人照顾，放纵成性。

(8) 太早上托儿所或幼儿园而使上学时间过长，对上学产生倦怠心理。

(9) 照顾者不定或因住所时常搬迁而致转学次数频繁。

（二）不安静行为辅导

（1）问题发生的当时应及时给予合理的处置，目的在缓和其冲动的情绪，如设法集中孩子的注意力或帮孩子先镇定下来，但不要做会引起难堪的处理（如拉到教室外面），免得由于自尊心受损而自暴自弃，反而使其不安静行为变本加厉。

（2）针对这一类问题的辅导，奖励比处罚有效，多表扬长处而约束他的短处。

（3）配合他的特长选择合适的教材，教材难度宜求适中，内容应有变化。

（4）当他表现出努力或有所成就时就给予奖励，同时鼓励他以正当方法表现自己的需要。

（5）利用家庭会谈、家庭联系等方式合力辅导。

（6）课后请他为班级或师长服务，一方面借机缩短师生距离，建立良好的辅导关系，另一方面可满足引人注意和被重视的心理需要。

（7）从事具有发泄功能的活动，如球类、劳作、土木工等，以发泄过剩的精力，使其升华。

（8）使用行为改变技术，恢复自制。首先，观察行为达到一个基准线，然后便用各种增强物，将每日的行为记录并绘图表示。增强物的施予在最初时要特别慷慨并持之以恒。尽量增强自制的行为而有意忽视冲动的行为。

（9）把握立即增强原则，言出必行。尽量避免直接惩罚，可以撤回权利或暂时停止其在教室活动的权利。

（10）对于一个极易冲动的孩子，要特别制定一套规则让其父母同意，而孩子也知道什么是该做的，什么是不该做的，然后执行。这个规则通常容许较大范围内的行为发泄，例如他可以离开座位去喝水或上厕所，他觉得自己实在无法控制一些行为时可找辅导员。

（11）如果学生自知其冲动不安，且希望自制，则设法使其列出可能的冲动行为如排队等候、离开教室、渴望发问、想要打人、想要骂人等。尽量详列清单，然后用逐日检核法学习控制自己。

（12）给予适当学业预期目标、行为限度等，并由老师随时辅导。

（13）请神经科医师检查是否有生理原因。

（14）告诉其他老师对这种孩子要忍耐并多加诱导，因为他们容易冲动和分心。

（15）与这种孩子说话之前，必先要求他集中注意。

（16）假如孩子觉得老师基本上是喜欢他的，老师最好坚定一点，而不是放任。坚定不一定用语言表达，可以用手势制止其发生不安静行为的冲动，有时就站在他身边或暂时让他离开教室一会儿，有助于他控制情绪。

（17）对于过度爱说话的孩子：

A. 私下让他了解控制是必要的。

B. 让他参加班上所有活动。

C. 设立一定限度，超过此限度即需受罚，例如在一段时间内禁止说话。

D. 提供机会让孩子说出自己的兴趣和特殊经验。

E. 随时点叫他的名字。

F. 规定特殊的、具有挑战性的工作，此种工作必须专心致志才能完成。

G. 以做老师的助手的方式帮助一个常缺席的孩子。

H. 调查家庭管教方式，建议家长使用温和而不是极端的手段。

I. 当孩子安心做一件事时，应给予特别的注意。

七、攻击性行为的诊断与辅导

攻击行为是一种自我专断的倾向，常以牺牲他人为目的，对社会具有破坏性，显示社会性的不成熟，包括打架、凌虐、暴力、破坏等。

（一）攻击性行为原因分析

（1）受成人不良影响养成好斗的行为，如打抱不平。

（2）受人唆使。

（3）参加不良帮派。

（4）生理上内分泌不平衡。

（5）长期积压下来的委屈，通过一个诱因全部爆发出来。

（6）借故发泄情绪。

（二）攻击性行为辅导

（1）了解孩子在哪种情境中最有可能表现出攻击性行为，尽量避免此种情境。

（2）把可能打架的孩子隔开，保持距离。

（3）让两个打架的学生各擦一片玻璃的两面，并说明谁先笑，谁就算输，以工作冲淡仇恨心理。

（4）允许孩子发泄怒气于中性对象，如击沙袋、捏皮球、捏黏土、掷枪、打篮球、作纸画或涂蜡笔等。

（5）勿强迫他做不擅长的工作，以免增加挫折感。亦勿随意终止他正兴高采烈从事的工作。

（6）对于富有攻击性者最好安排一个态度坚定的老师，使用较有组织的方法教学。

（7）尽可能增强非攻击性行为、不理攻击性行为，即使用“削弱法”对付不良行为，使用“正增强法”培养良好行为，双管齐下。

（8）避免强烈的惩罚：如长跑、鞭打、当众辱骂等。强烈的惩罚往往使孩子产生更大的反感和愤怒，其破坏性不啻于攻击性行为。

（9）在教室内创造一个能满足需要的气氛，使每个学生都能获得适当的注意、赞赏与认可。

（10）利用孩子所崇拜的偶像，如历史伟人、运动英雄，说他不会进行某种攻击性行为。

（11）与学生建立良好关系。如果关系融洽，老师的话就能左右他的行为。如告以“即便你生气，也不要打人”，“如果你在生气时能不打人，我真为你感到骄傲”。

（12）对咒骂老师或威胁老师的，依照下列顺序处理：①换班，由另一位与学生关系良好又有耐心的老师来教。②让学生停学几天，直到愿意合作时再来上学。

（13）如果是因为学业失败而以攻击他人来防卫，应从学业着眼，譬如施以补救教学或协助培养良好的读书习惯。

（14）让他做一些需要体力的服务性活动，如分发笔记、打扫教室、开窗户、拿教具等，以解除精力无处发泄的紧张状态。

（15）进行个别咨商，讨论自我控制、学习方法、家庭作业等问题。避免在大庭广众之下讨论其缺点，使其感觉尴尬。

（16）用小团体讨论法处理小团体间的摩擦问题、目标是彼此承认问题的存在和性质，促进自觉研商可能的解决办法。

（17）与家长咨商，建议管教子女的方法，介绍阅读《父母怎样和孩子说话》、《父母怎样管教青少年》等书籍。

（18）建议家长带孩子做医学检查，鉴定孩子的攻击性行为是否有医学或机体上的因素。

（19）鼓励孩子做自我竞争性活动或半攻击性运动，如钓鱼、射箭、跳绳、打乒乓球、网球等，但不要提倡身体接触的运动，如篮球、足球、橄榄球、拳击、柔道等。

（20）勿直接或间接增强其攻击性行为，表达对他自制行为的期待，并以自制行为作示范。

（21）对于过度的攻击性行为，举行“三边会议”，由学生本人、家长和学校人员（老师、校长、辅导老师等）参加。明白地告诉他在学校里过度的攻击性行为是绝对不被允许的。然后在可能的范围内施以“治疗性停学”数天中由家长带回管教。在这几天，家长要让他照学校时间作息，并做作业，但不准玩、不准看电视。

（22）帮助家长了解不当的压力或过度的期望是问题的症结，让父母了解压力过大或过度期望和孩子不良行为间的恶性循环关系，而改以合乎实际的看法，对好的行为要不吝啬地给予认可与称赞。

（23）对于打架的孩子，先制止其打架行为，然后各自写下所要说的话，包括打架的原因，经过情形以及对于这件事情处理的建议。此一方法可以冷却激动的情绪，以笔代言，发泄心中怒火并作理性思考。打架在人类的生存发展史上一直是存在的，因此老师应改变对打架行为的看法，耐心处理，不要过于急躁。

（24）追究打人动机时，应多打听双方理由，采用分开及同时调查的方式，还需搜集第三证人的资料，然后以冷静的态度给予客观的判断和辅导。

（25）给学生讲解打架对个人的不良影响，鼓励用武力以外的正当途径解决问题。

（26）培养友爱、合群、宽恕、劝解等班级氛围，教师平日更应力行。

八、借故拒绝上学行为的诊断与辅导

（一）借故拒绝上学行为原因分析

拒绝上学，过去多称为学校恐惧症，患者多为年幼且依赖性强的学生。其性质是孩子因不愿意离开父母，而不愿意上学。可视为幼时分离焦虑的不当持续，多与家庭气氛有关，常伴有心因性症候，例如早晨上学时感到身心不适、不安、发抖、脸色苍白、想呕吐等。

一般将此问题归因为内在情绪困扰，有一种强迫性倾向，故有别于主要由于外在环境因素产生的逃学。拒绝上学原因通常有下列几点：

（1）破碎家庭或不和睦及组织反常的家庭，父母往往怕子女会离开自己，于是易答应子女以身体不适为借口向校方请假。

（2）家长对子女有亏欠心理，罪恶感，为了讨好，代子女向老师以“身体不适”的借口请假。

（3）家长本身常以身体不适为借口来应付现实生活，于是小孩为了避免学校的适应困难也以身体不适为由向老师请假。

（4）家长已经无能力管教子女，失去管教信心和态度，处处按子女的要求做事。

（5）家长与老师之间尚有距离，不愿向老师泄露家庭真相，只好用假理由请假。

（6）过去曾经与父母分开的痛苦经验所造成的一种焦虑的心理状态。

（7）上学路上，有遭受他人威胁的顾虑。

（8）无法应付学校考试或按学校其他要求行事。

（9）家境贫穷，一切用品自觉不如人，过度自卑。

（10）学校或家庭引起心理负荷，造成适应困难。

（11）父母过分保护、溺爱造成。

（12）排行为最小的子女、独生子女或从小处于特殊家庭的孩子。

（13）特殊的性格引起，如特别内向、特别依赖、过分害怕、神经质等。

（14）受到过分安静、软弱、内向的父母之影响，造成社会适应性欠佳，从而引起拒绝上学的行为。

（15）同胞兄弟姐妹间冷淡、疏远或父母不睦。

（16）与父母过分相依为命，在共生关系中长大的孩子。此类家长常以生病为由留住孩子或允许孩子留在家中。

（17）家中老祖父母过分保护或宠爱的结果。

（18）家族对他的期待抱负过高，生怕不能达成而拒绝上学。

（19）家庭、学校等环境的突然改变。

（二）借故拒绝上学行为辅导

（1）老师与家长双方应采同一步调，先请专业医师做身体检查，如生理方面无任何发现，则需考虑其心理方面的因素，从家庭、学校、智能各方面去分析原因，同时尽可能帮助孩子不缺席、不迟到，必要时家长应付出全副精力，天天带孩子到学校，直到养成上学习惯为止。

（2）老师与家长必须合作，应用温和体谅的态度，尽力预防和减少足以引起拒绝上学的借口，尤其早上上学前的一段生活，更需小心处理，不给予子女选择和挑剔学习及借口的机会。

（3）功课可酌量减轻，减少其畏惧学校方面的心理负荷，但需“约法三章”，等病愈后功课要递增。

（4）学校活动设法增加趣味性和变化，目的在于刺激和提高学校生活的吸引力，如内向型儿童可安排热心的友伴代老师多关照他，早上可由同伴到家邀他一同上学，课后一同做作业和一起玩耍闲谈。

（5）严重拒绝上学的学生需经由小儿科医师、儿童精神科医师检查再配合师长之相互合作辅导始能收效。

（6）假如母亲的焦虑增强了孩子不上学的行为，则①让父亲而非母亲带孩子上学。②让学校人员（最好是老师）带孩子上学。③稍后，让邻居的孩子与他一同走路或坐车上学。

（7）孩子因缺席而与重要的课程脱节，将会增加其对学校的恐惧。此时应设法改善学校的气氛，例如提供课外的补救、个别的课业辅导，乃至个别咨商等。如有必要，可单独设班（资源班），让他们以一部分时间或全天时间，在特殊协助下进行学习。

（8）以各种增强方式奖励上学行为，调查孩子最想得到什么，然后以其所想的去奖赏。

（9）老师规定一些学生能够成功完成的工作。最好以小组的方式进行，让学生能自由自在地参与，并能从工作中获得友伴的称许。

（10）让老师了解，如果此种问题起因于与母亲分离的焦虑，而非老师或课程的问题。请老师想想有哪些办法可以使学生的学校生活变得比较有乐趣？例如进行游戏活动，在班上讨论大家所忧虑的事物，问问孩子在学校里他最喜欢的是什么，然后以之酬赏。总之，老师要成为学生所喜欢的人。

（11）发现学生的特殊兴趣，让他专心工作。若抱怨身体不适，与其说谎骗人、威胁，不如就加以承认，承认往往可减轻其痛苦。

（12）允许学生带着他喜爱的玩物到学校，以各种有趣的活动如电影、电视、木偶戏、小动物表演、游戏等，作为教学展开的序幕。

（13）设法让学生了解老师并非不关心他的需要。最好每天能有一点团体自由讨论的时间，讨论大家对学校及他人的感觉。老师的角色是澄清和接纳学生表达的情感，而不是批评。

（14）举行父母与老师联谊会，使家长喜欢并信任老师。此种积极的情感有助于感染其子女，使其子女视老师犹如其父母，相处时感到安适并能信赖。

（15）入学前最好先带他到学校附近逛逛，并在放学后带他到校园中散步，到空教室中坐坐。

（16）上学时与父母亲分离的刹那是极其重要的，那一刹那愈短暂愈好。做父母亲的要避免说理、乞求、引诱或贿赂，仅仅说声“再见”即可。也不要驻足伫望孩子走了没有，哭了没有。必须信赖学校能给予孩子安全感，并且要将此种信念传递给孩子。

(17) 不要强迫极度焦虑的孩子上学，因为这些孩子即使留在家里，也会使上述神经质的反应得到增强。在设法使孩子回到学校以前，可以先实施家庭咨商。强迫孩子上学并不能从根本解决问题。

(18) 对家长说明此种问题产生的原因不在学校的课程或老师，而比较可能是由于父母对孩子长期的过分保护。父母这种溺爱会造成分离的焦虑。

(19) 父母不要与孩子讨论明日是否还要继续去上学的问题，父母之间也不要在孩子面前讨论这个问题，因为这将可能加强孩子的焦虑程度，倒不如把它视为理所当然该去做的工作。

九、嫉妒行为的诊断与辅导

(一) 嫉妒心理的表现方式

(1) 积极的人会表现出求胜和进取。

(2) 消极的人会表现出颓丧、破坏、躲藏、幻想对方的不利等，用以换取内心的需要和满足。

(二) 嫉妒行为原因分析

(1) 自小就养成极易嫉妒，无法容忍和经历挫折的性格。

(2) 受家中成人的嫉妒行为影响。

(3) 学校老师与同学偏爱。

(4) 由于监护人的冷落或远离引起的偏差行为。

(5) 由于先天不足或后天表现不如人，造成自卑感和自信心的丧失而引起的善妒心理。

(6) 由于大人比较的结果。例如，有位妈妈总爱当着客人面前说她老二的坏话："我那大孩子很好，听话、听教、不落人后，小的两个也不错，肯听招呼，唯有老二真坏透了，差不多使我发狂！"又如学校的老师，批评某生说："你哥哥（或姐姐）在你这年纪的时候，成绩比你好多了。"师长没有从积极方面设法解决学生的困难，只是从消极方面加以指责批评，师长评长论短的结果，往往使学生彼此间明争暗斗，各自心怀恨意，于是许多毁谤、顽皮、反抗、破坏、欺骗、冷僻等不正常行为都跟着出现。

(7) 所有权的争夺。有时儿童的嫉妒是由争夺所有权而产生的。例如，年幼孩子把年长孩子所建造的东西拆毁了，或将年长孩子的玩具拿走或弄坏，通常大人总要年长的容忍，因为年幼的"年纪小，不懂事"。其实，这是不对的。高明的父母不会这样做。他们在早年便教孩子什么玩具是他的，什么玩具不是他的；教孩子尊重别人的所有权，没有得到别人的许可，不可玩别人的东西。父母必须告诉子女每个人都有独享自己所有物的权利，如果他没有加以损坏，谁也不应剥夺他的权利。

(8) 父母处理纠纷不当。孩子的争吵大半是由嫉妒而来的，而父母处理纠纷的不当，又可加深嫉妒的程度，习惯上一般父母对子女之间的纠纷，认为都是年长的孩子惹起的，实际上发难者多半是年幼孩子，多半因年幼者侵害年长孩子的权利，而激起年长孩子的报复，但父母认为年幼无知，应该袒护年幼的，惩罚年长的，年长的觉得父母偏私，于是越发嫉妒，纠纷也就更多了。

（三）嫉妒行为辅导

（1）学校与家庭应多联系，老师与家长共同探求问题的原因。

（2）父母应设法多与子女交流，减少因隔阂引起的行为问题。

（3）老师多做个别谈话，这样不但增加亲切感，还可消除对学生权威人物的反抗心理和成见。

（4）老师及家长对个案的要求和褒奖条件尽量一致，以免因目标不一致而产生无所适从和不快。

（5）鼓励和培养学生的专长，引导用正当途径换取个人的荣誉和信心。

（6）对于有缺陷学生，以残而不废或名人成功故事，训练其面对现实，建立正确观念。

（7）耐心训练对挫折的忍受能力和应有的风度。

（8）引导孩子喜爱自己的弟妹。弟妹出生之前，需设法使其脑海中有欢迎弟妹的意念，例如说："你快要有一个弟弟了。"弟妹出世后，父母不要将全部精力放在婴儿身上，对年长的孩子仍要给予相当的关注。

（9）培养年长孩子的责任感。家庭是一个小型社会，父母指导兄弟姐妹相处之道，以发展他们良好的社会适应能力，年长的孩子，应是年幼孩子的模范，并训练他替弟妹服务，例如说："弟弟不会玩东西，你要教他哪!"指导他如何爱护弟妹，关心弟妹，这样做了，应给他赞许，以此建立孩子间彼此信任的感情。

（10）大人对待孩子不可偏私。不论是聪明的、愚笨的、美的、丑的都要一视同仁，不可在日常活动中特别袒护某人，为他说话，替他辩解，这样不但会引起其他孩子的嫉妒，也养成了被宠爱孩子的骄横，将来长大后亦难适应正常的社会生活。

（11）鼓励自我竞争。个人间相互竞争，比较长短，固然可以提高学习的效果，但这种竞争的方式，有时足以引起嫉妒心理，造成自卑感，因此父母要鼓励孩子做自我竞争。所谓自我竞争，就是要以昨日的我和今天的我相竞争，孩子无论哪一方面稍有进步，父母都应赞许。老师若能使学生知道自己每月的成绩，并且鼓励学生超过自己上月的成绩，这样可以增进学习的效果，亦可以保持心理卫生。

（12）处理孩子纠纷要合宜。大多数父母常爱干预孩子，孩子间很小的纠纷也加以干涉，其实大可不必，只要孩子互相争吵而不危及彼此的身体，尽可让他们自己去解决，如果孩子间的纠纷到了必须要父母解决的时候，父母不可事事袒护年幼的孩子，应该借此机会教他一些简单的事理，使其知道如何待人接物。

（13）尊重孩子的所有权。不要强迫孩子将自己的东西和别的孩子共享，需用劝导的方式，劝他们共同玩乐，如肯照办，还要给他适当的赞许。

（14）用事实证明孩子确实是被喜爱的。爱德华·卜度斯基（Edward Podolsky）在他所著的《嫉妒儿童》（*The Jealous Child*）中说："嫉妒的孩子，通常都是确信没有人爱他们，也没有人会爱他们。"所以要帮助他们，必须不断用事实来向他们证明，他们确实是被喜爱的，而且也确实是讨人喜爱的孩子。

（15）用坦白和诚实来处理。《嫉妒儿童》中说："嫉妒是出于本能，过分把它抑制，只能驱使它转入地下，从而毒害孩子的心灵，所以应该使它显露出来并以坦白和诚实的态度来加以处理。”

十、偷懒行为的诊断与辅导

偷懒是一切消极态度的开始，偷懒的孩子，天天只管嬉戏，叫他做事或读书，总是不愿去做；动作迟缓，成绩落后，对很多事显得冷淡，教师规定的事情，越是催促，越是不肯做；要他读书，做功课，总是一再拖延，或是恹恹欲睡，毫无生气，即使勉强去做，也毫不认真，做得牛头不对马嘴或半途而废。

（一）偷懒行为原因分析

（1）冷淡心理。无论何事，孩子都缺乏兴趣，冷淡异常，对于任何刺激反应都显得迟缓，热情也容易冷却，受人责骂，不觉羞愧和愤怒，受人称赞，也不感愉快。

（2）抑郁心理。由于对环境的适应不良或因工作多半失败，极感痛苦，以致降低学习的兴趣，心灰意懒，甚或放弃一切。

（3）依赖心理。自小事事有父母或仆人代劳，养尊处优，样样都不必自己动手，于是养成了凡事依赖的心理，以懒惰表示衰弱，希求获得他人的注意与同情。

（4）掩饰心理。工作太难或偶然失败，自觉有失体面，于是显出懒洋洋的样子，企图掩饰自己的失败。

（5）报复心理。被父母责骂，或被无理处罚，或受不公平待遇等，引起怨恨之心，于是大人叫他做的事，不肯做，教他读书，不愿读，用不理睬的态度作消极的反抗。

（6）敷衍心理。一方面学生因感功课索然无味，不愿去做；另一方面老师偏要强迫他做，在这种情形下，不得不敷衍去做，因而进度缓慢，显得懒洋洋的。

（7）模仿心理。人性好逸恶劳，尤其是孩子模仿性强，家中父母懒惰成性，或接触的朋友马虎随便，极易使其染上懒惰恶习。

（8）补偿心理。有的孩子天资聪颖，能力强，可惜环境限制其表现，也有的自命不凡，眼高手低，自认怀才不遇，于是伤心失望，表现得特别懒惰。

（二）偷懒行为辅导

（1）激发学习动机，引导其学习兴趣。懒惰是由于对工作缺乏兴趣，所以引导学生对学习产生兴趣，是矫正懒惰行为的有效方法，常见懒惰学生在游戏时，神气活现，毫无倦意，但要他学习就动作迟缓，昏昏欲睡。就一般情况而言，乐于努力的活动，必须能达到一种确定的和易于求得的目标，游戏与学习的基本差异也就在此，学校中有许多系统的工作，一时看不出明显的目的，然而，却是非要学习不可的，有人主张把长期的训练工作分在几个较短的时期中去学习，每期都予以确定的目标，这些目标必是学生易于了解的，到第一时期终了之后，就很自然地接上第二时期，为使学生知道明显的目标起见，可把学习融入游戏中，这样就使其容易对学习保持浓厚的兴趣。

（2）辅导改善工作的方法。例如，考试失败应研究失败的原因，不要太重视失败的结果。以失败为成功之母去劝学生，鼓励他再接再厉。又如利用课余或假期，为他拟定一个标准，使他知道达到此标准，就是进步，日就月将，学生的兴趣被调动起来，懒惰行为自然会消失。

（3）孩子能做的事要让他自己做。有些人借懒惰表示娇弱，希求父母以全部时间去注意他。诸如穿衣、吃饭、上床、起床，一再延迟，使父母不得不哄他、催他，甚至代劳。功课亦放弃不管，甚至不以留级为耻。教师如不加以劝诫，家长一再纵容，则此生永无改掉懒惰行为之日。

（4）安排适当的工作时间。懒惰生于疲劳，专家建议消除疲劳的方法莫过于有适当的工作时间。“成人及青少年后期最适当的工作时间为一小时至两小时，每隔一小时或两小时后，必须有短时之休息。如此常能继续工作五六小时，而不致降低工作效率。”学生学习时间，宜酌量减少。

（5）注意营养，促进身体健康。有些学生没有工作兴趣是因为身体有病或营养不足，致使身体容易疲乏，所以无论读书做事都难持久，常致有始无终，父母应注意改善孩子的营养，增加其体力。

（6）隔离不良朋友。

第一，同班的两个懒惰学生，除隔离其座位外，还应选择两个勤奋学生，同他们做好朋友。无形中，这两个懒惰学生会被两个勤勉学生潜移默化地影响。但老师选勤奋学生时，要绝对慎重，否则不但不能使懒惰学生变好，反使勤勉学生变坏，同时注意，辅导他们的行为。

第二，要使学生与校外的不良朋友隔离。应选择他邻居中的勤勉学生，多和他们接近，此邻居最好是同学，能同他一起上学，一起回家，使他不逗留在外边与不良朋友接触。

（7）灌输正确的观念。使学生了解，勤奋是美德，也是生活中良好的调剂方式，一个把生活安排在忙碌中的人，要比终日无所事事的人快乐得多，任何事情，一经亲手操作，就能从尝试错误中获得成功的经验。

十一、不做作业的诊断与辅导

（一）不做作业原因分析

（1）父母从不关心成绩和作业，孩子失去努力的目标，甚至养成偷懒不写的坏习惯。

（2）过分被动，如没有固定的人在旁边辅导，就没有办法写，或虽写而不能完成。

（3）由于贪玩或外界诱因过强以致未能做完作业（如电视等的诱因）。

（4）由于没有时间，譬如做生意或需兼做家事，照顾弟妹。

（5）由于没有一定或适当的地方做功课（如在店面、通道做功课者）。

（6）对自己缺乏信心，认为无能力完成或做好作业。

（7）由于老师疏忽或未批改，养成偷懒和投机的习性，从而失去做作业动机者。

（8）老师评分要求过严，造成成就感的丧失和失败心理作祟。

（二）不做作业辅导

（1）配合个别差异决定作业的量与质，最好把作业分三等级，适合于高、中、低能力的学生，特差的学生可用技能课作业代替，以维持其成就感和学习信心。

（2）学期开始就设法养成完成作业的好习惯，让他们了解这是对自己负责，同时能获得老师的信任。

（3）初期的作业，应考虑作业的难易和分量，避免学生产生失败的痛苦感觉，进而产生厌恶作业的态度。

（4）多和家长联系，养成父母自动负责、关心子女的家庭作业，对于特优及特差的学生的家长，要赋予其增减家庭作业的特权，配合家庭实施个别差异辅导。

（5）作业内容多求变化，不要仅限于呆板地抄写作业。

（6）随时评估学生的学习效果和成绩提高程度，有时可让学生共同规定作业，以保持新鲜感，同时培养自主学习的好习惯。

（7）作业一定要按时考查。一方面表示老师的关心，另一方面使学生努力的劲头得以持续，遇到很忙的时候，应限定时间，避免学生不按时做完作业，养成投机取巧的习惯。

（8）天天不做作业的学生应从头训练，利用个别谈话、个别辅导等方式使其养成做作业的习惯，必要时可将他留下来，待完成后才允许放学，同时通过家庭联系簿或家庭访问，与家长保持密切联系。

（9）为使家长关心子女的家庭作业，可请家长签名于作业簿上。

（10）长期疗养病愈后的学生，新旧作业需酌量配合，尤需重视培养其成就感和信心。

（11）处理不做作业的学生要慎重，如处理失当，将产生撒谎、逃学或导致少年前期不良行为的产生。

十二、孤僻、羞怯、退缩行为的诊断与辅导

孤僻、羞怯、退缩等行为具有普遍而长远的严重性。此种学生力求避免冲突，被动地接纳世界，不求发展，不参与社会活动，亟须有人协助改正。

（一）孤僻、羞怯行为原因分析

（1）身体异常，羞于见人。

（2）时常遭受失败，没有成就感，没有勇气面对现实。

（3）家庭社会经济地位低下，自觉低人一等。

（4）时常受人欺负，无力反抗。

（5）过度内向。

（6）自我中心意识过强。

（二）孤僻、羞怯行为辅导

（1）先与家长会谈，确定学生的退缩是属于情境性的（如只在学校有之）或暂时性的（如有时也很乐意与人打招呼）。如果属于全面性的或持久性的，最好转介给心理健康诊所进行治疗。

（2）在学校中避免座位与他人隔离。

（3）避免批评或责备，鼓励该类学生参加小团体活动。

（4）给予少量作业，常有休息及自由谈话时间。

（5）老师发问时，多给该类学生一些反应的时间，必要时可以让他在家里练习答案，根据他已熟悉的问题，予以发问。

（6）让该类学生从事与他人合作的工作。

（7）鼓励参加课外活动，如从童子军活动开始，继而扩大到音乐、棋类、球类等课外活动团体。

（8）使用积极增强，先找出该类学生所擅长的，譬如长于数学，便令其在黑板演算，然后加以夸奖。再予其在黑板上教另一个人，以便他对同学及老师说话。这种增强应从小而容易成功的事件开始，逐渐转向增强其社会性的行为。

（9）确知该类学生对某种材料特别熟悉时，才在班上当众叫其背诵。

（10）运用渐次接近法。例如，初始时先让他知道教师将问什么问题，再渐渐进行无预告的发问。

（11）要求同学们合作，运用社会性的增强（如倾听和称赞）来增强该类学生答问或发问的行为，即使他的表现并不十分好，亦应如此。

（12）使用社交关系测量方法，分析其社会关系，了解学生最愿与谁坐在一起，然后把他们编在相邻的位置，同时把其他孤立分子也排在其左右。因为与“同病相怜”者相处，学生会觉得威胁性较小。

（13）进行团体咨商，每个人都要轮流说话，目的在增进沟通，但也不能太过勉强而使活动具有威胁性。

（14）只有在小团体，该类学生才能放心自在地说话时，以小组方式进行教学。

（15）要引导，勿强迫，即使某种情境似乎对该类学生有益，亦应避免把该类学生强迫放在使其感到尴尬或受到威胁的情境中。

（16）鼓励该类学生用电话与同学联系（彼此不见面地倾谈），或戴面具进行角色扮演的游戏。

（17）要求一位心理较成熟的学生与该类学生做朋友，鼓励他们参加游戏和运动，并协助其课业。

（18）可作身体检查，看看是否有一些实际的原因，如体态异常、口吃、口臭等，也许身体上的毛病矫治之后，行为很快就能恢复正常。

十三、自虐行为诊断与辅导

（一）自虐行为原因分析

（1）缺乏自知、自觉。

（2）缺乏自我控制。

（3）自尊心过强。

（4）好胜心切，经不起失败打击。

（5）深度抑郁。

(6) 与父母关系不好。

(7) 与同学老师相处不来。

(8) 自我观念太深。

(9) 高度自卑。

(10) 做错某事，有内疚或罪恶感。

(11) 有被虐待的变态心理。

(二) 自虐行为辅导

(1) 对于有自虐狂倾向的学生，勿随意施以处罚给予满足，而应使用操作制约法，只有不自虐（能自爱、自重）时才给予增强。

(2) 由于此类学生通常具有罪疚性的消极自我形象，故应提供机会让他了解，并利用其优点真诚地赞美，使其建立较积极的自我形象。

(3) 有强烈自毁及自虐倾向者，应住院接受专门的心理治疗，此类学生无法在学校中获得妥善处理，也不宜把他放在情绪困扰特别班。

(4) 千万不可忽视或耻笑学生自杀的威胁或陈述，纵使这种陈述荒谬或吓人。如果学生的自杀宣言只是想获得注意，那么最好就给予他注意（治疗性的注意），以免其将自杀宣言付诸行动。当然，在此情况下，应与临床心理医师或自杀防治中心联系，取得他们的协助。

(5) 与学生建立联系，告知其辅导人员家里的住址和电话号码，并表示欢迎学生打电话来或来访问，以备危机时使用之（有关危机处理法，本书另章介绍）。

(6) 自杀感往往由压制的自我愤怒所引起，如果发现学生非常抑郁而沉默，大异于往昔，应设法使他说出最近一两天发生的每件事情，或许他能回忆起使他愤怒与绝望的事件。

(7) 要让父母知道老师如何处理一个可能自杀的学生，即使学生希望自己的想法和计划保密。鼓励家长面对问题，不要恐惧，也不要生气和企图使学生觉得内疚和愚蠢。然而，仍应设法使学生愿意分享其情感和想法，以便大家了解他和帮助他。

(8) 大部分此类学生都有极度贫乏的自我观念、深度的抑郁，有时还敌视这个世界。他们常觉得这个世界给他们的除了痛苦和烦恼，别无他物。通常他们跟父母关系不好，而又渴望与他们亲近。有自杀想法的学生，通常很难与父母或老师交流内心的问题，而最好请求心理治疗。

十四、自卑行为诊断与辅导

(一) 自卑行为原因分析

(1) 长时期的挫折。

(2) 过度内疚与罪恶感。

(3) 防卫心理。

(4) 身体或生理状况异常，时常遭受他人嘲弄。

(5) 自觉出身低微。

（二）自卑行为辅导

（1）实施读书治疗法，从书中了解他的问题。譬如小个子的问题、养子的问题可以从伟人传记或心理卫生书籍中得到许多启示，帮助学生学习如何自处。

（2）对于高度自卑者，让其离开没有成功机会的情境，随时使用真诚的赞美（赞美其成果或赞美其努力）。提供成功的机会，等初次成功建立信心后，再逐渐提高工作的难度。

（3）实施心理健康教育，如邀请心理学家或医生来校与大家讨论人们的情绪问题及其原因与解决之道。

（4）对于在体能、艺术等方面，由于因体型与动作协调问题而感到自卑者，应该予以特别辅导。很多此类学生不喜欢体育或文艺活动，不是他们真的做不好，而是怕被讥笑，故不敢尝试，因此更无法进步。特别辅导可以增进其技能，提高其自信。

（5）特别辅导的方法：

A. 提供额外练习，使之赶上一般进度。

B. 利用测验及晤谈了解该类学生的长处，并将其加以发挥。

C. 要求该类学生为老师做些事情。

D. 该类学生已尽力即表示欣赏。

E. 指定该类学生为某一讨论会主席。

F. 将该类学生的优良表现写张便条告诉其家长。

G. 让该类学生参加班内所有的活动（如讨论问题、布置教室）。

十五、抑郁行为的诊断与辅导

（一）抑郁原因分析

此类孩子尚未达到情感性精神疾患的程度，通常是下列原因造成他们的郁郁寡欢：

（1）缺乏父母的爱。有的父母过于严肃，平时对待孩子，不是声色俱厉的教训，便是打骂，从来没对孩子表示亲热；有的因孩子太多，竟发生偏爱的现象，或者因生母去世，继母对孩子太苛刻，或者因父母双亡，寄养在亲戚朋友家里，得不到人家的爱护。这些因失掉父母的慈爱，感觉飘零无依，又眼看别的孩子受到父母的爱护，心中更觉苦恼烦闷。

（2）缺乏老师的爱。有些老师因死守威严，对学生老是板着脸孔，不露半丝笑容，学生根本感觉不到师爱。更有固执的老师，学生犯过一次过失，便牢记心头，不论其改变与否，以后对该生总是持有怀疑和抱怨。学生犯了过失，当众“打骂第一”，并专在大众面前，把他狠狠拉出来，向大家宣布他的罪状，哪顾学生什么自尊心，学生在这种老师的班级里，哪能不抑郁寡欢？

（3）环境恶劣。学生因家庭经济困难，对自己心爱的东西，求之而不可得，乃转求于幻想。或者处境恶劣，所受环境的压力过大，又不能从现实中求得安慰，不得不转诸幻想，幻想不得，乃感悲观，继之怀疑、犹豫、孤独等。

（4）受同学轻视。自尊心特别强的学生，如有人对他表示轻视，又无法克服和避免，必定心生怨恨，因无法发泄只好压抑在心头。

（5）浏览不良小说。如阅读了武侠小说，看见小说里描写许多离奇古怪的法术，而自己的经验不足，辨别不出其中虚实，信以为真，便想入非非。

（二）抑郁行为辅导

（1）给予同情。如因失掉父母或老师的爱而生的抑郁，给予同情就是一个有效的补救方法。当孩子得不到别人的关怀及爱的时候，多与之接触，讲故事给他听，伴他做游戏，便不感到孤独，从中自然得到慰藉，也可减轻苦闷的程度。

（2）多给予此类学生活动机会。这种学生对团体生活多抱着不参与的态度。因团体生活对他不发生强烈的刺激，如能在团体生活中多给予其活动机会，并让其在活动中负一部分责任，这样不但使他与团体关系较密切，且因其责任在身，不能不负担。久而久之，养成习惯，抑郁现象自可减轻甚至消除。

（3）多鼓励。抑郁的产生是因自觉被轻视、厌弃，觉得事事不如人，自己无希望。因此，应从积极方面去鼓励，以恢复其自信心，使他对人不感到羞涩，对事不再犹豫不决。

（4）鼓励其他同学多与这类学生接近。抑郁的学生因欲逃避现实，多事幻想，故多孤芳自赏，不想与人来往。而其他同学，因他不能合群，亦不欲与之接近，致使他愈感孤单，愈加抑郁，鼓励其他同学多与其接触，有利于改善抑郁。

（5）不能用责备、讽刺、恐吓、强迫等方法，以免增加其内心的痛苦。

（6）尽可能让他做一些力所能及的工作，使其得到锻炼。

（注：忧郁症疾患，本书第十五章另有介绍）

十六、自闭行为的诊断与辅导

（一）自闭原因分析

目前医学界仍不清楚自闭（Autism）的原因，从某种角度看，患者都因有多重感觉障碍而阻碍认知学习，综合国内外资料，其中较为肯定的说法是，部分自闭儿听觉神经脑干传导较慢，且高比例的自闭症患者内耳灌水试验为阴性，脑电图则可发现癫痫波。另外，大约有 1/3 血清素偏高或计算机断层检查异常。部分身体疾病容易产生自闭症并发症包括先天性德国麻疹、苯酮尿症、点头痉挛及先天性巨细胞病毒感染症等。据研究报告，母亲在怀孕初期六个月内感染德国麻疹（约有 1/10 新生儿罹患德国麻疹）合并自闭症，患有苯酮尿症的小孩每 150 名左右会有一名自闭儿。另据统计发现，约 1/4 的自闭儿出生时体重低于 2 000 克，在 36 周前早产，因黄疸照光三天以上或换血，出生后待在保温箱至少三天或母亲在怀孕过程曾因强迫性流产而住院等现象。此外，1/4 的自闭儿优势手不是右手，这种现象和自闭儿童空间、记忆及视觉动作协调能力较佳的情况对照可猜测自闭儿左脑功能保持较好。

家族遗传因素方面，则可以在祖父母或父母等二级亲属内，找到其他有语言发展迟滞或学习障碍的，占自闭症患者 1/5。此外部分自闭儿的染色体有脆弱易断的现象。

综合以上，可知自闭儿童由多种原因造成，尤其遗传、怀孕过程易遭受感染或脑伤和自闭症的关系相当密切，其余原因不明。

（二）自闭儿的九大症状

（1）人际关系功能的持续减损，如无视他人存在，脱离人群等。

（2）常把身体某部分视为新奇陌生的东西进行自我检查，如常看双手。

（3）持续专注某些特殊事物或以奇异方式玩弄各种物品。

（4）抗拒环境变迁，极力维持原状，如拒绝改变日常行走的路线，日常物品陈列稍有变动，即感不安。

（5）部分行为被怀疑为特殊知觉不正常，如对任何说话或杂音，丝毫不作反应，对自闭儿说话，他可能掩耳不听，对眼前动的事物没有兴趣，没有反应，对冷、热没有反应。

（6）情绪不稳定，如愤怒时尖叫、乱撕东西、乱跳、乱咬，难以理解的恐惧，傻笑，对真正危险又不惧怕等。

（7）表达困难，如毫无语言能力、说话时支离破碎、喋喋不休地重复某些字、词或歌曲，常使用一些特殊语言等。

（8）极端的过度活动及特殊行为，如上上下下跑动，丝毫没有倦意，夜晚不同寻常的手部动作等。

（9）智能功能及技巧远在同龄孩子之下，但在另一方面可能有一项或一项以上的工作很熟练：如计算、拼图、唱歌、阅读或写作，记得很多不同的日子、人名，特殊的机械操作能力等。

（三）自闭儿行为的治疗与辅导

诊断自闭症，首先了解智能程度和智能不足区分。根据研究，一般智能测验便可准确测出自闭儿的智能，年幼的患者则可通过各种能力发展来评估其智力。

评估语言发展程度、语言表达特征，对于了解自闭儿的语言理解和表达能力也相当重要。进一步观察其行为是否符合年龄发展、人际关系和游戏时的特征。

例行身体检查则可找出与自闭症可能相关的问题，像听力障碍、智能不足、幼儿失语症、选择性不语症以及构音障碍等，部分症状和自闭症类似，应详细鉴别诊断。

截至目前，以药物治疗自闭症，只能改善活动量、注意力、怪异动作和睡眠问题，对于学习障碍，目前仍缺乏很好的药物控制。此外学校方面要注意以下事项：

（1）尽可能让自闭儿在正常班级上学。

（2）使用密集的行为改变技术培养自闭儿正常的行为和语言。

（3）必要时将此类儿童安置在自闭儿或近似自闭儿的特别班。使用系统的教学方法，并给予其充分的温暖。每天定时由受过训练人员实施游戏治疗。

（4）儿童表现出自闭行为时，老师应了解他无法在正常学校中获得帮助。老师也不要逞强试图对此类儿童在正常学校环境中实施心理治疗。老师的第一个工作是将他转介给心理治疗机构。

（5）尽量占用自闭儿的时间，勿让他陷入自己的世界里。

（6）为了协助父母与治疗者，老师应逐日或逐周作“逸事”记录，作为评鉴未来适应的基础。

（7）父母不必为孩子患了自闭症而感到罪疚，应继续设法使孩子接触现实世界，例如花时间与他说话或讨论，带他到附近旅行，把注意焦点放在外在的世界，正如一般人一样。父母最能帮助孩子的是保持自己对孩子真诚的兴趣、支持和关爱，并与心理治疗措施充分配合。

十七、考试焦虑反应的诊断与辅导

（一）考试焦虑反应原因分析

（1）担心考试。

（2）担心失败。

（3）担心责罚。

（4）担心被人瞧不起。

（5）担心失去父母的爱。

（6）担心自己不如别人。

（二）考试焦虑反应辅导

（1）轻度焦虑不足为忧，相反，轻度焦虑可促使孩子提高警觉，加倍努力，完成既定目标。

（2）勿耻笑或讽刺严重焦虑恐惧者，应强调测验的主要功能是促进学习。每次考试前后，应让学生松弛一下肌肉并轻松思考。教师的声调和动作应避免显出紧张的样子。

（3）避免呈现挫折情境并预防可能的挫折，让学生逐渐接近引起焦虑的情境。等表现得无焦虑时，即予大量认可与赞许。

（4）用“加分法”而不用“扣分法”计算成绩，即教师有意忽视不正确答案，专注于正确者。学生得到一定的分数后，即予以增强，如赠予糖果或让学生做喜欢的事。

（5）与父母讨论对孩子的容忍程度是否适当，是否强迫孩子与比较聪明的兄弟姐妹做得一样好，当他考不好时是否唠叨不已，是否被父母的态度吓坏了？适当的方法是让孩子说出他的焦虑，小有成就，即予赞许，要求做他所能做到的工作，帮助孩子接受批评，尽其所能去做。

（6）让孩子建立自己每日的目标，这可让他了解自己的优缺点，并培养其责任感。

（7）尽量避免人际竞争，鼓励自我竞争。

（8）让孩子以小组的方式进行学习，减少“孤军奋斗”的焦虑。

（9）父母要给孩子提供适当的读书地方，教师与辅导员设法强化其学习习惯和方法，以提高其成绩。

（10）使用“搭档学习法”准备考试，即以两个人为一组，共同准备考试并参与考试，以共同的表现为个人的表现。

（11）让孩子有成功的经验，如安排让他通过测验，并帮助他细心准备，不要用“你做得不错，但你可以做得更好”给孩子施加压力。

（12）让孩子了解测验的意义，分数只是一种相对的数值。每次测验后，施以补救的教学。

（13）对于期待过高的父母，要与之咨商，使他们有较切实际的期待，并能对孩子的努力给予适度的赞赏。

（14）对于轻度或新产生的焦虑，帮助孩子面对焦虑情境并克服它；对于程度较深的焦虑者，使用系统脱敏疗法，由一位有能力的专业人员来主持。

（15）父母总是把孩子与自己当年或兄弟姐妹作比较，往往造成测试焦虑。父母应避免说“我当年如何如何”。测试焦虑可用肌肉松弛法进行治疗。

十八、注意力不集中的诊断与辅导

注意力不集中，容易分心的学生，通常容易为不相干的刺激所吸引而好动（俗称过动儿），这类学生常显得心不在焉，智力虽然不一定差，甚至在某些方面有特别的表现，但因注意力不集中，老师所授的课很难吸收，因此妨碍学业进步。

（一）注意力不集中原因分析

（1）受生理方面因素影响，内分泌不平衡。

（2）身心发展尚未臻成熟，注意力难以集中。

（3）受外界事物影响，如上课时突然听到教室外有声音或行人来往。

（4）与其他足以引起焦虑的事物使他分心。

（二）注意力不集中辅导

（1）给予的工作每次只是一小单元，做完后再规定下一个工作。

（2）练习时间宜短而频繁。最好配合视听教具，使工作具有吸引力，有时不妨以游戏的形式来进行。

（3）对于任何可接受的学习性反应（如打开书本、拿起笔、动笔写字），要不吝啬地给予正增强（酬赏）。往往一个好的反应会引发另一个好的反应。

（4）在每节课之间，做一些放松肌肉的活动。

（5）使用接近控制法，在桌上轻轻一敲，碰碰肩膀或叫出名字，皆有助于分心的学生恢复注意。

（6）限制分心物：勿使易分心的学生坐在窗口、彩色展示板边或门口。有时可要求这类学生在教室后边安心学习，如无“隔离小间”，可将桌子靠向墙壁，面壁做作业。

（7）做一些需要集中注意的游戏，例如观察训练——展现盘中物，看 30 秒钟后收回，写下所看到的。

（8）如果分心过度，难以矫正，建议家长带孩子去看医生，实施神经系统检查（如脑波检查），看大脑神经是否有受损情形。如无，则可实施心理治疗或其他特殊教育措施。

十九、“性”不良适应行为的诊断与辅导

（一）“性”不良适应行为原因分析

（1）学自家属及家庭生活方式，使用性方面语句骂人，本人并不觉得是坏行为。

（2）家庭生活方式没有男女之分，因而对异性行为特别随便，往往家长和学生自己并不觉得是问题。

（3）是家庭中唯一的男孩或女孩，平常少有机会接触异性。

（4）是一群异性同胞兄弟姐妹间唯一的男孩或女孩，平日受了他们不少委曲，于是发泄在异性同学身上。

（5）与异性父母或师长之间的关系不佳，于是找机会在异性同学身上发泄自己的不满。

（6）学自不良环境，如父母不正常的婚姻生活或居住环境。

（7）睡觉的地方和同睡人的安排不当引起这种偏差行为。

（8）父母感情不睦或受父母特殊职业的影响。

（9）由智能不足引起行为控制能力特差。

（10）过剩精力无处发泄。

（11）缺乏正常的娱乐活动。

（12）人格异常。

（13）老师偏爱乖巧的女生，重用女生负责班级任务，引起男生的不满和报复行为。

（二）“性”不良适应行为辅导

（1）孩子对性方面的求知欲表现并不是坏现象，为父母或老师者应视为正常现象，不必用压制方法，应善加辅导。

（2）老师应注意不要偏爱男生或女生单一方面，以免造成孩子对异性朋友或对老师产生不满的偏差心理，然后再用手段报复在异性同学身上。

（3）对“性”有偏差行为的孩子进行家庭生活及睡眠方式调查，并多与家长联系，商讨原因和辅导的方法。

（4）讲解“性”的问题时，教师态度要平和，可利用狗、猫、猴子等动物的生长过程及生理状况进行讲述。

（5）父母、师长平日对异性的态度就是孩子性教育的教材，应有良好的身教。

（6）在不危害别人及社会所允许的范围内的性好奇表现，是人类成长过程的必经阶段，师长或父母应耐心引导，不应视为严重问题。

（7）父母、师长应利用有益的书刊、电影、环境的安排（如男女生合班制度）引导并使孩子们树立健全的性观念作为将来美满婚姻的基础。

（8）对于喜欢扮演异性角色者（女性男性化或男性女性化），实施心理辅导并让其父母参与。采用行为改变技术与社会示范治疗法都相当有效。

（9）提供学生适当认同对象，必要时更换老师。鼓励参加童子军活动或男青年会与女青年会的活动。

(10) 如果男孩女性化，勿安排给他一个强壮、独断的女教师，如果女孩男性化，勿安排给他一个软弱、温柔的男教师。

(11) 为充满“性”问题的学生另行安排团体或个别咨商。

(12) 尚未成熟而对性、爱、约会等问题极度关心的女孩，往往过度认同其母亲或姐姐。最好鼓励她多参加各方面活动并观察其反应，以获得完整正确的对待情感的态度。

(13) 对于学生过度的性好奇，可以采取下列措施：①以诚实的态度对话，纠正不当的性知识。②举行公开讨论，客观地讨论性动机及其控制方法。③请权威人士讲解性生理知识。④避免传道式讲解，不妨以影片、模型等呈现事实。⑤避免羞辱学生，使其产生罪疚感。⑥鼓励参加体力竞赛活动，发泄其多余的精力。⑦强调与异性接触应从团体中交往开始，而非一开始就要尝试秘密的一对一关系。⑧举行家长与老师会谈，交换意见，使工作步调一致。⑨强调人的性关系不是纯生理性的，精神的爱情比生理性的性行为更为重要。

(14) 鼓励母亲给孩子适合性别的穿着，特别是男孩子。如果男孩已经有女性化行为，母亲宜弱化其影响力，让父亲带领孩子从事一些男性活动，如钓鱼、锄草、修车等。

(15) 对于过度手淫者：①私下委婉告诉孩子要自制，而不公开地指出其手淫行为。②父母要鼓励孩子用他的手去做黏土模型、指画、弹钢琴、学打字等。③对于成长中的孩子，要检查其内裤是否太紧而不舒服。④请医生检查孩子是否有湿疹和其他的皮肤病，如果没有身体问题，可以请求心理卫生机构检查孩子是否有人格适应问题。父母应以健康态度对之，勿施以惩罚或羞辱。

(16) 如有偷窥异性身体行为，应告之孩子此类行为不被允许。威胁与惩罚通常无效，宜设法转移其兴趣与注意，或以问答方式解答其疑问。

(17) 对于沉迷于黄色书刊者：①当社会上的黄色书刊、网络，无法根绝之时，没收只是治标之策，治本的办法是施以适当的性教育。②时常抽查学生的书包，并请家长检查学生的抽屉，追究黄色书刊的来源。③设法转移学生的兴趣，如鼓励其参加团体竞赛或正常交谊活动并培养其对野外活动的兴趣。④培养学生对健康读物的阅读兴趣并提供有趣又有益的读物书单，督促学生阅读。

二十、易怒行为的诊断与辅导

（一）易怒行为原因分析

易怒行为多由疾病、疲倦、求自由、求注意、要挟、挫折等引起。

（二）易怒行为辅导

(1) 不加理会。

(2) 设法转移其注意力。

(3) 等待学生冷静后，对其保持友善，不提刚才发生的事情。

(4) 探求原因，对症下药。①检查有无疾病，如有，应立即治疗。②如缺乏正常的休息和运动，应立即改变其不良生活习惯。③在适当范围内，给予较多的自由④指导学生用合理的方式，赢得注意和重视。⑤面对现实研究和学习克服环境障碍的方法。

（5）勿忘控制自己的脾气。

（6）辅导学生学习控制情绪的方法。①避免刺激。②改变刺激的意义。③对于引起激动的刺激，培养学生超脱的态度。④以社会许可的方式，作适当的发泄。

二十一、癫痫（大脑微细功能障碍）的诊断与辅导

（一）概说

癫痫（Epilepsy），是常见的大脑功能障碍，是由于脑细胞过度异常放电所致的一种短暂的大脑功能障碍。

（二）种类

癫痫在临床上的种类很多，且有不同的分类方式，今以其症状轻重及常见的并在辅导上较为重要的分类分述于后：

（1）大发作。

发作时，个体可能大叫一声（也可能不出声），突然倒地，不省人事，头往后仰，两眼发白（上吊），牙关紧闭，四肢僵直，伴有短暂的呼吸停止，嘴唇逐渐发青，约一分钟后，手足反复抽动，这时恢复呼吸，白沫甚至血丝由口角喷出或流出，约两三分钟后，抽动越来越慢，在几个深呼吸后，停止抽搐，全身瘫软下来，这时可能会大小便失禁，再经过几分钟或半小时，逐渐苏醒，但可能还会有一阵子觉得迷迷糊糊，或头痛或全身筋骨酸痛，或再昏睡几个钟头才醒过来，而完全忘记刚才所发生的事情。

（2）小发作。

以小孩居多，可能持续十几二十秒钟两眼直视，目瞪口呆，意识完全丧失，眼皮上翻，嘴巴有上掀动作，一般在 7 ~ 10 秒内意识就恢复正常，很少会超过 30 秒，别人不注意，根本不知道他在发作，有时表面上看起来像是在很专心听讲，但老师很奇怪这个学生为何一问三不知，殊不知这正是在小发作的时候，学生错过了这一学习材料。也有一些学生在发作的时候眼睛一眨一眨的，或两手轻轻地抖，如果有这种情形，就很容易认出他患有此症，否则，不易发觉。

（3）局部性发作。

发作时一只手或脚或是同侧的脸都会有抽搐情形，严重时则全身抽搐，如果局部发作时，意识不会丧失，他可以感觉得到，发作到达全身时就会倒下去，变成大发作的癫痫。

（4）精神运动型发作。

某些种类的癫痫在发作时会出现幻视、幻听或幻嗅觉，突然看到闪光或奇怪的影像，听到不存在的声音或闻到一股奇怪的味道（有些像烧焦的橡皮味），或觉得有人从后面推他一把，转头不见人影。有些会陷入一段或长或短的无意识“自主运动”状态，他可能做伸吞、舐唇、咀嚼、嘴巴吞咽和吸吮动作，也可能不停地玩弄手中物品，如反复解扣、抓衣服或喃喃自语，失神时会像梦游般漫无目标地狂游、乱跑。有时候觉得眼前浮现出一片片熟悉的影像，有如一幕幕电影，有时觉得眼前

一片陌生，好像到了从未到过的地方，偶然发笑或有一段半对半错的进退活动，但醒来时，全无记忆，或只有片断依稀恍惚之感。

（5）婴儿点头和抽搐的癫痫症。

发作时患者会持续点头，两手向内作朝拜式点头，一天发作数次，小孩在发作时常伴有不同程度的精神性运动，发育也很迟缓。

（6）失张力等小发作。

发作时头部会往前碰撞或腰部失去张力，四肢抽动，对光线和外界刺激特别敏感，时常合并中度或严重性的精神性运动，发育迟缓。

（三）癫痫发生的频率

癫痫的发生频率，到目前为止，仍无准确的研究调查统计数据，但在台湾地区台北荣民总医院小儿神经科门诊的病患中，据报告约有2%的人患有癫痫症。

台湾大学医学院儿童卫生中心主任徐澄清曾于一次演讲中举证世界部分国家癫痫患病率如下：美国 Thom 调查报告，有5% ~7%的小孩在5岁之前有过癫痫发作。加拿大 Metrakos 报告：全人口的6%在一生中，某些时期曾患有癫痫。美国 Lesser 等报告：7 ~14 岁的儿童有0.4%患有癫痫。丹麦的报告：7 ~14 岁儿童的0.4%患有癫痫。英国的报告：1 ~14 岁的男童，有0.49%患有癫痫，女童有0.24%患有癫痫。在荷、葡和美国有0.5%的男性，因患有癫痫而不能服役。Lener 报告：癫痫病中，有47%其首次发作是在10岁以前；而另有30%，其首次发作是在10 ~19 岁。

（四）癫痫原因分析

根据专家的研究发现，患者因人而异，每个人对发作的耐性不同，有些人的体质易发生，有些人则不然，可能是产前、分娩中或产后，受到外力的伤害（每一个头颅经过产道时，都是挤出来的，当时脑所受伤害的轻重，只是看个人的运气造化）而致脑部受损，药物的作用，发炎或先天性大脑畸形，后天的脑肿瘤、脑挫伤、脑血管畸形、脑炎、脑膜炎、中风或脑退化症或新陈代谢障碍，都可能引起癫痫发作，甚至小孩，只要发烧，就可能抽搐，还有些癫痫可能与遗传有关。癫痫发作的原因，亦因年龄而异，具体如下表：

表14－1　不同年龄癫痫发作的可能原因

年龄（岁）	可能原因
0 ~2	体质、出生时的脑伤、先天性缺陷
2 ~10	体质、生产时的脑伤、先天性缺陷 炎症、脑外伤、脑血管障碍
10 ~20	体质、生产时的脑伤、先天性缺陷 炎症、脑外伤、脑血管障碍
20 ~35	体质、脑外伤、脑肿瘤
35 ~	脑外伤、脑肿瘤、脑血管病症

资料来源：台湾大学医学院精神科癫痫研究小组，1970。

（五）癫痫儿童的辅导方法

1. 教师、家长应有的基本认识

（1）癫痫并不可怕，也不可耻。癫痫不是什么鬼神附身，只是身体器官的一种表现而已，如果你不以学生的肚子痛、头痛、牙痛为可怕、可耻，那么患癫痫的学生亦不可怕、不可耻，不必对其指指点点，评长论短，应该如同照顾其他学生一样地照顾这类学生。

（2）一般人认为癫痫症患者智力较低，或对某些科目在学习上发生困难且性格乖戾。其实并非个个如此，癫痫的形成系大脑功能障碍，因大脑损伤所致，都有程度上的差别，损伤程度重者智能较差，反之则否。至于癫痫患者个性乖戾问题，多导因于自卑感和周遭环境人士对他的态度而定，如果大家不把他的疾患当作一回事，他亦必处之泰然，否则便会影响到他的性情。如果癫痫患者没有伴随续发性的情绪困扰或大脑损伤，其智能和性格与一般人没有多大的差别，历史上有不少天才和英雄豪杰都是癫痫患者，如哲人苏格拉底和柏拉图，诗人拜伦、莫泊桑、帕格尼尼，霸主如西泽大帝、拿破仑，画家如凡·高，音乐家如海顿等。

台湾大学附属医院曾对 2 000 名癫痫者作研究，约有 25% 有轻度智能不足，有 9.2% 中度智能不足，有 3.4% 重度智能不足，癫痫发作须早做治疗，若早期不加控制或控制不成功，智力障碍的可能性也越大。

（3）癫痫是可以医治的，但不能根除。治疗期间应照医师的吩咐服药，不可间断，勿误以为服药后未见发作即行断药，根据有关方面的调查报告，接受治疗者，48% 的发作可以完全控制，37% 可以改善，15% 的发作难以控制。时至今日，即使世界上医药这样发达，据医疗单位的报告，尚未有根治癫痫的妙方，老师应告诉学生家长勿信江湖郎中所谓之祖传秘方。

（4）勿错把打瞌睡或其他疾病作癫痫。往往学生由于疲劳或睡眠不足，上课没精打采，目瞪口呆，两眼上翻，如果这时以为他是癫痫小发作，那就大错特错了，分辨学生是否患有癫痫，最妥善的方法是告诉学生家长，让其带孩子去看脑神经科医生，作脑波检查，正常人的脑波和各类型癫痫患者脑波不相同。

2. 癫痫学生病发时如何处理

（1）大发作时是不能停止的，老师不必慌张，短时间内不必急于送医院。即使急忙送到医院，医生不一定给他打针吃药让他清醒，只有静待他发作过去自然清醒，倘该生发作时间很长，老师缺乏处理方法，又不能放下工作时，为减轻责任，此时再通知家长陪送至医院求治亦不迟。此外，要注意的是癫痫重叠状态，即一个大发作之后，意识尚未清醒，接着再发，如此重叠下去，有生命危险，需立即送医求治。

（2）在大发作前，有些人有某种预兆，如视觉、嗅觉异常，此时应立即将他送至安全地方，预防突然倾倒碰撞受伤。

（3）大发作时抽搐正在进行中，要设法保护患者的身体，将手脚轻轻按住（不必用力过度约束），以免受伤。

（4）发作抽搐时，如果来得及，在患者张开口的时候，放一片小木板或毛巾或以干净的纱布裹住筷子的一端，放在他的上下牙之间（千万别把手指放进去），免得他咬破了舌头或嘴唇，亦不可把他的舌头往后推，以免梗住喉咙不能呼吸。如果已咬紧了牙，大可不必放入木片之类物品阻隔。

（5）发作抽搐进行中，口吐白沫时，让患者的头侧向一边，使口水容易流出来，减少回流深入肺部或气管发生窒息的危险。

（6）在大发作中，有大小便失禁的情形时，应在患者完全清醒前帮他处理完毕，以免醒后看见这些秽物，觉得不好意思，心里不安。

（7）发作时不可饮水或灌酒或灌其他药物，应等患者自然清醒。

（8）大发作时，最好把患者的衣领放松，使其易于呼吸。

（9）大发作后昏睡时，不必叫醒，让他自然清醒。

3. 发作过后的辅导注意事项

（1）大发作昏睡清醒后，注意患者是否有发烧、肠胃不适，停药后服用其他药物是否失眠、过劳，如果是女性患者要问她此时是否处在生理期等，因为这些都会诱发癫痫发作，如果没有上述诱因，则请家长与主治医生联系。

（2）周遭的人对癫痫患者要保持平常心，以免患者心理紧张自卑，以致发生继续性适应困难，应告诉周遭的人，这不是传染病，不必躲避，并应鼓励其他学生尽量如同常人一样接近他。

（3）老师对患癫痫的学生平时不可给予过多特别优惠待遇，只要患者体力胜任，一切活动均让其参与，避免因不适应心理而使患者变得孤僻或减少与他人交往的机会。

（4）癫痫因为根治性的机会少，不需等待根治再上学，以免耽误学业。

（5）服药期间，注意学生不可随便同时服用其他药物，如有需要，应与医生商量或让医生知道他所服用的药物。

（6）熟悉所用药物的可能副作用，癫痫患者服药后，上课时有打瞌睡现象，切勿严词指责或过分体罚，因其身体无法承受。

（7）在学习辅导方面，患癫痫的学生发作时，总不免会耽误当时的功课。尤其发作频率高的学生，所误的课程亦愈多，老师应留心他当时耽误的进度，找些时间作适当的补救教学，以免因此一误再误永远跟不上。小发作的学生，发作频率高，所接受的教学内容是时断时续，不完整的，对这样的学生，老师在上课时对一些学习要点进行强调，在教学的过程中，稍加复述，就将有助于学生习得发病时错过的部分。

4. 辅导癫痫者的特别注意事项

（1）大发作时当学生躺下抽搐，口吐白沫时，要防止口水回流进入气管，以免窒息事件发生。

（2）注意大发作是否有重叠现象，即一次发作尚未过去，另一次发作接踵而至，这种情况需要紧急送医院。

（3）避免患癫痫的学生单独在水边玩耍或游泳，以防此时发作，有被溺毙之虞，纵然是在沐浴，亦应采取预防措施。

（4）不可让患癫痫的学生前往高处游戏，以防此时病发摔下，轻则受伤，重则死亡，不可不防。

第三节　创伤性压力症候群

一、概说

创伤性压力症候群（Post Traumatic Stress Disorder，PTSD），又称战斗神经官能症（combat neurosis）或重大压力反应（gross stress reaction）等。这是一种因遭受外来严重事件打击，心理受创伤而引起的焦虑情绪反应问题。

PTSD 的概念始于第一次世界大战时所谓的“炮轰休克”（shell shock）。当时在军中认为可能是士兵脑部在战场上受到伤害，如毒气或剧烈的枪炮爆炸声震荡引起。但在 20 世纪 40 年代的研究发现，普通人在一场突发灾难后也会表现出各种心理上和生理上的状况，包括情感淡漠、焦虑和极度的自律神经兴奋性，这是对灾难后遗症的报告。此后，也有学者提出类似的灾难后反应。到了第二次世界大战时，对这方面的研究更得到有利的佐证。70 年代，由于越战的升级，也出现许多这方面的研究，如战俘营劫后余生症候群（P. O. W. Syndrome）等，有人对归国战俘作过研究，报告一群被俘的飞行员，过去恰好在航天员储训做过全套的心理评估，结果显示正常。但由战俘营获释后，再度接受精神检查和追踪，发现这群过去身心都健康，但经历战俘营酷刑折磨及死亡威胁的余生者，出现了许多生理和心理问题及适应障碍。这更说明灾难的确会造成重大心理创伤，并可能由因创伤，个体以后的身心易受伤害。

二、创伤后的反应过程

根据学者的研究，灾难事件后的受难者最初的反应通常分三个阶段：

（1）第一阶段：震撼（shock）。在事件发生后，受害者受到惊吓，失去知觉，主要表现为否认，不相信事实，伴随如哭泣、叹息、无助感、发呆等症状（这个震撼期有时可能延续两星期左右）。

（2）第二阶段：瓦解（disorganization）。全神贯注于以往发生过的灾难事件或死去的人。主要表现是反复思念这些灾难事件和往生者，伴有愤怒、罪恶感、失眠、噩梦，失去生趣。这个时期由于容易接受暗示，故又称为容易接受暗示阶段（suggestible stage），受害者倾向于被动，愿意接受拯救人员或其他人的暗示（这个阶段持续三个星期至六个月）。

（3）第三阶段：化解（resolution）。这个阶段是恢复阶段，创伤或许仍会伴有紧张和焦虑情绪，但会逐渐重获心理平衡，过去的症状逐渐消失，恢复社会生活，重建人际关系。显现出来的反应通常是反复述说灾难事件。

三、创伤症候群

生命受到威胁的情境，诸如家园被彻底毁灭，看到另外一个人被残肢或被杀害，或是为暴力事件所侵害，个体会有下列情况出现：①个人持续地体验该创伤事件，反复回想，或是有重复的梦魇挥之不去。②个人持续地避开与创伤有关的刺激，企图把这些经验封闭起来，避免触景生情。③个人持续高度警觉状态，遂致长期紧张，伴随而来的是失眠、无法忍受噪音，以及抱怨自己无法松弛下来。④注意力难以集中，记忆受损。⑤有消沉、沮丧的感觉，社交退缩，性兴趣丧失。

创伤因情境不同而症状各异，文献中研究最多的莫如战斗、战俘集中营、绑架人质案以及自然灾害创伤等。

（1）战斗创伤症候群。

第一次世界大战英国病理学家弗里德里克·麦特（Frederick Matt，1919），将战斗情境创伤称为炮弹震撼，认为这些反应是气质性的，由脑部的轻微出血引起。后来逐渐了解到只有极小比例的个案是由自炮弹爆炸所引起的脑部伤害引起。大部分起因于一般战斗情境，该种情境引起身体疲乏、始终存在死亡或残肢的威胁以及严重的心理震撼。

《变态心理学》一书著者 R. C. Carson 等指出，第二次世界大战中，据估计有10%的美国士兵有战斗衰竭症。在1 000万服役的士兵中有53万（占5.3%）由于精神医疗上的原因（包括战斗衰竭症、精神病、精神官能症以及其他不适合军事生活的人格疾患）而准退役，其中以战斗衰竭症最多。

第二次世界大战结束后20年，研究者（Archibald & Tuddenham，1965），针对62位曾有战斗衰竭症的个案追踪研究，结果发现患忧郁症者占90%；躁症者占82%；难以集中注意力者占79%；容易疲劳者占75%；心跳过速者占59%；战斗噩梦者占48%；叹息者占46%；痢疾者占40%；酒精上瘾者占20%。除此之外，个案也显示出当事人在工作上和家庭关系上的困扰、社交孤立以及兴趣窄化等（Carson & Butcher，1993）。

“二战”德国纳粹以消灭犹太人为宗旨，战争结束后，多位学者研究纳粹集中营存活者的创伤症候群后发现，受害者通常出现焦虑、失眠、头痛、急躁、抑郁、噩梦、性功能障碍、痢疾等疾患。

对“二战”的太平洋地区被遣回的战俘进行研究发现，第一个六年内，战俘死于结核病的比例是一般平民的九倍；死于肠疾病的是一般平民的四倍；死于癌症、心脏病和自杀的是一般平民的两倍；死于意外事件是一般平民的三倍。

（2）人质创伤症候群。

全世界几乎都有绑架人质事件发生，目的不外乎是钱财、政治或复仇心理。劫持飞机后选择在众目睽睽之下将乘客一枪毙命，接着将无辜死者抛出机舱外示众，这是经常发生在中东所谓出于政治目的恐怖主义绑架，其目标以西方人居多。发生在台湾的绑架人质案件多以勒索钱财为目的，被绑架的对象有小孩、成人及老人。有些取得巨额赎款后人质获释，有些幸运脱逃，有些则被“撕票”。很明显的，不管哪一类的绑架案，人质获释后，受害者都会引起或多或少的心理障碍。下面是一位被绑架者历劫归来后的个案报告，可为人质创伤的症状代表。

当事人是一位三十岁出头，有两名子女的美国会计师。一天晚上，在他下班回家的途中，被一个青少年帮派强行拉入他们的汽车，然后把他带到一条偏僻的乡间道路上。

他们将他拉下车，开始殴打。搜查被绑架者身上的财物，取走其皮夹。质问皮夹的内容，并了解到他的姓名、职业以及家庭成员的情形，威胁要去他家里伤害他的家人。经过数小时的虐待后，他被绑在树干上，一个年轻人拿出一把枪抵在他头上，当他一再求饶时，这位拿枪的人扣响了扳机。幸好这把枪是空的，但当扣扳机的那一刹那，这位当事人大小便失禁。这些青少年将他松绑后扬长而去，留下他在路旁。他蹒跚地走到加油站，然后报警。

在事件过后的两年中，他都在接受心理治疗，治疗师证实当事人患有 PTSD，他显然经历了人类正常经验范围之外的事件，最初以各种方式重现这个事件，包括出现强迫思考，回想当时的种种、做噩梦、瞬间意象、突然呈现被绑架情境以及后来看到不良青少年的恐惧。另外，他的许多社交功能失调，包括退缩、少与家庭成员接触、对工作失去兴趣、普遍性的疏离和孤立、预期自己即将死亡。同时，当事人还有生理和心理过度警觉症状，包括睡眠困难、注意力难以集中和夸大的惊吓反应。当治疗师和他第一次谈到绑架的细节，他描述到创伤经历中大小便失禁的那一刻，他再次大小便失禁。

当事人还有罪恶感、愤怒和报仇愿望。与治疗师谈到求饶被羞辱的情节时，觉得自己的行为是一种罪恶。他希望当时要有理智，不要哀求他们饶命。对被吓得大小便失禁觉得羞耻。

（3）自然灾害创伤症候群。

重大创伤事件除以上所举人为因素外，还有自然天灾，如台风、地震等，不但造成人们财物损失，甚至要忍受丧亲之痛，因此也会带来不良的身心反应。

台北市新光医院精神科医生林博（2002）收集了 120 位精神官能症（如忧郁症、恐慌症、焦虑症等）患者，其中 77 位女性，43 位男性，然而其中有 37 位属“创伤后压力症候群”，并且都是持续一年以上的“慢性患者”，37 人中男性占 25 人，比例超过女性。

林博分析，这 37 人中所遭遇的创伤不同，人格特质上确有许多共同特征，例如他们感到忧郁或焦虑，又未接受药物治疗，脑子过度敏感，任何风吹草动都会引发强烈情绪波动；此外，多半相信“男儿有泪不轻弹”，总是武装自己，强迫自己不听不谈，回避相关事物。其中一位四十多岁男子，因本身有恐惧症，在经历“九二一”大地震后，便开始经常胸闷、心悸、头晕、全身发冷。林博说，慢性创伤后压力症候群有九大特质：

（1）极力回避相关事物。

（2）绝口不提痛苦记忆。

（3）禁止自己掉泪。

（4）想靠自己坚强起来。

（5）全家都回避引起痛苦的议题。

（6）在人群中极力武装自己。

（7）本身有忧郁症或焦虑症，也未接受药物治疗。

（8）停止看精神科以表示无恙。

（9）认为内心痛苦只是抽象感受，不看不说自忘怀。

四、PTSD 的辅导策略

专家指出，PTSD 患者，除以药物让大脑不要过度敏感外，还要掌握回数升华心理辅导原则：让当事人一遍遍详述自己的创伤过程，让刻意隐藏的情绪得以发泄。辅导员或家人要扮演的则是无言的陪伴者，谨记多听、少说、关怀、陪伴四句口诀。

第十五章 心理疾患的诊断与辅导

第一节 心理疾患的一般概念、类型及一般症状

一、心理疾患的一般概念

心理疾患一词的概念，在英文里有不同的写法，其含义又颇不一致：

（1）mental disease 译为精神病或心理疾病，意指由心理原因或生理原因所造成的严重心理失常。主要特征是无法有效地适应生活环境。

（2）mental disorder 译为心理疾病、精神异常、心理异常、精神病，泛指由于心理的、社会的、生理的或药物的原因所造成的无法有效适应生活的失常现象，本词含义甚广。

（3）mental handicap 译为心理障碍，泛指轻度或中度智能不足，是个体在发展时期的普通智力功能显著低于平均数，并兼有适应行为缺陷的现象。

（4）在心理学中虽有前述名词的混淆，但在临床医学里有较明确清晰的概念。如疾病（disease）指客体通过身体病理或已知病因（器质性或功能性的）诊断的异常生命活动。疾患（illness disorder）：患者主观感受的痛苦（心因性的）。

综上所述，本章所指心理疾患又称精神疾患，是指临床上明显的行为或心理症候群。常伴有痛苦或无力感，对某些特殊事件也无法作出预期的反应。因此，多数精神疾患问题，不应该归类为精神疾病，这是因为一方面疾患是错综复杂的，另一方面在病理学上也没有被确切证实。然而，当今医学中对精神疾患的概念仍是以疾患（illness）来定义患者超出一般人经验（从程度或持续时间长度而言的主观痛苦感受。此外，世界各国的法律中也是以精神疾患（mental illness）来定义精神医生作出强制医疗与司法精神医学判断的基础。

二、心理疾患的类型

随着时代的演变，心理疾患的类型繁多，名称各异，历来学者的分类观点也不一致，时至今日，为世人所公认的有两大准则，可以作为临床医师诊断精神疾患的依据。

（1）国际疾患及有关健康问题分类（ICD－10，1992），是1992年世界卫生组织（World Health Organization，WHO）第十次修订的精神疾患分类，将精神疾患分成11大类，共列出76种心理障碍，医生需按详细描述，依规范诊断。

（2）美国精神医学会《精神疾患统计手册（第四版）》（DSM-IV，4th Edition），这是目前较为普遍的分类准则，该手册将精神疾患分为17大类，每大类之下分别描述各种诊断准则。如婴儿期、儿童期或青春期精神疾患（Disorders Usually First Diagnosed in Infancy，Childhood or Adolescence）；谵妄、痴呆、失忆及其他认知疾患（Delirium，Dementia and Amnestic and Other Cognitive Disorder）；一般医学状况造成的精神疾患（Mental Disorders Due to A General Medical Condition）；物质（滥用）所致的精神疾患（Substance-Related Disorders）；精神分裂症及其他精神病性疾患（Schizophrenia and Other Psychotic Disorders）；情绪性疾患（Mood Disorders）；焦虑性疾患（Anxiety Disorders）；躯体症状疾患（Somatoform Disorders）；人为（伪病）疾患（Factitious Disorder）；解离性疾患（Dissociative Disorders）；性与性别认同疾患（Gender Identity Disorder）；饮食疾患（Eating Disorders）；睡眠性疾患（Sleep Disorders）；冲动控制性疾患（Impulse-Control Disorders）；适应性疾患（Adjustment Disorders）；人格疾患（Personality Disorders）；临床上需注意的其他状况（other conditions that be a focus of clinical attention）。

另外，临床上依严重程度又将此类精神患者分成两大类，一是比较严重的功能失调，称为“精神病”（Mental Disorder）；另一是较轻微的功能异常，称为“精神官能症”（Mental Faculty Disorders）。

三、患者的一般症状（障碍）

仪表障碍：患者通常有不合时宜的打扮。

意识障碍：混乱、朦胧、谵妄、恍惚、昏厥等。

定向感障碍：患者常有不知身处何处之感。

记忆障碍：包括记忆亢奋症、记忆改变症、记忆丧失、记忆歪曲变质等。

知觉障碍：患者有错觉、幻觉、失实感、自我丧失感。

思考障碍：在方式上是一种封闭性思考，不符合逻辑，思路忽而中断，在思考的运用上有时思维奔逸，联想丰富，有时迟缓，说话绕圈子，有时不管别人问什么，回答只有一个，或者是重复别人说的。思考内容上有时出现妄想症，有被迫害或夸大等妄想出现。

动作障碍：行为上常见活动减少或增加，坐立不安、激动、强迫动作、僵直等。情感上，喜怒哀乐无常，有忧郁、焦虑、恐惧、紧张、恐慌感和愤怒等。

人格障碍：对人对事于其行为上有其独特个性，变化无常。

智能障碍：包括常识、判断、计算、记忆、推理、比较、分析等方面的智龄低于实际年龄。

第二节　心理疾患的诊断

一、忧郁症

忧郁症（Depression of Disorders）属于情感（绪）性心理疾患（Mood Disorders）。忧郁症像感冒一样，人人难免，联合国世界卫生组织（WHO）的官员曾预言，忧郁症、癌症和艾滋病（AIDS）已成为21世纪人类的三大杀手。

忧郁症是一种全身性的疾患，是多种不愉快情绪综合而成的心理状态。几乎所有的心理疾患都直接或间接与它有关，如焦虑症、恐惧症、恐慌症、躯体症（转化症、虑病症、衰弱症、谵妄症）、解离性疾患、性疾患、睡眠性疾患等，严重时会引发自杀或精神分裂。

（一）忧郁症的种类、症状和诊断标准

忧郁症的种类系以其发作的情形来分，诊断依DSM-IV所订：

1. 重性抑郁发作（Major Depressive Episode）

至少两周内同时出现下列九种症状，可诊断为重性抑郁发作。

（1）忧郁心情（几乎每天、整天都有）。

（2）对所有或几乎所有活动的兴趣或喜乐都显著减少（几乎每天、整天都有）。

（3）非处于节食时期，但体重明显下降或增加（变化量超过5%）或几乎每天食欲都减少或增加。

（4）几乎每天都失眠或嗜睡。

（5）几乎每日都会出现精神运动性激动或迟滞。

（6）几乎每日疲累或失去活力。

（7）几乎每日都有无价值感或过分不合时宜的罪恶感。

（8）几乎每日思考能力或专注能力减退，或无力判断。

（9）反复想到死亡（不只是害怕自己即将死去），重复出现无特别计划的自杀意念，有过自杀的尝试或已有实施自杀的特别计划。

2. 躁狂发作（Manic Episode）

（1）一段时期内，情绪异常且持续性的高昂、开朗或易怒，延续至少一星期。

（2）心境障碍期间，下列症状中三项或三项以上已持续存在，并已达到显著的程度。

A. 膨胀的自尊心或表现出自大。

B. 睡眠时间减少。

C. 比平时话多或不能克制地说个不停。

D. 意念飞跃或主观经验奔逸。

E. 注意力分散。

F. 增加目的取向活动或精神活动性激动。

G. 过分参与极可能带来痛苦后果的娱乐活动。

3. 混合发作（Mixed Episode）

至少一星期内，几乎每日躁狂发作，与重性抑郁发作的标准皆符合。

4. 轻躁狂发作（Hypomanic Episode）

（1）在一段时期内，情绪持续性地高昂、开阔或易怒与平时非抑郁状态的一般心情明显不同，延续至少四天。

（2）心境障碍期间，下列症状中三项或以上已持续存在，并已达到显著程度。

A. 膨胀的自尊心或表现出自大。

B. 睡眠需求减少。

C. 比平时多话或不能克制地说个不停。

D. 意念飞跃或主观经验在奔逸。

E. 注意力分散。

F. 增加目的取向性活动或精神运动性激动。

G. 过分参与极可能带来痛苦后果的娱人活动。

上述的重性抑郁发作、躁狂发作、混合发作和轻躁狂发作，除了其个别的症状外，还有几项共同标准：

（1）此症状造成临床上重大痛苦，或损害社会、职业亦或其他重要领域的功能。

（2）此障碍并非由于某种物质使用，或一般性医学状况的直接生理效应所造成。

现代精神医学之父、德国精神病学家克雷佩林（E. Kraepelin）指出忧郁症的基本症状是“三高三低”，即情绪高涨、思维奔逸和动作增多是躁狂症的基本特征；情绪低落、思维迟缓和动作迟钝为忧郁症的三低。

（二）忧郁症产生的原因

忧郁症是一种情绪障碍，原因有内因性的，也有外因性的。

1. 内因性（内源性）原因

（1）生物方面。

A. 中枢神经系统中的前脑（forebrain），包括视丘（thalamus）、下视丘（hypothalamus）、边缘系统（limbic system）、大脑皮质（cerebral cortex）等四大部分，是情绪主控中心，一旦受损，即会产生各种不同的情绪障碍。

B. 脑叶（lobe）包含额叶、颞叶、枕叶和顶叶等四大部分，各有其不同的功能，一旦受损，都会导致该处功能异常，包括情绪和各种行为。

C. 大脑半球侧化的障碍，如左半球会引起焦虑、忧郁情绪。

D. 中枢神经传导物质主要有乙酰胆碱（acetylcholine，ACH）、去甲肾上腺素（norepinephrine，NE）、儿茶酚胺（catecholamine，CA）、氨基酸（amino acid）、5-羟色胺（serotonin，5-HT）、多巴胺（dopamine，DA）、脑啡（endorphin）等，如果代谢作用异常，会诱发心理障碍。

E. 内分泌系统中的内分泌激素过多或不足，会导致情绪不同程度的障碍。

F. DNA 染色体功能缺损，依不同的部位而产生不同的异常行为；忧郁症、精神分裂症与遗传有关。

（2）人格特质方面：包括气质、体型、出生顺序、血型等。

2. 忧郁症外因性原因

（1）自然环境：包括气候、特定日子、空气、噪音、光线亮度、空间密度、天然灾害、光与电磁波等。

（2）社会环境：包括社会文化水平、社会阶层、政经情势、早期剥夺、同侪团体、大众传媒、物质滥用等。

（3）其他偶发事件，如战争、重大失落、人为灾难（车祸重大伤亡）等。

（三）忧郁症的盛行率

美国研究发现，一般人为0.4%～0.8%，中国台湾概以5%～8%来认定，中国大陆为0.7%。男女也有差别，通常女性多于男性，各地区亦有差异。

二、焦虑症

焦虑症（Anxiety of Disorders）是指紧张、不安、焦急、担心、恐惧等交织而成的复杂情绪。焦虑症并非指单一的心理异常，而是多种与焦虑有关的心理异常的总称。

（一）焦虑的反应

有精神官能症和忧郁症的续发性反应，有58%的焦虑症患者会有忧郁症反应。在情绪上有不愉快反应，在身躯内引起自律神经系统活动升高、肾上腺素输出量增加、血压升高、心跳加速、皮肤冒汗、呼吸短促等。

焦虑与恐惧的差别在于前者是一种不良的心理状态，有上述的身心症状反应，恐惧是指实际感受到外在危险事物的存在并产生害怕的知觉。

（二）焦虑产生的原因

焦虑的发生有不同的论点，如：

（1）与心理社会有关：特别是子女与父母之间的感情。

（2）与遗传有关：研究发现，大约有15%的焦虑官能症患者，其父母、兄弟也有焦虑症。双生子的焦虑官能症共患率是50%。

（3）与生化有关：研究显示额叶皮质、边缘系统、延髓背缝核、蓝斑多巴胺、5－羟色胺、γ－氨基丁酸、去甲肾上腺素等在焦虑症中扮演重要角色。

（4）与心理防卫机制有关：焦虑是对未知危险的反应，这种危害由于心理防卫机制未能为患者辨认出来。

焦虑的盛行率约占一般人口的2%～5%。焦虑的症状根据临床表现分为急性和慢性两种，不论急性或慢性，都有种种不安的身心症，只是急性突然发作，慢性的常常觉得紧张不安，又称为广泛性焦虑。

（三）焦虑症分类

焦虑产生不同的疾患，依症状及情况不同可分恐慌症、恐惧症、强迫症、重大创伤后遗症。

（1）恐慌症因其反复性、发作性和无法预期性而呈现出极度不安、焦虑，伴有心悸、害怕死亡、发疯等现象，通常很快能平静下来，但不会很快结束。

（2）恐惧症是因特殊的对象或情境而产生的持续不断的害怕，其种类有三：即社交恐惧症、惧旷和特殊恐惧等。

（3）强迫症是个体患有的一种内心充满不必要、重复、无法抗拒的想法和行为，往往与忧郁症有关。在分类上有正常强迫性思考和行为、病态的强迫性思考和行为。

（4）重大创伤后遗症。个体因受到重大创伤后，常会持续体验该创伤事件，挥之不去，常想避开，以免触景伤情；持有高度警觉，长期紧张；注意力难于集中，沮丧、退缩等，这些都是创伤症候群。

三、躯体化症状疾患

躯体化症状疾患（Body of Disorders）是以身体症状为主的心理疾患，主要有体化症、转化症、虑病症、衰弱症等，此类患者面对挫折时，呈现出紧张或不安情绪。

（一）转化症

转化症又称身心症，是与情绪有关而呈现出的身体症状疾患，病情是多样的，多发于30岁以前，女多于男，症候多以自主神经系统及其所支配的器官为主。

转化症原被称为“歇斯底里亚”（hysteria），是一种心理疾患，与体质、人格及情境有关。由于某种原因，不以某种不安为表现，而是指转化到身体上，成为感觉或运动系统的机能障碍，与中医的癔病含义类同。

转化症的转化原因，有各种不同的理论观点，即有心理分析论、神经心理论、行为及学习论，也有特质论、认知论、社会文化论等。

转化症状包括有感觉系统障碍、运动系统障碍两大类。一般而言，它的主要症状是失去或改变身体的功能。

（二）虑病症

虑病症顾名思义是疑心病，对自己身体状况疑神疑鬼，惶惶不安。发生的原因，以现代医学的分析，已知它与生物、心理、父母态度、前置诱发和持续因素有关。患者会在内心世界里有某些特殊意义，如退化反应或求援信号。

虑病症状常见的表现，患者自我叙述许许多多的身心不适、敏感，虑病心理牢不可破，其实他根本没有病。

（三）衰弱症

衰弱症常称神经衰弱，症状范围广，《中医内科学》认为这是一种功能性疾病，因中枢神经活动过度所造成的障碍，从而引起失眠、紧张、心悸，也有人认为是现代工业化的产物。

衰弱症状在临床上的表现有衰弱症状、兴奋症状、情绪症状、躯体症状和睡眠障碍等。

（四）谵妄症

谵妄症是一种精神错乱、意识模糊的心理状态，主要原因是脑部新陈代谢的全面错觉。每个患者的症状在临床上都不一样，起伏不定，但症状最快需数小时，最慢数日就会停止。

谵妄症类型依发生的原因分为一般医学状况造成、药物利诱、物质戒断多种病因造成等。

第三节　心理疾患的辅导

一、中国的认知与实践

我国古圣先贤有关心理疾患的辅导早有真知灼见，如：

《周易》中的“震卦”卦辞意指人们遇到恐惧的情境而害怕时要“镇静自若”，所谓“震惊百里，不伤一鬯”；“兑卦”中的兑是指心中的喜悦之情，可以“促进人际关系，化戾气为祥和”。

《尚书》以“九德”为处世之本，即“宽而栗、柔而立、愿而恭、乱而敬、扰而毅、直而温、简而廉、刚而塞、强而义”。这些都是一个正常人的情绪反应，否则行为情绪化就很难具有此“九德”。

《左传》也说“节宣其气，勿使壅塞”，不要生闷气。

孔子以仁、爱、礼、乐教化之，并倡导调节和节制情绪。

孟子强调清心寡欲、不断反省，情的表现要恰到好处。

墨子：兼爱、非攻。

老子：寡欲、无欲。

庄子：顺乎自然，无情无欲，役物不役于物，勿为物累。

荀子：调节控制，给予适度的满足，方法是倡导与教化。

二、现代西方心理治疗策略

生理方面所致的障碍，建议当事人往医疗机构诊断投医，如使用抗忧郁症的“百解忧”。

心理方面的辅导技术包括：

（1）支持法：倾诉、倾听、解释、支持、训练、改变环境。

（2）行为改变术：系统脱敏法、厌恶法、代币法、示范法、果断训练。

（3）松弛技术：包含伸展肢体运动、音乐、游戏治疗、冥想等。

第十六章 校园危机处理与辅导

第一节　危机处理的概念与理论发展

危机（crisis）一词，几乎可涵盖任何事物，辅导工作就是危机处理，只是轻重有别而已。学者和临床人员已发展出一套理论架构，认为危机是一个连续体，危机处理的最高原则是防患未然于前，处理已然于后，是一项整体性的工作。

一、何谓危机

（1）《韦氏词典》将危机定义为：一个重要时刻及任何事的一个转折点。

（2）《张氏心理学词典》将危机定义为：①一种关键性处境；②面临一种两难情境需要抉择时所感受的心理压力。

二、危机处理的意义

（1）强调现有的危机（问题）立刻解决，注重减轻个体压力，以及恢复危机前的功能。其目标不同于精神分裂的人格重建或短期心理治疗的特殊症状解除。

（2）在危机处理过程中，辅导人员可以直接主动参与协助当事人作有效适应。

（3）危机通常是由突发事件引起，当事人突然丧失解决问题能力，因此，辅导人员要兼顾当事人内在的心理状态与外在社会环境，因为二者相互作用的结果，往往加大危机出现的机会。

（4）危机处理是以现实为导向，帮助当事人澄清其认知与感受，使其能面对拒绝、否认并能为事情的扭曲提供情绪上的支持而不是错误的保证。

（5）如果可能的话，辅导人员可以利用一些现有的协谈机构或是相关的支持系统提供协助。必要时，危机处理可以作为下一步治疗的前驱。

三、危机理论的发展

危机理论始于20世纪50年代，由于社会形态改变，都市化及工业化，造成人与人之间的接触减少，人们所共有的信仰、价值观、兴趣等也都随之减少，有些人是为了工作、为了生活，经常搬迁，家庭形态亦由以往的大家庭变为小家庭，亲朋邻居的减少使得个体所能学习的角色减少。所以，当个体面临一个重大事件时，往往不能有效地解决，造成压力，危机随之而至。

危机理论最初是从人类行为及心理卫生学发展而来的，先后有弗洛伊德（Frued）及埃里克森（Erikson，1902）等许多学者的理论作基础。弗洛伊德认为人的行为受个人过去经验的影响，个人过去的经验可以影响目前解决问题的能力。因此，通过学习，人可养成新的行为模式和解决问题的新方法。

弗洛伊德尤其重视婴幼儿期的发展，认为婴幼儿期的发展有障碍时，将产生问题甚至影响以后的人格发展。如口腔期危机将会发生口腔攻击、讽刺、敌意、饶舌、退缩、孤立、恐惧、不安全、不信任、低自尊等问题。肛门期危机将会发生残忍、愤怒、攻击性强、顽固、敌意、破坏、愤怒、狂暴等问题。性器期危机将会有道德价值判断差，因恐惧而导致固执、强烈冲突意识、罪恶感、自责、低自尊、自我非难等问题。

根据文献显示，危机理论真正的系统探讨始于美国哈佛大学林德曼（Lindeman，1944）及凯普兰（Caplan，1964），直到他们分别提出危机的有关假设危机理论才算有了进一步的发展。

林德曼在1942年观察到波士顿市夜总会的一场大火中，一些痛失亲友的人都有不同程度的悲伤反应，有人持续的时间很短，有人持续的时间很长，因此，他假设人的一生当中会有许多威胁性的情境发生，人们可能要去适应它，也可能因无法适应而造成个体功能上的损害。

凯普兰基于林德曼的观察和自己在哈佛大学小区心理卫生中心工作的心得领悟到人通过各种方法解除痛苦，来维持个体的平衡（稳定）状态（steady state），当无法解决当前面临的问题时，危机就因此出现。

1970年，康奈尔大学护理系发展出一套危机处理模式，这个模式不但包括心理社会层面，同时加入生物物理层面，能以整体性（holistic）的观点来看待个体。心理社会层面的理论来自凯普兰，生物物理层面是由沙利依（Selye）的压力理论衍生而来，这个模式在当时也被应用为课程设计的主要架构。但事实上，危机理论还包含许多理论在内，如发展论、压力论、系统论、角色论等。同年，奥格衣理拉（Aguilera）及麦斯克（Messick）也出版了一本《危机处理》的书，架构如图16－1所示，此后陆续有人将危机处理的理论应用到家庭、小区、心理卫生方面，将危机处理的对象扩大至除了个人以外的其他单位。图16－2为Thibodeau，J. A.（1983）的危机处理论模式。

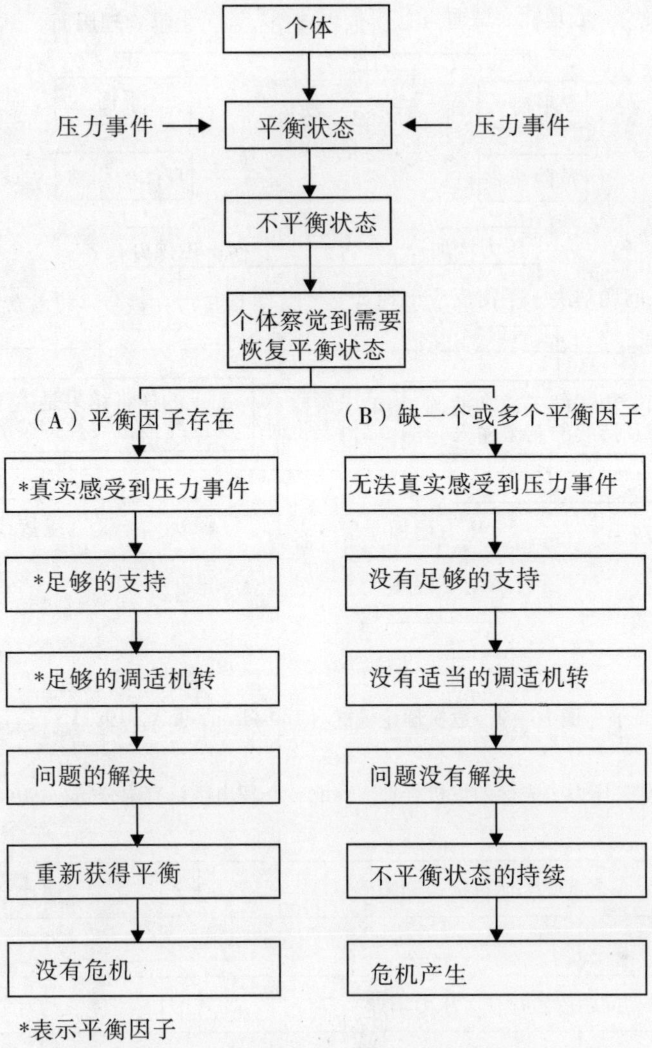

图 16－1　平衡因子在压力事件中的影响

（Aguilera & Messick，1978）

资料来源：冯观富. 压力失落的危机处理. 台北：心理出版社有限公司，1994. 202.

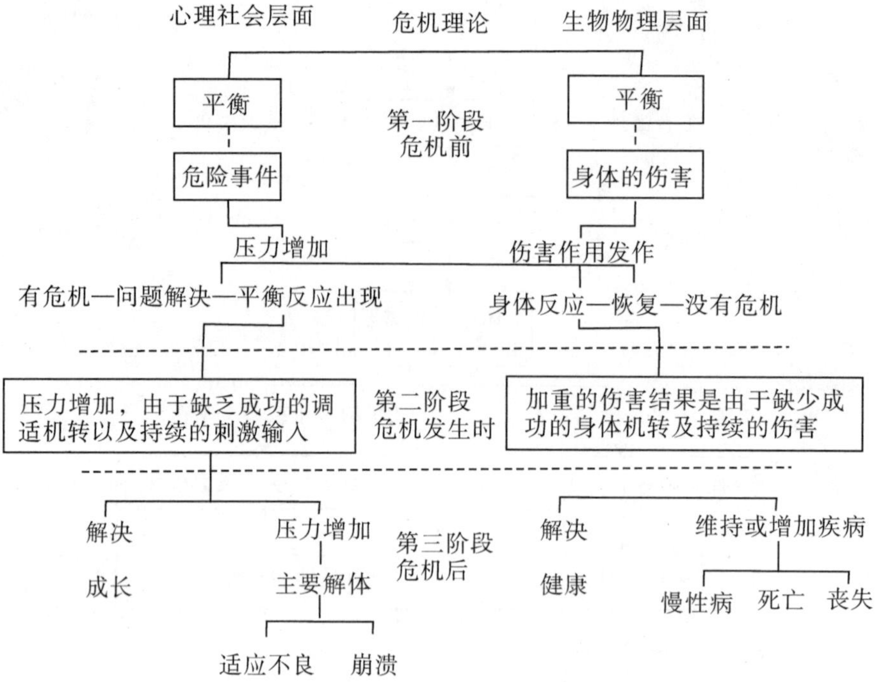

图 16－2　危机理论模式（Thibodeau，J. A，1983）

资料来源：冯观富．压力・失落的危机处理．台北：心理出版社有限公司，1994. 202.

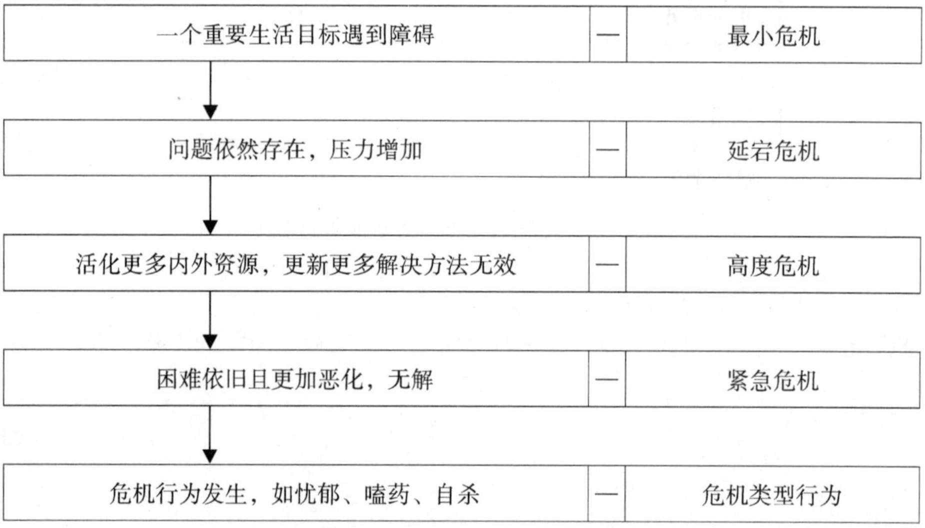

图 16－3　危机发生的过程连续体

资料来源：［美］麦霍特等．新新人类五大危机综合辅导策略．王宝墉译．台北：心理出版社有限公司，1998. 55.

第二节　危机发生的要素

一、基本要素

（一）个人

危机理论认为人是涵盖生理、心理、社会各层面的复杂结合体，这个结合体是一个开放的系统，与环境维持动态平衡的关系。人经由各个发展阶段成长起来，各个阶段都可能有危机破坏平衡，而人的发展过程可以反映出次序性、一致性及连续性，所以人的行为在某种程度上是可以预测的。

（二）环境

环境中有许多发展性及情境性的危机事件，环境中也有许多内在或外在力量可以影响个体，人类通常是通过类化（assimilation）及调整（accommodation）的过程和环境发生互动求得平衡。

1. 家庭

环境中家庭最为重要，如家庭经济环境的好坏、家庭社会经济地位的高低等。下列诸种家庭，均有危机存在：

（1）离婚家庭：今后子女抚养，离婚后的经济、财产等问题。

（2）压力家庭：贫穷、生活困难。

（3）混合家庭：父母再婚生子。

（4）钥匙家庭：上班族的子女。

（5）黏密家庭：互动强烈、生活涉入太深，空降型的父母。

（6）疏离家庭：成员各自为政，互不相干、冷漠。

（7）功能异常家庭：酗酒、吸毒、暴力、心理异常等。

（8）脆弱家庭：少数族群，孤立感。

（9）不当家庭：长者权威牢固、其他亲戚参与家庭决策。

（10）管教不一致家庭：父母管教子女各有一套不同方式，孩子无所适从。

（11）同性恋家庭：不为社会多数人接受，遭到歧视。

2. 学校

（1）学校的效能：领导方式有问题、课业观念偏向、教职员协调欠缺、学生参与欠缺、小区支持不足等。

（2）学校文化：学生风气、教师风气不正。

（3）学校结构：公立与私立、建筑、学制、办学理念、班级、课程等皆有问题。

（4）同侪团体影响：近朱者赤，近墨者黑，学坏容易，学好难。

（5）学生个人：适应能力差、免疫力差、自我概念强烈、自尊过与不及、沟通能力差、控制力差、重要课业能力差、调适能力差等。

此外，身体健康不佳与解决危机能力差，当危机发生时，可运用的社会资源是否充足也是危机发生的要素。

二、共同要素

经观察研究，学者认为危机包含以下四个共同要素：

（1）一件危险的事，是经由一连串事件累积起来的。例如，一个大学四年级的男生和一位同班女同学恋爱，双方同意在毕业典礼中宣布结婚，可是在毕业前一个月，女同学却因车祸丧生。

（2）易受伤的情境。例如上面的男生，一个月后出席参加毕业典礼，触景生情，悲从中来。

（3）突发的因素。例如，一件心爱的古董突然遭到破坏，女朋友突然提出分手。

（4）造成危险的情况。当一个人不能控制情况时，危机就会发生，发生时有以下几项显著的特征：

A. 有压力的身心症状，如沮丧、头痛、焦虑、胃出血等，觉得极不舒服。

B. 有痛苦或被打败的感觉。自认失败者，会有两种反应：一是酗酒、吸毒、开快车或和别人打架；另一种是态度冷淡，睡大觉。

C. 其注意力集中在如何减轻或解除痛苦，却显得彷徨无助，有无力感与无助感。

D. 这是低效率时期，只有平时60%的工作效率。

总之，某一危机不是单独要素造成的，而是由一连串事件累积而成的，再加上易受伤的情境（环境）、突发的因素，最后危机出现。

第三节　容易产生危机的人

可以说有压力的人就是有危机的人，容易产生危机的人有下面这些特征：

（1）适应不良者。容易产生危机的人的第一个特征是适应不良。危机一旦发生，他们就几乎要垮下去。危机发生之前，他们的情绪已经很不稳定了，他们的反应只会将事情弄得更糟，可是却自认是做最有效率的事，因为他们事先在情绪上已受到创伤。

（2）健康很差。容易产生危机的人的第二个特征是健康状况都很差。由于患有疾病，应付危机的资源就相对减少。

（3）否定现实。容易产生危机的人的第三个特征是否定现实情况，拒绝接受事实，是为了避开痛苦和愤怒，他们拒绝承认患有重病，经济上有困难，也不愿接受他人的援助，等等。即使受过高等教育又有良好职业的人，有时也有类似的反应。

（4）魔嘴。哈佛大学心理学家 Dr. R. Hirschowity 为第四个特征发明了一个名词，“魔嘴”（magic of the mouth），就是有强烈的要吃、喝、抽烟及谈话的倾向。这种人一旦遇上危机，嘴巴就会不停地动，不是吃、喝，就是说话。若不用嘴，就觉得不舒服，但这样并没有解决任何问题，反而带来更多麻烦。

（5）不会善用时间。容易产生危机的人的第五个特征是对时间的态度不切实际。这样的人不是把事情堆在一起做，就是一拖再拖。换句话说，他们会想即刻把事情解决，不然就是把事情一直拖延下去，拖延虽然可以暂时避开问题，但也把问题扩大化了。

（6）罪恶感。容易产生危机的人的第六个特征是有过度罪恶感的人。处理危机时会有很多困难，他们会因所面对的危机不断自责，又由于情绪恶劣，处理事情的能力也降低了。

（7）责备他人。容易产生危机的人的第七个特征是很会责备别人。他们不是集中力量去看问题，反而追问“是谁惹的麻烦”。不管找出来的人是不是祸首，他们都把责任推到别人身上。

（8）依赖与独立。容易产生危机的人的第八个特征是个性非常依赖或是完全独立的人。他们不是完全拒绝别人，就是像树藤一样抓着别人不放。个性太独立的人，等到事情恶化，发生不幸时，他们就拒绝承认事实，或者责怪他人。而一个依赖心太重的人，会把别人拖下水，要别人替他负责。

（9）缺乏信仰。容易产生危机的人的第九个特征是缺乏信仰。解决问题时，有信仰和没有信仰者态度不同。有信仰的比没有信仰的人有更好的根基。

第四节　危机发生的心路历程

研究发现，人们面对危机的心路历程可分为四个阶段，逐次发展，每一阶段的处理，需要时间是逐阶段上升的。

（一）第一阶段：冲击期

这段时间通常很短，正面对重大变故时，有些人会有被重击的感觉。在冲击期中，人会注意到有危机，并且还有好像被打倒的感觉。这期间可能延续几个小时，甚至好多天，依危机情况的严重程度而定。严重时，有些人会马上掉眼泪，也有人要等几天以后才会有反应。危机情况愈严重，给人的冲击和使人麻木的感觉也愈强烈。

在这一阶段，必须决定是正面接受挑战直到问题解决，还是用逃避的方式，把问题搁在一边。肯农（Cannon）将前者称作反抗（战斗）型（fight），后者称作逃避型（flight）。这期间人们的能力无法正常发挥。

能面对问题，愿意去尝试解决是比较健康的反应。逃避问题只会使危机拖得更久。又因为每个时期适应情况会影响下一个阶段，一味的逃避非但不能使人适应得更好，反而会使痛苦增加。

在这一时期，人的思考能力会降低，多少变得有点麻木，有些人甚至无法思考，失去感觉。好像整个人都崩溃似的。这时对他们说的话，以后还得重复地说，解释一些事情之后，还会再问起同样的问题，好像从来没听过那些话似的。由于麻木，有可能作些不太明智的决定，不幸的是，有些重要的决定又非得在这一阶段内做好。延缓决定不是好现象，所以，此刻实在需要协助。人的思想会常常放在失落的那部分。举例来说，失去心爱的人之后，常常拿出对方的照片，或是一些使他回忆起过去的东西来看。失去的人与我们的关系愈深，愈不容易忘情，因此会去寻找替代品。

（二）第二阶段：退缩、混乱期

这个阶段的特征是情绪低落，会有一种抑郁或是体力消耗的感觉，不想再去尝试新的事情。有些人会不停地生气，有罪恶感或产生羞耻感。从各种不同的感觉带出来的痛苦，会导致人压抑所有的感觉。会设法避免忧伤的心情；但由于拒绝内心真实的感受，反而使情绪、身体和人际关系产生更多的困难。

每个人都需要表达自己的感觉，因此，朋友、亲人等能给的各种支持非常重要。很不巧的是在人们有需要的时候，平日能支持的亲朋好友，未必能时时配合得很好。在冲击期以及退缩期的初期，朋友和亲戚的关心行动像请吃饭、送礼物、寄卡片等会比较多，几星期后，这种关心的行动会渐渐减少，而往往在那时候是最需要别人支持的时候。

自怜是发生在这一阶段的另一种倾向，此时人常显得困惑、不知所措。你会发现他自己都不清楚到底发生了什么事，会花更多的工夫去找替代品。

失去的物或人对个人的重要性，与回忆时间的长短成正比。此刻，当事人要把心中的感受痛苦发泄出来，千万不可把那部分感受压抑下去，甚至故意否定它。当事人有时会感到不安，若有人给他消极的建议，对他不会有什么帮助。在咨商中，你若因听到对方叙述心里的话，觉得不太舒服的话，不要因此而令他停止说话。在这时候，先花点时间想想你感到不舒服的原因，想过之后，对你个人的生活及工作都会有帮助的。

罪恶感和危机息息相关，人有罪恶感的原因很多，从失败到成功随时都可能发生，有人在成功来临时，心中却自认为不配。看别人没有像自己一样有成就时，对自己的成就会产生罪恶感；有些孩子以为父母离婚是他们的错造成的，所以他们必须负责，因而产生罪恶感；又有些遇到意外事件仍然存活的人会说："为什么我还活着？为什么小孩子死了？他的未来比我更长更远，为什么是他死了呢？"

解决罪恶感的方式有很多种：有的人用合理化的方式，也有人把这种感觉投射到别人身上，采用苦行赎罪，免去内心的罪恶感也是方式之一。不正确的罪恶感，会在那些靠情绪生活的人以及思想倾向消极的人中产生。辅导并帮助这些人改变对自我的看法，才是根本解决的方法，可是这种过程需要较长的时间才能见到效果。

（三）第三阶段：适应期

这个阶段会比其他阶段更长，情绪反应可能时好时坏，但是开始时要有积极的态度。人的思想朝向未来，又带着期望，像是考虑翻修房子、找新工作、考虑再婚等等，会开始愿意接受新东西。

当事人的世界对自己而言是很重要的。这个阶段当事人认为很重要的事，辅导人员不一定要同意，也不必加以批评，却需要学习从他的观点去看事情。

此刻，人对未来充满了希望，但并不是很持续的，时常会有起伏，因此仍需别人的帮助，直到他能客观地看待事情，也能接受别人的建议为止。他在心灵上会有新的领悟，他的价值观、目标及思想和以前不同，而且在程度上也会更深入。

（四）第四阶段：重建期

最后一个阶段是重建及和好期。当事人自然地流露出盼望，是这个时期的特色。由于能够作出合理的决策，怀疑和自怜渐渐消失，也渐渐地有了新的工作、新的朋友，能作出新的反应，对事情也会采取主动。在人际关系上若有损伤，这是和解的最好时刻，像是请吃饭、写卡片、一起分享、帮助别人等等，都是与人和好的方式。

第五节　危机处理

一、危机处理原则

（1）现有危机立即解决，着重减轻压力，恢复危机前的功能。

（2）辅导人员可以直接、主动的方式来帮助当事人。

（3）辅导人员应兼顾当事人的心理状况与外在社会环境。

（4）以现实为导向，澄清认知感受，提供情感上的支持。

（5）辅导人员可利用相关机构支持来帮助当事人。

（6）危机处理可以运用于任何时间，以救命（人）为先。

（7）以帮助当事人解决目前问题为先，并学习新的适应方法。

（8）与当事人及其他重要亲属沟通了解。

二、危机处理方法

一般方法要强调特殊事件发生时的特质过程，不分析当事人的心理状态。治疗措施包括直接鼓励当事人表现出适应行为并为其提供一般性支持、环境的操纵及一般性辅导。

个别方法包括强调专业性评估，评估内容包括精神状态、病因。

三、危机处理的三个阶段

阶段一：建立治疗关系：信任、同理心、真诚等。

阶段二：搜集资料，厘清问题。

（1）环境及生活周遭的主要影响因子。

（2）当事人此时寻求协助的原因。

（3）诱发事件或重大改变原因。

（4）当事人习惯使用的调适机转。

（5）当事人支持系统来源。

（6）是否有自杀伤人的危险。

阶段三：运用策略解决问题：

（1）了解当事人需求，建立彼此可接受的治疗目标。

（2）利用不同策略，如支持、行为约定、自我肯定训练、情感的抒发、系统减免法、转介等。避免规劝方式，应增加当事人的自信与独立感。

（3）评估问题的解决程度。

（4）让当事人逐渐平息其强烈情绪，了解危机对他的影响与帮助。

（5）当当事人运用解决困境的策略后，应订立短期的治疗目标。

评量整个危机处理过程，对当事人是否有实质的帮助，是否学习到新的调适机转与更佳的适应能力。

危机处理常用的沟通技巧包括帮助当事人面对现实、直接指出当事人困境、鼓励其面对害怕接触的事物、运用同理心。

四、预防/早期介入/综合处理

危机是一个连续体，计划、预防及处理也是一连续体，如图 16－4 所示：

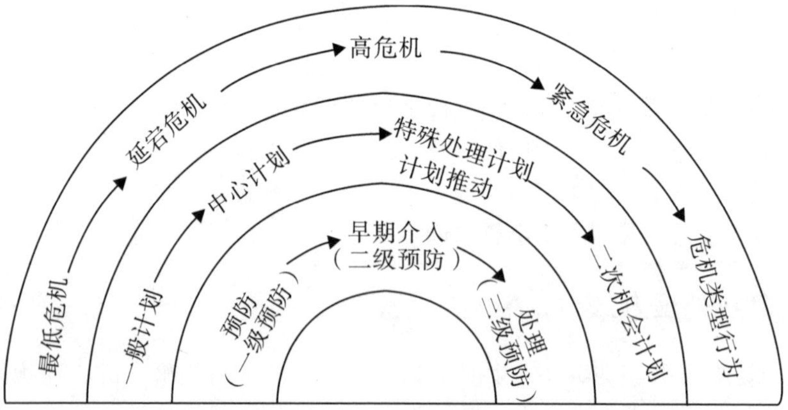

图 16－4　危机计划及预防连续体

资料来源：［美］麦霍特等．新新人类五大危机综合辅导策略．王宝墉译．台北：心理出版社有限公司，1998. 55.

第六节　青少年自伤/自杀的危机处理

一、界说

“自伤”在法律上解释是自杀未遂，“自杀”是当事人按自己的意志（动机），使用各种方法（行为），结束自己的生命（结果）。

二、自杀的类型

法国社会学家涂尔干（Durkeim）在《自杀论》一书中将自杀分为以下四类：

(1) 利己型（自我中心型）：此人对社会淡漠、消极、忧郁、自我欣赏。

(2) 利他型：源自于责任感、服从社会指令、冷静、勇敢。

(3) 脱序型：社会出现重大危机及急剧变迁时，表现出愤世嫉俗、排斥社会生活，因而走向极端。

(4) 被动自杀与主动自杀：前者如物质滥用所致的死亡；后者具有自杀动机、行为、结果（死亡）。

三、现代青少年自杀的因素与特征

(1) 人际、家庭和心理社会特征：失亲与分离、功能异常家庭与分裂家庭、缺乏沟通技巧、高成就与低成就、悲惨负面的人生观、集体自杀。

(2) 内在与心理特征：忧郁与绝望、无助感、冲动冒险的个性、寂寞、自我形象差、思考封闭、缺乏弹性、强烈的自杀动机。

四、自杀危机发生前的预防策略

（一）预防：一般计划及中心计划策略

(1) 学校应于平时依年龄段分级实施生命教育，使学生了解生命意义及价值。

(2) 学校于平时应拟订预防与介入各种危机处理计划，设立危机处理小组、备妥急救设施与建立支持系统。

(3) 危机处理小组应经常与小区支持系统密切联系及接受训练。

（二）早期介入、辨识与评估（紧急计划，二级预防）

1. 心理咨商

除却自杀者环境与心理因素，评估以下因素：

(1) 问题发展背景征兆（忧郁、焦虑、寂寞等）。

(2) 家庭结构与家庭关系。

(3) 青少年发展的过程，医学、学业上的记录。

(4) 人际交往情形。

(5) 语言与行为上的可能线索。

(6) 目前可能导致压力的根源。

2. 注意临床上隐藏的自杀危机因素

(1) 有强烈的自杀动机，曾暗示或谈起自杀，甚至进行自杀准备。

(2) 曾自杀未遂、多次自杀未遂，或近期自杀未遂。

(3) 近期内亲戚、朋友、同事、邻居曾自杀。

(4) 遭到难以弥补的损失、丧亲之痛、重大变故等，初期较易自杀。

(5) 怀有重大敌意、攻击性，仇恨某人、某事、某团体、某社会而对方太强大，此时敌意内转攻击自己，引发自杀。

（6）怀有强烈内疚、羞愧感、绝望与缺陷感。

（7）具有强烈的焦虑、压力、恐惧感及不顾一切蛮干的意向。

（8）情绪低落、厌食、暴饮暴食，对外界事物失去兴趣。

（9）得不到学校、社会或家长的支持，处于孤立境地。

（10）残疾、久病不愈及物质滥用导致的结果。

3. 了解自杀者的心理

（1）对自己——感到很无能、无价值，不论怎样总是失败，然后自责、内疚、自我贬低、谈成就自认一文不值。

（2）对他人——自己的无助感，认为四周的人也帮不了自己，而自己的存在对他们也毫无意义。

（3）对未来——自己无能，他人也帮不了，沮丧、绝望油然而生。

（4）解脱——心灵上的打击、身体上的痛苦，唯有一死才能解脱。

（5）向内发泄——因吞不下这口气，唯有以死明志。

（6）报复——如被遗弃的夫妻一方，自杀时将孩子一起带走，这是一种“慈悲杀人”，以免他们留下痛苦。

（7）求救行为信号——自杀只是为了引起某人注意，真正目的不是想死。

4. 实施临床心理评量，了解自杀警报。

（1）贝克忧郁量表（Beck Depression Inventory，BDI）（Beck，et al.，1961）。

（2）儿童忧郁量表（Children Depression Inventory，CDI）（Kovacs & Beck，1997）。

自杀与忧郁关系密切，适用于儿童及青少年的忧郁量表有助于了解自杀倾向。

（3）贝克自杀意念量表（Scale of Suicide Ideal，SSI）（Beck，et al.，1979）。

（4）贝克绝望量表（Beck Hopeless Scale，BHS）（Beck，et al.，1974）。

（5）荣格“可能自杀指数面谈表”（Index of Potential Scale，IPS）（W. Zung，1974）。

五、自杀发生时的紧急危机处理策略（三级预防处理）

（1）评估自杀的致命程度和特殊性。

（2）启动危机处理系统作各种救援措施。

（3）倾听与尊重自杀者表达的情感（绪）。

（4）评估自杀者的求助意愿并增强其求助意念。

（5）为当事人作决定，救人为第一要务。

（6）运用相关资源协助，并通知其父母或监护人。

（7）约束当事人的不理智行为。

六、自杀危机发生后的处理策略（特殊处理计划）

（1）继续观察留意当事人 24 ~ 72 小时。

（2）提醒其父母（或监护人）注意孩子的自杀意念，并提供学校紧急救援电话号码，以便以后联系。

（3）告知校内老师与行政人员保守秘密，勿随意张扬。

（4）注意当事人朋友、亲属的情绪性反应。

（5）实施家庭咨商。

A. 与当事人父母找出问题症结所在。

B. 帮助当事人父母克服羞愧、罪恶感。

C. 鼓励家长了解、承认自杀原因，修正亲子互动关系。

（6）追踪辅导（二次机会计划）

A. 复原后注意当事人回校上课情形。

B. 请求当事人父母及其他人员掌握当事人复原状况。

C. 必要时实施个别或团体咨商。

（7）危机小组于学生自杀后进行下列工作：

A. 召开紧急会议了解真相。

B. 指定专人向上级报告。

C. 不应向外界散布信息，必要时据实统一发言，以免外界臆测。

D. 不应举办追悼会或发表文章，但可利用“班团时间”或其他机会聚会，让当事人亲友、同学表达哀伤之情或进行班级团体辅导。

第十七章 心理测验

心理测验是辅导工作上的一种工具，可以用来度量学生的心理特性（如智力、态度、兴趣、品格等）和教育的结果（如知识、技能等），以期改进教育方法，提高教育效率。实施辅导活动，对学生的了解与认识，如果要求做到客观、正确，则必须应用心理与教育测验的方法，以了解学生的某些心理特质，然后根据测验的结果，作为辅导学生的参考，这种方法较之直接观察学生所表现出的行为或动作自然要来得客观、正确，而且可靠，对辅导工作之实施，有很大的帮助。

从生活辅导上而言，学生的行为问题，常是各种心理背景的表征。实施生活辅导，必须以心理测验为工具来探讨学生的心理背景，了解学生行为的意义，以便于辅导；进而了解学生的智慧、性向等发展情况，帮助其发展。从学习辅导角度而言，学生学习兴趣、学习成就或是学习上的困扰，老师往往不易从表面观察出来，必须借助于教育测验，以评估学生学习的效果，发现其困难所在，实施补救教学。由是观之，测验在辅导工作中极具重要性。

第一节 心理测验的种类及其应用

测验的种类很多，大致可分为两大类：一是标准测验（Standard Test）；一是教师自编测验（Teacher-Made Test）或称非标准测验。辅导工作所应用的各种测验，大都以标准测验为主。所谓标准测验，是由测验专家经过精心编制而成的，并且在标准的情况下，用这个测验去测量许多学生，得出一个常模（norm），且这份测验也具相当的信度（reliability）与效度（validity）。标准测验可以从其内容、受测人数、材料、功用等标准加以分类，具体如下：

一、根据测验内容来分类

（1）智力测验（Intelligence Test）：其目的在于测量智力的高低，鉴别一般的学习能力，所以又称为普通能力测验（General Ability Test）。

（2）特殊能力测验（Special Ability Test）：其目的在于测量学生的特殊才能，如音乐才能、绘画才能、机械能力、文书能力等，这些能力都是学生的潜在能力，又称为性向（aptitude），这种测验则称为性向测验（Aptitude Test）。

（3）成就测验（Achievement Test）：其目的在于测量学生的学业成就。成就测验又可分为教育成就测验与职业成就测验：①教育成就测验：即学科测验，测量学生在学校学到的知识及技能；②职业成就测验：测量受试者在职业上得到的知识和技能。

（4）人格测验（Personality Test）：目的在于测量学生的兴趣、态度、情绪、人格特质、德性、审美能力、适应各种特质等。

二、根据测验的人数来分类

（1）个别心理测验。个别心理测验在一定时间内，只能测量一人，这种测验较为精确，具有诊断上的功用。如第四次修订的《比奈—西蒙智力量表》、《魏氏学生智力测验》（WISC），就是一种个别测验。个别测验的优点在于所取得的结果正确可靠，而且对于受试者的语言、情绪的反应，有仔细观察的机会，且有诊断的作用。但是个别测验的缺点在于时间不经济，而且测验的手续复杂，必须是训练有素的主试才能胜任。

（2）团体测验。团体心理测验可以同时施于许多受试者。各种测验大多是团体心理测验，如《瑞文标准推理测验》、《托兰斯创造思考测验》等均属团体心理测验。团体心理测验的优点在于时间经济；其缺点在于不能切实控制受试者的行为，因此，所得结果往往不及个别测验来得可靠。

三、根据测验的材料来分类

（1）文字测验（Verbal or Language Test）。凡测验内容，完全是文字的材料，或者大部分是文字材料，作答时以文字或数目计算为主，都称为文字测验，又名“纸笔测验”（Paper or Pencil Test）。大部分的教育测验及智力测验均属文字测验。这类测验可以测量人类的高级抽象智力，结果较深入、正确。但其限制在于不能用于不识字者和不同语言的人。

（2）非文字测验（Non-verbal or Non-language Test）。非文字测验又称图形测验。其内容是以图形、模型等做测验材料，可免去所受教育的影响，适用于不识字者或不同语言的人。但非文字测验常不能测量高级智力，故其结果也不及文字测验准确，通常非文字测验是用来弥补文字测验之不足。

四、根据测验的功用来分类

（1）预测测验和作业成就测验。预测测验的功用，在推测某方面将来的成就；作业成就测验的功用，在考查现在的成就。智力和特殊能力测验，属预测测验，是间接的推测，如果由测验得知某人智力的高下或具有某种特殊能力，可推测他将来的成就。一般的教育测验属于作业成就测验，此种测验所测量的是学生现在的学业成就。

（2）普通测验与诊断测验。普通测验的功用在考查一个或一群受试者在某方面的大概水平。例如用一种智力测验去测量某些学生，就可了解他的智力的高低；或者用语文教育测验去测量某些学生，就可了解他的语文程度的高低。诊断测验之功用，则在进一步去诊断受试者在某种能力上的特殊优点和缺点，以作为施行补救教学之根据。例如，用一种数学诊断测验去测量某个学生，即可以发现他在加法、减法、乘法、除法上的缺点。发现了缺点之后，就可以设法补救。

（3）难度测验、速度测验与正确度测验。难度测验的功用，在测量难易程度的高低；速度测验的目的，在测量速度的快慢。以数学测验为例，难度测验在测量受试者在一定时间内能做多么难的题目，速度测验在测量受试者对某一种难度的题目，在规定时间内，能够做对几题。因此，编造速度测验时，所有题目的难度必须相等，时间限制必须严格，使做得最快的人也不能做完。编制难度测验时，所用的题目要由易而难，依序排列，时间的限制宜放宽，使95%的受试者均能做完题。另外有一种正确度测验，如射击求准确、时间估计、判断汽车速度等，这种测验的功用是观察判断的准确程度。

以上仅就各种测验加以分类，辅导工作的实施应视实施测验的目的以及各种条件等，对测验加以适当选择。例如，拟实施全校性的智力分班，当然应选择具有预测作用的智力测验为材料，又因为系全校性质，时间必须经济，所以要选择团体的智力测验。如果从事某一个案研究，要了解该个案的智力，就要选择智力测验，因仅对某一个案，故为求精确的观察与正确的结果，就该选择个别智力测验。

第二节　心理测验的功用及其限制

一、测验在辅导工作的功用

（1）辨别智愚。就智力测验而言，可以用来辨别学生的智愚，以作为施教或从事个别辅导的依据。人类的智力，个别差异很大，在教育上，我们应依照各人智力之高下，施以不同的教育，使人尽其才。因此，在学校按能力分班，或从事个案研究，探求问题症结时常使用智力测验。

（2）诊断困难。心理与教育测验均有诊断困难的功用。学生学习某门学科而感觉困难，有时是由于智力水平不够；有时是由于智力发展的程度还没有达到学习这部分内容的时间。不良行为如捣乱、欺侮别人、偷窃、逃学等，可应用心理测验，发现其造成问题行为的原因，诊断学生心理上的缺陷，及早设法补救。

（3）选拔人才。智力测验还可以作为入学考试的工具，使“智者进焉，愚者止焉”，免除许多人力物力的浪费。各机关或公私企业机构，亦常应用智力测验，选拔最优秀的人才。

（4）分编班级。以往曾引用教育测验作为分编班级的工具，可使一个年级内的学生教育程度较为整齐。再利用智力测验将一个班级学生按智力的情形予以分组，如此，学生学习的进度就可以较为一致。其实，分编班级的原则可因各校不同的条件自行斟酌，但心理测验或教育测验是不可缺少的主要工具。

（5）考查勤惰。智力测验和教育测验同时应用，可以考查学生是否努力。如用教育测验来考查学生，求得该生的教育年龄；再用智力测验去测量这个学生，求得这个学生的智力年龄，然后把教育年龄与智力年龄相比较，即可了解该生的努力情形。

（6）预测能力。施行智力测验，可以预测学生将来的学业成绩。人类的特殊才能，如音乐技能、图画才能、机械能力等，可以利用性向测验测量出来，预测学生在这些方面成就的可能性。

（7）考查比较实验结果。利用智力测验与教育测验把智力与教育程度相近的编成两班，然后利用不同的教学方法，控制其他外在因素，从事实验。经过预定时期以后，再加以测验，以比较两种教学方法或学习方法的优劣。

（8）职业辅导上的应用。智力测验、性向测验、职业与兴趣测验等，均是职业辅导的重要工具。职业上成功的条件之一是一个人所从事的职业适合自己的能力与兴趣。倘若所从事的职业，与自己的智力及兴趣相称，则成功的可能性就较大。

二、测验的限制

测验的功用虽然很多，但亦有许多缺点，有待继续研究改进。使用测验时应注意测验的结果，仅供参考，不可绝对依赖。任何测验均有其本身的限制及应用上的限制。兹说明如下：

（一）测验本身的限制

（1）智力的因素尚未能确定。智力测验的一大困难是构成智力的因素未能确定，一般智力测验仅是间接的测量。

（2）心理测验不易与教育测验划清界限。智力测验的目的，原来是测量学生先天的能量。但是智力测验的材料难免要应用文字，而认识文字实为教育的结果。若用图形来测量学生的智力，虽可免一部分教育影响，但认识图形和了解图形的意义，仍是通过教育而获得的能力。两者很难划清界限。

（3）测验的工具不完善。学生智力的高下，可以用智力测验去测量；学生学业成绩的高下，可以用教育测验去测量。不过有许多心理方面的特性，如情绪、品格、理想、态度等，虽有人格测验或其他投射测验，但精密度仍有待改进。

（4）标准测验的编制费时费事。标准测验的编制，要在专家精心的设计之下，经较长的时间，费很多的人力与金钱才能完成。且由于时代的变迁还要修订，尤以教育测验为然。因此真正可靠的标准测验并不多。

（二）测验应用方面的限制

（1）误以常模为理想的标准。测验的常模，是代表各年龄或各年级现在的平均程度，并非理想的标准。经过相当年限以后，教育程度提高，常模就要变动，需加以修订。如测验结果已达常模，仅表示其程度或智力符合平均程度，并非已达到理想标准。有老师或父母常把常模当作理想标准，而不再求学生学业成绩的提高，这就误解了常模的意义。

（2）误将测验材料当教材。测验的材料是用以诊断学生学习方面的困难和考查学生学业的成绩，老师每以测验中的材料当教材，以求在测验时获得高分，殊不知此举已把测验的目的根本破坏了。

（3）偏重知能和技能。现在的教育测验只限于学生所获得的知识和技能，而其他教育结果如理想、态度、兴趣等，尚无完善方法去测量。

（4）实施测验与解释测量常有偏失。在进行测验时，常有主试忽略了“指导语”或其他的特殊规定。在解释测验结果时，又难免有个人主观成分，尤其是人格测验为然，如非由专业训练的人员来担任，则偏失之处，实为难免。

第三节　心理测验的一般程序

一、测验前应注意事项

（一）选择测验

选用测验，一方面要看使用测验者的目的，另一方面要看测验本身的条件。如果测验的目的主要在于评估学生未来发展的潜能，当然要选用智力测验；如果测验的目的是要了解学生对学习材料的掌握程度，当然要选用成就测验。至于测验本身的条件，需考虑信度、效度、常模、客观性及实用性五大问题。这五个问题的资料，通常都载在测验报告书或测验指导手册中，辅导人员应该仔细研究，然后决定取舍。

1. 信度

一个良好的测验，其信度系数应在0.80以上。不过，人格测验较不易达到这个标准，如果在0.70以上，也可以接受。

2. 效度

如果采用效标效度表示测验的正确性，其效度系数最好在0.60以上。效度系数通常低于信度系数，一般测验的效度系数如果在0.30以上，也勉强可以接受。

3. 常模

一个标准化的测验需依年龄、年级或“众数”年龄选择标准化样本，而建立百分等级或标准分数常模，作为解释受试测验结果的依据。一个测验的常模是否适当，可从下列几点去考虑：

（1）是否不止一种形式，还有其他几种形式（如百分等级、标准数、年龄分数、年级分数）？使用多种方式以便于转换比较。

（2）该测验标准化时所用的受试者，在年龄、性别以及各种物质条件或背景方面，是否和将要测验的学生相同？

（3）该测验标准化时所用的受试者，能否代表这些受试者被取样时的群体。

（4）该测验标准化时所用的受试者人数是否足够。

（5）该测验所列常模，是否能进一步区分（例如不同地区，男女性别等）？关于地区性常模与全国性常模何者适用的问题，如是用以评估逐年进步的情形，一般原则是地区性常模胜于全国性常模；如系用以选拔人才，安置工作以及与全国同等条件者比较，则宜使用全国性常模。

4. 客观性

测验的客观性就测验实施程序与记分的客观化而言。一个标准化测验，需有其特定的实施程序与记分规定，只要依据此划一的规定而进行测验与记分，其测验结果就不受不同的主试与记分者的影响。

5. 实用性

实用性包括测验所需的时间是否适当（最好能配合上课时间，在正常作息时间内全部完成），费用是否经济？答案设计是否便于作答、易于记分？实施手续是否简便，不易发生错误？

（二）准备材料

测验前应将下列材料准备妥当。

测验资料包括测验指导、测验题和答案纸。对于每本测验首先需检查其印刷是否清楚，内容有无错误，装订有无重复、缺少或颠倒等情形，并注意所准备的数量是否够用。其次，应准备好铅笔、橡皮、削笔刀。事前通知受试者各自准备，主试亦需准备若干，以便借给没有准备妥当的受试者使用。

秒表应检查其机件有无损坏，时间是否准确。不得已时，可用三针表代替。

最后，应备妥粉笔及记事簿等。

（三）布置场所

测验场所的布置，应力求安适，这样受试者的能力便可有最好的表现。下列各点应特别注意：

(1) 环境要宁静。

(2) 光线要充足。

(3) 空气要流通。

(4) 温度要适宜。

(5) 桌椅之间要有适当的距离。

(6) 杂物要除去。

(7) 等候测验的受试者，需另有休息的地方。

（四）请襄试协助

受试者每20人应有襄试一人，因此要能洽请适当人员协助。襄试的责任如下：

(1) 收发材料：将测验指导、测验题和答案纸，在适当的时间发放或收回，不能遗漏任何一份。

(2) 巡回监试：禁止受试者交谈、窃视、先做、后停、乱涂试卷和携带测验材料外出等行为。

(3) 个别指导：在主试说明测验方法以后，如发现尚有少数受试者对于作答方法未尽明了，应当用轻轻的声音给予个别的指导。同时襄试应记录试场情形。受试者如有迟到、早退、作弊、生病等情形，均应予以记录。

（五）演习程序

下列各种程序，事前应演习一遍：

（1）秒表使用演习：用“视按法”、“听按法”分别演习几次。

（2）指导语说明演习：将测验指导朗读几遍。对于其中应加重语气或反复诵读的地方，特别加以注意。

（3）如时间许可，应先举行一次小规模的测验。

二、测验时应注意事项

（一）开始谈话

当受试者业已集合，一切准备妥当之后，主试即步入试场，先讲几句开场白，其内容为：

（1）说明测验的目的。

（2）说明测验的规则。

（3）要受试者将桌上所有的杂物放到抽屉里。

（4）要受试者每人准备两支削好了的铅笔。

（5）鼓励受试者做最大的努力。

（二）分发材料

测验指导、测验题和答案纸均需发给受试者。在分发之前，由主试将试场划分成几个区域，分别请各区襄试一本一本地分发；千万不可采用传递的方法，以免遗失。分发时动作要迅速，而且要配合主试的说明，在适当的时间分发（开始谈话结束后，即分发测验指导和答案纸；待主试朗读测验指导，受试者完全了解之后，即收回测验指导，发出测验题）。在每种材料分发后，主试应询问一声是否大家都有了。没有拿到的人，补发给他。

（三）填写空格

答案纸上端的空格，应由主试逐项说明，受试者依次填写，大家一起动作。每一项目，主试应给受试者充裕的时间，以免遗漏。

（四）诵读说明

诵读时应注意下列各点：

（1）引起受试者注意，要他们跟着主试所阅读的内容看下去。

（2）不到万不得已，不要增减指导语。

（3）阅读速度要慢，吐字要清晰，声音要洪亮。

（4）做例题时，应考察受试者是否都能做对，否则应予再说明，务使全体受试者都能了解测验的做法。

（五）施行测验

在受试者全部做对例题之后，即收回测验指导，分发测验题，每人一本，即开始测验。正式测验时应注意下列各点：

（1）由主试说声“开始”，大家一起开始做题，主试同时开始计时。

（2）在测验开始后，主试不再回答问题。

（3）防止作弊，如发现有人作弊，就在他的答案纸上画个记号，或记下他的姓名，事后作废，坚决避免当场和他发生争执。

（4）对于因感觉困难而灰心的受试者酌予适当的鼓励。

（六）核计时间

（1）如用秒表计时，最好用两只同时计时，如果只用一只，则需注意表是否中途停走，当时限快到时，应不断注意表面，不能疏忽。

（2）如用三针表计时，必须在黑板上记下开始的时间并算出停止的时间，以免遗忘。

（七）收回材料

（1）时限一到，主试即下令停止作答，要求受试者将答案纸和测验题本放好，由襄试逐本收回，交给主试。

（2）主试应检查收回的数目，核对无误，才令受试者离开试场。

（3）主试和襄试留下，按号码整理题本和答案纸。整理时应注意有无题本被画上答案记号，如有，该题本即予作废或擦拭恢复原状。

三、测验后应注意事项

（一）校阅试卷

（1）制作标准答案：把各题的正确答案写在卡片上，作成便于检对的形式。通常标准测验均有已经制作好的标准答案。有些测验如人格、性向等则无标准答案。

（2）计算原始分数：依照测验指导语计分方法计分。

（二）换算分数

各受试者的原始分数，应化为标准分数。换算公式可参照该测验指导所列的法则和程序。

四、测验结果的解释

测验以后，按规定的方法阅卷计分而得原始分数。只从原始分数上看，不能分辨该分数的真正意义，必须将原始分数和常模作一比较，才能了解原始分数的意义。由于各种测验所采用的常模形式不同，必须参照该测验指导所列的常模进行比较，不可妄加解释。

实施测验的目的在于更加了解学生，但是，测验结果是否真正有利于了解学生是应该反省的。教师在解释测验结果时，必须注意欧森（M. M. Ohlsen）在 1963 年发表一篇题为“测验分数之解释”的文章，提及向学生与其家长解释测验结果的原则与要点。兹将其要义摘述如下，以供学校教师与辅导人员参考。

（1）在测验实施之前，应使人有悦纳和适当运用测验结果的正确观念与积极态度。

（2）受心理学专业训练的合格人员才可以有效使用测验工具并能适当解释测验结果，心理测验不可轻易付诸实施。

（3）测验材料和测验分数只能交给通晓测验原理和方法且能适当有效运用测验的合格人员。

（4）测验分数解释的对象，应只限于学生本人及家长或法定监护人等适当人员。在任何场合，均需避免让无关的人员听到或看到测验的结果及其有关的解释资料。

（5）鉴于测验分数常被外行人错误解释，所以在提供测验结果的资料给学生及其家长时，应附加浅显的解释和说明文字。当学生或家长觉得确有需要而请求提供更进一步资料时，应满足其需求，将测验分数作充分的解释，使学生了解自己，也使家长了解其子女。

（6）在解释测验的结果之前，教师和辅导人员应熟悉各种有关学生的非测验资料（non-test data）。在解释测验分数之时，应该鼓励学生以非测验资料补充测验结果，两相配合，以求充分运用学生的个案资料，增进对学生的了解。

（7）测验的解释者（老师或辅导人员）对学生和测验工具应有充分的认识和了解，并鼓励学生参与测验分数之解释，适时将正确资料向学生说明，使学生直接领会测验分数的意义，并借以获致真正的自我了解。

（8）测验的解释者必须非常敏锐地察觉学生对测验及其相关资料的了解情形，必要时，应给予适切的补充说明。

（9）老师和辅导人员应鼓励学生对其测验结果主动有所反应；从学生在言行上的立即反应，老师和辅导人员可据此判断学生对测验结果的感受，从而能及时予以适切的辅导，以增进自我了解并能悦纳自己。

（10）测验结果之解释旨在使学生了解自己并作明智的决定；老师和辅导人员应就测验的结果向学生作事实性的说明，避免批判性的判断，更不可为测验分数的意义与学生有所辩论，主观武断的批评或辩护均非所宜。

除上述欧森所说的解释测验结果原则外，在应用测验结果时，必须注意下列各点：

（1）测验并不是万能的，每种测验都有其独特的测量领域。因此，不能以一种测验解释一切。换言之，测验结果应与其他测验、调查报告、资料等放在一起作综合的判断。

（2）应该根据测验、观察、调查及其他资料，拟订对于学生实施辅导的计划。

（3）智力测验或成就测验的结果可作为编班的资料。班内选拔干部或工作编组时，若能利用智力测验、成就测验、社交测量、猜人测验等的结果，必然更加有效。

（4）从智力测验与成就测验的相关度，可以看出个别学生学业成绩不良的原因及学习上的困难所在，以此作为辅导的依据。

（5）帮助学生选择升学与就业时，可以依据各种测验的结果，参照其他资料，作综合的判断，为学生提供适当的建议。

（6）综合判断各种测验的结果，参照其他资料，可以较早发现学生的问题行为，事先予以辅导及预防。

（7）测验的结果可作为对智力优异者、智力不足者、具有特殊才能者及特殊困扰行为者进行辅导时重要参考资料。

五、测验结果应否告知学生及其父母

(一) 纵使被要求也不能告知情形

(1) 实施测验的目的在于取得客观而真实的资料，帮助学生作坦诚而深入的自我认识，因此，假如某一测验结果会影响下次某些测验时，老师不应告知学生或家长。

(2) 在学生或家长未能充分了解该测验的意义和作用之前，不应告知学生或家长。

(3) 在辅导的过程中，如经学生的保密请求，不宜告知家长。

(二) 告知测验结果时的注意事项

在测验的目的为学生及父母充分了解（学生能增进自我了解，父母对子女有更正确的认识）的情形下，可将测验结果告知学生本人或其父母，但在说明时仍应注意下列各点：

(1) 要能引起积极的意欲。教师在告知结果时，不仅要说明结果，更应对测验结果不理想的学生进行原因探究，与学生或其父母共同谋求对策，使学生充满希望；如果测验结果理想，应该予以鼓励，使学生向更好的途径继续发展。

(2) 要让学生了解自己的长处所在，使其具有自信心。如兴趣测验或性向测验是开学或就业辅导上常用的测验，从学生的自我了解角度而言，可以帮助学生了解自己的长处之所在，从而具有自信心。又如学生的智商比学业成就高时，让他知道其潜能之深厚，促使其自觉，加倍努力。

(3) 增进班级内学生共同的相互了解。社交测量或猜人测验必要时可考虑把测验结果公开，作为班级活动或级会讨论议题。例如让被排拒的学生或孤立的学生，以与受欢迎的学生的问题相互比较，考虑自己的问题求得共同的了解。然而，这种方法必须考虑学生的性格，并以在班上平时就具有良好的人际关系为先决条件。

以上所列各点，只是一般应注意之点。总之，测验结果的公开或告知必须慎重。

六、测验结果的应用

(一) 对于智力超常的辅导

如果举行团体智力测验，发现某个学生智商在130以上，或标准分数（即T分数）在70以上，或百分位数在97.7以上时，便需再为他做一次或多次个别测验。同时查考其他方面的纪录。如说话能力、所使用的字词和词汇、阅读速度、好奇心和发问的情形以及在校成绩。如果他在多方面有优异的表现，便可确定他是一个智力超常的学生，应给予下列各种辅导。

1. 酌情调整班级

智力超常的学生，应尽量避免与智能不足者同班学习，以免浪费时间。可以把他编入特殊班，或让他跳级，虽然有些学者如贺林伍思（L. S. Hollingworth）认为跳级会使学生的社会适应发生困难，并且和生理发展不容易协调。然而根据另外一位学者白奇（J. Birch）的研究，证实提早入学，问题较少，跳级的次数过多，才会发生困难。

2. 充实课程内容

如果智力超常的学生，仍旧留在普通班级中学习，应当减少其机械性练习的作业，鼓励他多阅读课外读物，参加各种联课活动并从事创作，以此充实课程内容。

3. 鼓励进一步研究

对于智力超常的学生，还要培养他们单独研究的习惯，为他们提出有趣的课题，辅导他们利用图书馆、博物馆、艺术馆以及大自然和现实社会，从事各种研究，并且鼓励他们就研究结果为全班同学作报告。

4. 培养领导能力

智力是领导才能的重要条件之一，应当让智力超常的学生担任班长、组长或各种活动的干部，使其从实际活动中获得各种领导的技巧，养成各种重要的品质，以此来发展其领导才能。

5. 帮助排除情绪方面的干扰

根据推孟（Terman）的研究，智力超常的失败者，多半由于情绪干扰。有些望子成龙、望女成凤的父母，苛求子女在各方面都要有辉煌的成就。在这种重重压力之下，他们心理上往往感觉不安。诸如此类的困扰，应设法为其排除。

6. 帮助升学

根据戈瑞斯渥德（E. W. Griswold）的调查，美国智力超常的儿童，有20%为了要赚钱竟而未升学；有47%因为缺少升学的动机，也没有接受高等教育。这是浪费资源，因此应与智力超常的学生家长密切联络，使其较早着手为其子女作接受高等教育的准备。如有经济方面的困难，应该向有关机构呼吁，使他们获得足够的奖学金，以利于其升学。

（二）对于智商低下或心理迟滞者的辅导

如果举行团体智力测验，发现某个学生其智商在70以下，或标准分数（即T分数）在30以下，或百分位数在23以下，也要再为他做一次或多次的个别测验，同时考察其家庭和文化背景，生理和情绪的发展情形以及他在学习、技能和社交方面的效能，如果他在多方面都有缺陷，便可确定他是一个智商低下或心理发展迟滞的学生。应给予下列各种辅导：

1. 设置特殊班级

智商低下者所需的教育，是职业训练和人格发展重于知识的灌输，其课程及作业尤应注意各方面的联系。同时要尽量减少复杂观念的学习、抽象问题的思考以及各种创造性的活动，有为这些智商低下者设置特殊班级或从事个别教学的必要。

2. 恢复自信心

智商低下的学生，大多数具有性格上的偏差。例如自卑、缺乏自信、消极、社交退缩、自暴自弃或冲动反抗等等，应以爱心和温暖使其感到被接纳、被尊重。并应欣赏其优异的表现，让他做能够胜任的工作，获得成就感，借以逐渐恢复其自信心。

3. 发觉智能不足者的特殊才能

智商低下者，其普通智慧虽较一般人低，但可能具有某一方面的特殊才能或性向，应设法加以发掘。然后考虑其将来在社会机构中，可以胜任哪种工作，即施以该方面的职业训练。有些机械活动或技巧训练，是不受智商限制的。

4. 培养服从习惯

严重的智商低下者，将来必然在受人监督的情形下工作，所以应当尽早准备养成其了解各种被指示的能力以及服从指导，并乐于接受指导的习惯。

5. 预防犯罪

智商低下者，由于缺乏是非观念，容易接受不当的暗示，不能控制各种冲动，并且对于一个举动可能产生的后果缺乏预料的能力，因而容易犯罪。应设法使其和一些违法犯纪的孩子隔离，以免沾染恶习并施以各种常规训练，使其成为一个诚实、可信而安分守己的好公民。

（三）对于有特殊才能或特殊兴趣者的辅导

如果举行特殊能力测验或综合性向测验或兴趣测验，再把每一个学生的测验成绩绘制成一个剖面图，就会发现每一个学生的特长或特殊兴趣所在。对于具有特长或特殊兴趣的学生，应分别给予适当的辅导，例如：对于具有音乐才能和兴趣的学生，应开设音乐欣赏、声乐、乐器等选修课，让他们选修，并成立管弦乐队和合唱团等，聘请具有这方面特殊素养的老师或校外人士领导他们练习。

对于具有美术才能和兴趣的学生，应开设素描、水彩画、油画、摄影等选修课，让他们选修，并成立画廊，参观各种美术馆，及各种画展，以增加他们欣赏美术的机会。

对于具有文艺写作才能和兴趣的学生，应购置各种文艺书籍，鼓励他们阅读并延聘在写作方面有特殊修养的人士，指导他们研习写作技巧，修改他们的习作，并将优良作品介绍给各种刊物刊登。

对于具有科学研究才能和兴趣的学生，应由物理、化学、生物学等任课老师领导他们从事观察、实验和野外采集类的活动。

对于具有领导才能的学生，一方面辅导其从历史和文学的研究中探讨过去若干领导人物成功的条件和因素；另一方面应利用各种社团活动的机会，指派他们担任适当的工作，借以发展他们的领导才能。且让他们知道，每一个人有些时候必须服从他人的领导。在某一团体或情境中，他是领导人，到了另一个团体，则需为一良好的追随者。

第十八章

辅导工作效果评价

第一节　评价及辅导工作评价的意义

一、评价的意义

英文评价（evaluation）一词，国内译为评量、评价或评估，其含义学者说法不一。《韦伯斯特新世界字典》（*Webster New World Dictionary*）将此词的意义解释为“发现价值，判断或决定某种事务或质量”。费耶瑞森等人（Feyereisen，et a1.）指出评价有下列特色：

（1）评价是一个系统过程。

（2）含有价值判断。

（3）假定目标的存在，并将目标加以陈述。

就教育的观点，狄罗克（E. F. Deroche）从学校行政的立场分析评价的意义，他认为“评价”是一个过程且具有下列四种特质：

（1）它是评估每个人优点的过程，使每个人能发挥其潜能。

（2）它是决定学校目标是否实现的唯一方法。

（3）它的目的在于增进自我改进。

（4）它需要评价人员应用各种技术，以决定达到目标的程度。

学者多认为评价是运用科学的方法和技术，搜集学生有关学习行为及其成就的准确可靠数据，再根据教学目标，就学生学习表现的情形予以分析、研究和评断的动态过程。也有人认为评价是以一种科学方法，运用各种可能的数据与技术，就行政措施与教育设计所期待的一切成效，作有系统、有目的的评量，以作为改进和决策的依据。

综合以上的说法，可知评价一词有下列意义：

（1）评价是一个过程。

（2）评价是有客观认定标准，是评价者与被评价者所共同认定的。

（3）评价是系统、客观地搜集资料，并转为信息，为决策者提供参考之用。

（4）评价是一种主观的价值判断，提供自我改进。

(5) 评价是提供信息，进而做价值判断，最后采取合理行动方案的一连串过程。

二、辅导工作评价的意义

辅导工作是整个教育制度各种措施的一环，教育效果需要评估，辅导工作也不例外，根据所述评价的意义，可引用来说明辅导工作评价的意义，不外是“使用统一认定的标准，用系统、客观、科学的方法，搜集与了解辅导工作实施的成效，对其进行价值判断并作为改进与决策的依据过程。”

若据上面所说意义予以阐释，则可认定辅导活动的评价为：

(1) 要有统一认定的标准，指评价者与被评价者都共同认知评价所要求事项，不因彼此解释的不同，而导致评价结果各异。

(2) 要用客观科学方法，是指评价工具、手段，不因时空不同而影响评价结果。

(3) 其目的在于搜集与了解被评价者对辅导活动实施的情形。

(4) 对其实施情形给予好与坏、成功与失败的价值判断。

(5) 评价是一个系统过程而不是终结行为。

三、评价与考核的区别

(1) 考核偏重于对人之执行成果与对事之具体得失；评价则注重于过程中每一程序执行之检讨。

(2) 考核偏重于上级对下级之考评；评价则较注重参与人员之自我检讨。

(3) 考核多为工作已推展至某一时期，而实行的考评方式；评价则着重于每一工作环节中，随时举行的详尽检讨。

(4) 考核多为一提出报告后，即行终止的工作；而评价为一不断延续的过程。

(5) 考核的目的多限于考察设计与执行者的工作能力、工作态度，作为人事升迁的依据；评价的目的，多为发现问题，对各种实施情况进行进一步了解，尤着重于效果的运用。

第二节　评价的重要性、目的与功能

一、评价的重要性

在整个教学过程中，评价是一个承接转合的关键部分。柯柏勒（R. J. Kibler）在其《教学之目标与评价》（*Objectives for Instruction and Evaluation*，1974）一书中，把教学的基本过程分为教学目标、学前评估、教学活动、评价等四部分，进而阐述四者之间的相互关系，并强调评价的反馈作用、功能与重要性，可以说没有评价，就不知道教学活动是否成功，学前评估是否正确，教学目标是否实现？

二、评价目的

学术的进步有赖于不断的研究、实验、应用与评价。课程的发展如此，辅导工作的实施也不例外。课程的评价有两大目的：

（1）评估课程设计的各种理论架构，以及其他社会与心理因素对课程发展的可能影响。

（2）评估现行课程编制、教材、教法与学习活动设计等，是否符合社会需要、学习心理与学生身心成熟的程度。

辅导工作效果的评价，除了包括上述两种目的之外，尤其注重其在学校实施过程中，行政组织是否健全、计划是否周密、师资是否理想、各项实施的成果是否已达到预期的效果。辅导工作成效的评价，常可达到以下几种目的，以带动学校教育的进步。

（1）评价为一极有效的工具，促使校方注重学校行政与领导，辅导活动的设计与执行，以及其他课程的配合，推展一连串的改进计划。

（2）通过学校同人的经常自我评价，不仅辅导工作本身的计划与实务，得以检讨改进，而且将促使课程、教材、教法，得以不断充实。

（3）校外专家学者以及行政单位主管人员参与评价，使学校工作人员有机会获得理论探讨、实务研究、行政联系诸优点。

（4）从评价工作的参与，促进校内各同人对于新知能、新观念与新方法有更浓厚的追求意愿，从而提高其敬业的专业精神。

（5）从评价工作的参与，使得校内各同人对于辅导工作在教育正常化与提高学生学习的兴趣中，所扮演的角色与可能的贡献有更进一步的了解，因而对教育革新的工作有更大的信心。

（6）从评价工作的集体参与，促进校内各同人的分工合作以及彼此尊重，充分发挥团队精神的美德。

三、评价功能

（一）激励（encourage）的功能

（1）对教育行政单位了解教育目标是否达成、促进检讨改进。

（2）了解学校困难并协助解决。

（3）对学生的诊断、了解自己、激励学习动机。

（4）对教师了解得失、自己补救、提高教学效果。

（5）对校长提供教育现况数据、作教育导向、改进缺失。

（二）监听功能（monitoring）

搜集资料、了解勤情、奖优惩劣、反馈作用。

（三）改进功能（improving）

对教育现状要有所了解，能及早发现问题并改进。

第三节 评价的原则

由于辅导工作评价所包括的范围极广，范围的性质又多有不同，因此，确立若干原则，以供参考，至为必需。下列数点为其中较重要者：

一、符合性：辅导工作评价应符合教育目标

评价应有所依循的根据，才不致杂乱无章。教育目标既为辅导工作设计的依据，自亦应为辅导活动评价的基准。

安德森（Anderson）认为教育目标的实现，有赖于学生与老师的共同努力。唯有通过学生与老师在教室内外的各种有意义、有计划的学习活动，教育目标才逐步得以实现，因此辅导工作评价应该针对这些目标和活动进行设计。

同时，辅导工作评价方式，也应该按照教育目标而定。不同性质的目标，应该用不同的评价方式。

辅导工作评价计划草拟初期，第一项工作就是要考虑目标，然后评价的内容与方式才有所依据。

二、综合性：辅导工作评价应包括过程与成效

辅导工作的开展是统整的、一贯的过程。辅导活动评价，自应注意其过程中纵横的整体结构。

中学辅导工作的内容有生活辅导、学习辅导、职业辅导等三大项，小学只有生活与学习辅导两项，在评估中应列为主要项目外，其他的相关部分，如辅导计划、辅导室（咨商室）设置与设施、工作人员素质、工作态度、经费等辅导行政事宜，均应一一列入评价项目内，因为辅导行政足以影响辅导效果。

三、个别性：评价结果的分析

评价结果的分析应力求考虑不同的受评者。以一个居于优势所在的小区、学校教师的素质、学校能运用的经费，以及其学生的学习态度，与一个处于劣势地区的学校的所有客观条件来比较，其出发点本身即有偏差。是故，以一种全国性评价量表所列举项目，作为衡量所有学校成就的依据，其结果不可完全采信，是显而易见的事。

为补救此缺失，在分析评价的结果，并运用它作为提出对某一学校辅导工作措施的改进建议的依据时，学校所在小区的经济与文化、学校人事、经费以及其他足以影响辅导工作开展的各项因素，均为重要的参考条件，评价者应该特别注意。

同时，由于评价的目的在于评核学校辅导工作本身的进展，以观察其工作情形、所面临的问题与解决所有问题的途径，因而辅导工作的评价，应以不同学校本身的

进展为准。

如前所述，学校之间有差异，即使老师与学校行政人员之间亦有优劣，因此，在同一集体中，以同一评价工具、同一评价标准，比较不同学校彼此的成就，不足以说明其意义。

对不同学校辅导工作的评价，及至其他方面的行政措施，似乎都应该考虑到各个学校本身的条件。

四、正确性：应有优良、精确的评价工具

工欲善其事，必先利其器。要想评价的预期结果可以顺利达成，优良而详尽精确评价工具的选择与制作，是绝对必需的。惟其如此，才不致因彼此观点与解释不同而失去评价的公平性。综合一些专家学者的意见，认为优良的评价工具应该具备下列条件：

（1）具有较高的效度：也就是说评价的结果与最初所希望达成的目标，有相当明显的关联性。

（2）具有较高的信度：所谓信度是指评价结果前后的一致性。

（3）包含所欲了解的问题：一个优良的评价工具，应能统摄所欲了解的重要问题，而不至有所偏颇、遗漏与不周全的缺失。

（4）使用方便：记录便捷，评分客观。

（5）解释具体：不至于因为使用者的不同观点而影响评价结果的分析与解释。

五、合作性：应慎选各界专家学者参与工作

过去，辅导工作评价人员，往往限于少数专家学者，就其研究观察所得，提出若干改进的意见。由于他们大多仓促应命，难免考察不周，其意见亦不免失之偏颇。

近年来，一般评价有一明显趋势，即将受此评价所影响的人员，纳入评价工作范围程序之内。其基本原则为通过观察，了解人与人之间关系的变化。于是，辅导工作的设计与评价，各自提出其所有的经验与其所有之期望，蔚成一条有参考价值的资料。

此外，从目标分析、经验整理、资料收集以及效果评判的整个过程，其目的即富有教育意义。

安德森提出，参与设计与评价的人士应了解辅导工作的由来与其演变，经常促成老师、学生与社会人士间意见交换的机会。

今后辅导工作的评价，应慎选各界专家学者参与工作，并鼓励教育行政人员与学术人士进行多方面的交流与合作，充实其内容，引导辅导工作的不断发展。

六、民主性：评价应公开进行

评价是一种双向沟通、上下互动，目的在于使被评价者了解自己的优缺点，对自己工作在评价中亦得以申述，所以评价应公开进行，亦是一种公正无私的表现；

公开进行有很多优点，可以产生互动，使大家共同参与，避免评价人员作主观的评判，也是民主的表现。

七、多样性：使用不同方式进行评价

辅导工作的评价，基于目标、内容，在评价进行过程中，可应用实地观察，查阅书面资料、记录、晤谈、口试、笔试、听取报告等方式同时进行，不限于单一方式，务期确实，不产生被蒙蔽或遗漏之憾事。评价记录，可用评分式或文字叙述式或两者同时并用。

八、实用性：广泛应用评价结果

行政之设计与执行，固以评价为其最后的步骤，但是辅导工作评价的本身并没有结束与终止。所以前文一再强调评价在教育过程中的重要性，即基于辅导工作评价的价值，不但足以激发辅导工作进一步的推展，并且可以促成学校制度或整个课程编制全部或部分的不断改进。因此，辅导工作评价的结果，应予充分运用。

九、叙述性：评价报告用叙述方式

评价结果的表达，虽可使用分数以定优劣，但全用分数则难达成整个评价的目的，分数本身毫无意义，对方难以了解应作何改进，所以评价总结报告不宜单用分数，应以文字叙述被评者的优缺点及改进事项，作为改进之依据。

十、延续性：不断检讨、改进及追踪辅导

评价不是终结，而是一个连续不断的过程，辅导工作评价要注意整个工作过程，此一过程包含两方面，一方面是被评者的整个辅导工作是否按步骤进行，成效如何？纳入被评之项目，另一方面是评价者在评价进行过程中种种措施，应不断地检讨与改进。另外，评价结果作成书面报告，对建议改进事项，应在一定期间内实施跟踪（follow up）辅导，以落实评价效果与功能。

第四节　评价的程序

辅导工作的评价，必须与教育目标保持密切关系，如上文所述，在进行辅导工作评价之前，首先确定评价的项目，运用不同评价的方式，设计制作评价的工具，以便多方搜集各种资料，然后统计、分析，再进一步应用，以达成辅导工作评价的预期目标。辅导工作的评价程序大体分为下列步骤：

一、确定辅导工作评价的目标

一切方法与程序均依目标而决定。实施辅导工作评价之前，即应确定评价的目

标，以便草拟展开评价的步骤。

二、确定评价的项目

辅导工作的项目依其实务性应包括：①辅导的组织与运用。②辅导的计划。③辅导的师资。④辅导经费的运用。⑤辅导的设备（包括辅导室与咨商室的设置、图书刊物之购置与应用等）。⑥个案资料的建立情况。⑦各种测验的实施与应用。⑧辅导工作课程的实施。⑨咨商计划与实施。⑩帮助学生学习的情形。

三、设计评价量表

项目既已确定，即可进一步设计评价量表，量表的设计固求符合前文所述优良评价工具所需具备的条件，务求使用方便，经济有效。为便于评价之实施，评价项目及内容宜具体明确，各项之下可分等级，如分为优、良、差三个等级，以数量区分较易计算成绩，文字上的叙述亦为必要。

四、遴聘评价人员

评价人员的遴选，应力求其博学，并对于辅导工作的实施具有相当丰富的经验。同时，还应该考虑其日常为人处世是否经常有过分主观，囿于偏见的缺失，以免因其失却公正的态度，影响评价工作的展开以及评价结果的解释与应用。评价人员应具备下列条件：

（一）品格方面

（1）有实事求是的科学精神。不是吹毛求疵之辈，专挑对方毛病，显耀自己、挫败对方士气。

（2）公正超然客观的胸怀。不偏不倚、不徇私护短，对别人工作成就应给予肯定赞扬。

（3）尊重别人的民主作风。评价人员是扮演协调沟通的角色，对他人的建议应作忠实的反应，对他人的批评，对的接纳、不对的解释。

（4）任劳任怨的负责精神。评价过程中，评价人员风尘仆仆，极其辛劳，不能因路途遥远畏而不前，不因时间仓促而大打折扣、应付了事及随便下结论影响评价质量。

（二）学识方面

（1）具有专业知识：担任评价人员要对所评价科目，有所专精，对被评者所提问题，深入解答和精确评断对方绩效。

（2）普通常识要丰富：评价人员不但具备其评价科目所要求的专业素质，一般普通常识亦要丰富，以免见树不见林，沦入狭隘一己之见，根本解决不了问题。

（三）态度方面

（1）注意协调与沟通：评价人员是桥梁，不是决策者，应依据评价目标，了解对方工作情形、困难所在，协调解决或建议反映。

（2）秉持亲切与关怀：评价人员代表上级单位，对被评者平时工作之辛劳，应代表上级予以慰问，态度要亲切，以示上级之关怀。

五、评价人员研讨会议

评价工作实施之前，为求评价方式、评价标准及评价进度统一起见，应先举办评价工作研习活动，尤其应使评价工作人员了解评价的意义、目的及实施时一切注意事项。

一切备妥，即照计划展开评价活动，但实施评价之前最好先将评价量表，分送被评价的学校请其就实际推展情形，先行自我评价，以供比较。

六、评价结果

评价后的资料应迅速整理，并予以解释，做成总结报告的整理与应用，若不立即加以妥善的整理与解释，则整个评价过程中所有的努力与辛劳将化为乌有。同时应注意争取时效，以免拖延过久，不能实现评价最初的目的。

评价工作告一段落后，应作全面的检讨。包括评价的方法是否符合目的？是否还有一些有待改进的地方？评价的工具是否切实可行？哪些地方还有不足之处？评价的过程是否尚有缺失？评价结果的分析与运用，有无更好的方法？评价人员与被评价人员之间的意见沟通，是否还有需要进一步协调之处？凡此种种都应该全盘检讨。

应用评价结果，是评价工作过程中最重要的一项，也是一项重要的反馈（feed back），如果评价结果不能加以应用，则此项评价等于零。评价结果的应用足以影响整个工作计划的继续、修订或停止。辅导工作评价结果可应用于以下各方面：

（1）应用于辅导绩效的考查：在应用评价结果于辅导绩效考查时，应注重过程中每一程序的执行，重视参与人员的自我检讨，以评价结果为蓝本，提出修正、改革的依据，而非行政之考核标准。

（2）应用于辅导问题之发现与解决：评价结果不用来评判人或事的具体得失，因评价为一连续不断的过程，所以应将评价的结果视作另一过程的开始，进一步发现问题，寻求解决的途径。

（3）应用于学校教育的设计：评价结果所提供的反馈，可以作为改进整个教育的参考，这是辅导评价的重要功用之一，其应用于学校计划者有下列三项：

第一，指出学校辅导工作在发展过程中与学校教育目标的联结关系，促使辅导的功能实际应用于学校教育情境之中。

第二，应用评价结果，促成改变，使学校教育计划的执行获得有力支持，在此过程中亦可发现计划应否继续进行或修正。

第三，应用评价结果，发现学校工作计划设计上的优缺点，发现问题并提出可能解决途径，以为另一阶段计划之依据。

第五节　评价方式、方法与内容

一、评价方式

评价方式，自纵的方面，有自上而下者，即上级单位对下级单位的评价；也有自下而上者，为下级单位先实施自评，然后接受上级单位的评价。评价的实施在上级单位未实施之前，学校辅导人员应先实施自评、检讨自己工作的情形，然后实施校内或校际互评，最后接受上级单位的评价。其过程如下：

研拟辅导工作评价计划（草拟、讨论、修订）

↓

举办全体教师评价研习（讲解、讨论评价方法）

↓

教师自评（依评价表逐项评定）

↓

教师互评（依评价表逐项评定）

↓

校际互评（依评价表逐项评定）

↓

检讨并改进评价结果（检讨应改进事项）

↓

再评价

图 18－1　学校辅导工作评价方式

校内人员自评时，常有评定过高或过低现象，此系因各人认定标准不一之故，应力求客观。

二、评价方法

评价的实施，除依据工作资料之外，应采用多种手段进行，通过多种途径，对工作绩效进行评定，务求正确深入，否则，单凭书面资料，常易流于表面作业之弊，常用的方法：

（1）听取简报：听取当事人（校长、辅导人员）报告该校辅导工作情形，必要时予以质疑。

(2) 实地观察：观察辅导室、咨商室之设施及设备、地点是否适当，有没有充分利用等，必要时至教室观察老师上课时如何配合以辅导学生。

(3) 晤谈：举办座谈会，听取有关人员意见，深入了解该单位辅导工作推展情形。

(4) 访问与调查：用直接或间接访问调查该校老师、学生及行政人员，了解其情况。

(5) 测验：用纸笔或口试方法询问有关问题，以明了对方对辅导工作的了解程度。

(6) 查阅工作记录与资料：如工作计划、辅导日志、会议记录等。

三、辅导工作评价内容

学校辅导工作系一综合性教育措施，内容范围很广，学生的成长发展，无一不与其有关，但学生的发展，有一些是可见可考的，如身高、体重、学习成就等；但有一些是不可考虑的，如情绪。学校辅导工作即注重后者，如何评量其成效，确是一件难事，因此，实施辅导工作评价时，要评什么是值得仔细考虑的问题。

一些学者认为辅导活动评价的形态可略分为过程（process）与产出（product）两方面，过程的评价在考察辅导工作的实施情况中包括实施内容与努力程度；产出的评价则在评断辅导工作实质上所产生的效果。另有学者认为评价可以自整体的辅导工作着眼，亦可就辅导单项问题探讨。

综合而言，辅导评价的内容范围不出“实况”与“功效”两方面。

参考文献

一、中文参考文献

［1］［美］麦霍特等．新新人类五大危机综合辅导策略．王宝墉译．台北：心理出版社有限公司，1998. 55.

［2］叶一舱．现代学校心理健康教育研究．北京：开明出版社，2003. 330～332.

［3］叶莉薇．团体辅导者应注意事项．儿童心理卫生研究（第五辑）．台北：台北市儿童心理卫生中心，1971. 1～16.

［4］冯观富．辅导月刊——训导乎！辅导乎！（台北）辅导月刊，1980（16）：3，4.

［5］冯观富．压力·失落的危机处理．台北：心理出版社有限公司，1992. 202～204.

［6］冯观富．辅导原理与实务．台北：心理出版社有限公司，1987.

［7］冯观富．情绪心理学．台北：心理出版社有限公司，2005. 826～830.

［8］冯观富．国中、小学辅导与谘商理论实务．高雄：复文图书出版社，1997.

［9］刘焜辉．指导活动理论与实际问题．台北：汉文书局，1973. 16，127.

［10］刘焜辉．团体辅导研究．台北：汉文书局，1978. 151.

［11］西门国民小学．儿童辅导活动研究．台北：西门国民小学儿童辅导中心，1978. 280.

［12］许天威．从《国防教育法》看美国的测验与辅导工作．（台北）辅导月刊，1968（8）：3.

［13］许智伟．美国生计教育——论美国生计教育与我国教育革新．台北：幼狮文化公司，1982. 3.

［14］许智伟，饶达钦．美国生计教育——生计教育在美国．台北：幼狮文化公司，1982. 83.

［15］齐隆鲲．咨商理论与技术．高雄：复文图书出版社，1986. 2.

［16］沈达时．教育与职业指导．教育杂志，1988（17）：1.

［17］吴武典．辅导原理．台北：心理出版社有限公司，1990. 3.

［18］佐柳武．日本最新进路指导事典．东京：ブレーン出版株式会社，1973. 107～108.

［19］李聪明．教育评鉴的理论与方法．台北：幼狮文化公司，1974.

［20］陈石安．新闻编辑学．台北：军事译粹社，1985. 278～280.

［21］陈东升．各国特殊教育．台北：正升教育科技社，1978. 1，47，73，209.

［22］陈东升．辅导活动研习参考资料汇编——国民小学学生团体辅导．台北：台北市立女师专，1978. 74.

［23］杨国枢．影响国中学生问题行为的学校因素．台北：中央研究院民族研究所，1978.

［24］林幸台．生计辅导理论与实施．台北：五南图书公司，1978. 11.

［25］张春兴．张氏心理学辞典．台北：东华书局，1995. 292.

［26］洪有义．辅导通讯国民小学团体辅导与咨商．台北：台北市政府教育局，1983. 4～5.

［27］郭为藩．特殊教育．台北：开山书店，1971. 1，2，17，27.

［28］特殊教育中心．特殊教育法规．台北：台湾师范大学，1991. 19，24，33.

［29］徐澄清．儿童心理卫生研究（第三辑）．台北：台湾大学附设医院儿童卫生中心，1963. 57～61.

［30］黄元龄．问题儿童的诊断与辅导．台北：台湾书店，1976. 31.

［31］曾汉荣．我国国民学校辅导工作之研究．辅导学报，1978（1）：219～289.

［32］简茂发．国中小学成就评量理论与实例——教学评量原理与方法．台北：台湾省教师研习会，1982. 65.

二、英文参考文献

［1］Carson，R. C. & Butcher，J. N.（1963）. *Abnormal Psychology and Modern Life.* NY：Harper Collins Publishers.

［2］Chares，C. H.（1982）. *Career Development Counseling through the Live Stage.* Allny and Bacon，Inc，p. 15.

［3］Magisos，J. H.（1973）. *Career Education.* Washington D. C.：pp. 238－279.

［4］Corey，G.（1980）. *Theory and Practice of Counseling and Psychotherapy.*（3rd ed.）Pacific Grove，California：Brock/ Cole Publishing Company，pp. 112－115.

［5］Herr，E. L. & Crame，S. H.（1979）. *Career Guidance.* Boston：Houghton Mifflin Company，p. 144.

［6］Faust，V.（1968）. *The Counselor Consultant in the Elementary School.* Boston：Houghton Mifflin Company.

［7］Hoyt，E.（1973）. *Career Education and the Elementary School Teacher.* Salt Lake：Olympus，p. 24.

［8］Hill，G. E. & Luckey，E. B.（1969）. *Guidance for Children in Elementary*

School. NY: Appleton-Century-Croft.

[9] Sandoral, J. (1988). *Crisis Counseling Intervention and Prevention in the School.* New Jersey: Hillsdale.

[10] Jones, A. J. (1970). *Principle of Guidance.* (6th ed.) NY: McGraw-Hill.

[11] McWhirte, J. J., et al. (1993). *At Risk Youth: A Comprehensive Response.* Belmont, CA, US: Thomson Brooks/Cole Publishing Co.

[12] Goldhammer, K. & Taylor, R. E. (1972). *Career Education; Perspective and Promise.* Columbus: Charles E. Merrill Publishing Co., p. 33.

[13] Mortensen, D. G. & Schmuller, A. M. (1976). *Guidance in Today's Schools.* (3rd ed.) NY: John Wiley & Sons, p. 3.

[14] Shertzer, B. & Stone, S. C. (1981). *Foundmentals of Guidance.* (3rd ed.) Boston: Houghton Mifflin, p. 38.

[15] Sideny, C. F. & Marland, P. (1974). *Career Education.* NY: McGraw-Hill, p. 105.

[16] Super, D. E. (1976). *Career Education and the Meaning of Work.* Ann Arbor: University of Michigan Library.

[17] Super, D. E. (1980). A Life-span, Life-space Approach to Career Development. *Journal of Vocational Behavior*, 16, pp. 282 – 298.

[18] Super, D. E. (1984). Career and Life Development. In D. Brown, L. Brooks & Associates (eds.) *Career Choice and Development.* San Francisco: Jossey-Bass.

[19] Tolbert, E. L. (1974). *Counseling for Career Development.* Boston: Houghton Mifflin Company, p. 34